D1729611

Zu diesem Buch:

Vor nunmehr neun Jahren erschienen die «Notizen eines simplen Soldaten» von Paul Tschudin im Z-Verlag, in denen er kritisch über die Aktivdienstzeit im Schweizer Militär während des Zweiten Weltkriegs berichtet. Damals hiess es, diesen Notizen würden weitere folgen. Nun ist es soweit: Die «Notizen eines Metallarbeiters» sind unter dem Titel «Meine Ehre ist nicht die Eure!» erschienen. Damit liegt Tschudins Biographie vor. Es ist zugleich die Geschichte dieses Jahrhunderts, wie ein gewerkschaftlich und politisch aktiver Arbeiter es erlebt hat. Von 1908 bis 1985 reichen Tschudins Aufzeichnungen. Zu einer Zeit, da der Buchmarkt überschwemmt wird mit einer Fülle nichtssagender Memoiren sogenannter Stars und mit den ebenso geschichtslosen wie wehleidigen Werken der «Neuen Innerlichkeit» junger Autoren, stellt Tschudins Autobiographie einen Lichtpunkt dar. Einen Lichtpunkt, der zeigt, wie man schreiben kann, wenn man etwas zu sagen hat. Und Tschudin hat etwas zu sagen. Er prangert an: die Willkür der Mächtigen in diesem Land, die Bonzen in Gewerkschaften und Parteien und die duldsame Ergebenheit der arbeitenden Bevölkerung in diese Zustände. Aber er erzählt auch: Er erzählt vom Leben auf den Dörfern Anfang dieses Jahrhunderts und davon, wie es sich durch unser aller Gedankenlosigkeit zum Schlechteren verändert hat. Trotzdem ist es doch nicht das Buch von jemandem, der am Ende seines Lebens resigniert feststellt, dass früher sowieso alles besser gewesen sei. Paul Tschudin ist ein zorniger und kämpferischer Mann, und sein Buch ist voller Hoffnung. «Man darf nicht nur kritisieren, sondern man muss auch seine Hand reichen zu Lösungsmöglichkeiten», schreibt Tschudin – und so ist das Buch eine Aufforderung an den Leser, nicht aufzugeben und sich nicht auf dem Erreichten auszuruhen; vielmehr ist es ein Appell, dort weiterzumachen, wo andere schon die Vorarbeit geleistet haben. Denn eine der wesentlichen Erkenntnisse des «kleinen Mannes» ist es, dass die Ereignisse über ihn hinwegrollen, wenn es nicht möglichst vielen «kleinen» Männern und Frauen gelingt, sich ihnen entgegenzustellen.
Dies ist ein Buch, das Mut macht. Mut, den wir alle dringend brauchen, um unsere berechtigten Interessen durchzusetzen. Unsere Interessen nach einem Leben ohne Angst um unsere Arbeitsplätze und ohne Sorge um unser tägliches Brot. Nach einem Leben in Frieden.

Klaus Fricke

Paul Tschudin

Meine Ehre ist nicht die Eure!

Eine Lebensgeschichte von unten

Roman im Z-Verlag

Vom gleichen Autor im Z-Verlag:
«Notizen eines simplen Soldaten»

1. Auflage 1986
Copyright © by Z-Verlag 1986
ISBN 3-85990-069-2

Lektorat: Klaus Fricke
Umschlaggestaltung: Paul Tschudin
Satz und Druck: Genodruck, Biel
Printed in Switzerland

Genossenschaft Z-Verlag, Postfach 6, CH-4020 Basel

Im Unterdorf von Lausen im Baselbiet gab es zur Jahrhundertwende nur einen Konsum-Laden. Am oberen Ende der Strasse sind heute noch die Haegler-Mühle und die Papier-Mühle. Die Tonwaren-Fabriken liegen an der Bahn im Oberdorf, durch das sich auch die Hauptstrasse Basel – Sissach hinzieht. Dementsprechend war und ist der grosse Verkehr im Oberdorf. Das Unterdorf mit seinen zwei alten Brunnen und den grosszügig zurückstehenden, eng aneinandergebauten alten Häusern macht heute noch eher den Eindruck einer verträumten Oase.

In einem dieser alten Häuser, eigentlich eher einem Häuschen, hauste die Familie Meier. Ein Sohn und drei Töchter waren vor vielen Jahren schon ausgeflogen. Eine der Töchter hatte einen Tschudin aus einem der alten Lausener Bürgergeschlechter geheiratet. Er hatte als Posamenter in Abendkursen das eidgenössische kaufmännische Diplom mit Auszeichnung gemacht und war in der Folge Angestellter in einem Basler Chemiebetrieb geworden. Drei Kinder waren dieser Ehe entsprossen.

Nach dem tragischen Tod der Eltern wurden die Kinder zu den Verwandten verteilt. Ernst, der Jüngste, kam zur Familie von Onkel Otto, Peter zu den Grosseltern mütterlicherseits und Hedy zu einer Tante in Bönigen.

Das Haus von Peters Grosseltern war nicht nur klein, sondern auch sehr primitiv zum Wohnen. Durch die Scheune kam man zuerst in die brandschwarze Küche, in der immer eine Petroleumlampe brannte. Nach vorn hinaus lag dann das Wohnzimmer, das den Grosseltern zugleich als Schlafzimmer diente. Eine Treppe mit einem seitlich gespannten Seil diente als Aufgang in den ersten Stock, in dem sich eine ungenützte Küche und zwei Schlafzimmer befanden. Eines nach vorne hinaus für die zwei Tanten, und eines nach hinten hinaus für Onkel Jakob und Peter. Kerzen gaben dort oben das einzige Licht. Hinter dem Haus gab es noch einen Stall und einen grossen Garten. Im Stall waren für gewöhnlich eine Kuh, ein Kalb, zwei Ziegen und je nachdem noch Junge dazu. Ganz sicher strichen ein paar Katzen umher, und im Hinterhof gackerten an die zwanzig Hühner. So war das Haus stets voller Leben.

Peter erinnert sich noch dunkel an die Zeit, als das neue Schulhaus in Lausen gebaut wurde. Im Jahr darauf, 1910, ging er dort in die erste Klasse zum Lehrer Aenishänslin. Dieser wurde schon ein paar Jahre später seines Amtes enthoben. Entweder erschien er zu spät in der Schule oder überhaupt nicht. Dann musste man ihn im Hause vis-à-vis holen. War er dann da, beschäftigte er die Schüler mit Abschreiben, während er seelenruhig am Pult ein Nickerchen machte. Ab der dritten Klasse, beim neuen Lehrer, besserte sich der Unterricht. Zu oft jedoch griff dieser Lehrer wie zufällig, hinter einem Mädchen stehend, ihm über die noch jungfräulichen Brüste. Es sollte wie eine vertrauenerweckende Liebkosung aussehen, war aber natürlich etwas anderes.

In der gleichen Schulbank wie Peter sass Hanspeter, der jüngste Pfarrerssohn. Er war ein lieber und intelligenter Schulkamerad, wenn er auch manchmal träumte und nicht ganz bei der Sache war. Im Pfarrhaus hatte er zusammen mit seinem älteren Bruder Meersäuli, Kaninchen, Katzen, Gänse, Hamster und anderes mehr. In der Freizeit war er immer mit seinen Tieren beschäftigt. Sie bedeuteten ihm mehr als alles andere. Daneben hatten die Pfarrersbuben alle nur möglichen Spielsachen und die jeweils modernsten Sportgeräte. Kunststück – man hatte ja auch Geld im Pfarrhaus und stammte aus sogenannt nobler Familie. Aber Hanspeter liess seine Schulkameraden grosszügig an all diesen Dingen teilhaben. Und diese machten, soweit es ihre karge Freizeit zuliess, eifrig davon Gebrauch. Das Velo, das man dort auch schon hatte, war damals eine Rarität, und jeder von ihnen lernte buchstäblich in ein paar Minuten darauf zu fahren. Mit Pfeil und Bogen der Pfarrerskinder schossen sie über grosse Distanzen auf improvisierte Ziele. Oder man schoss rücklings über einen Gartenhag gelehnt in den blauen Himmel hinauf. So hoch, dass man den Pfeil gar nicht mehr sah. Der Wettbewerb war hierbei, dass der Pfeil so nahe wie möglich bei der Abschussstelle herunterkommen musste.

Peter und einer seiner Kameraden waren auch aufs Reckturnen versessen. Handstände in allen möglichen Positionen waren gang und gäbe. Die Freizeit für das alles mussten Peter und seine Freunde sich allerdings vielfach stehlen, denn jeder von ihnen wurde zu Hause für Stall und Feld oder sonst irgendwie beansprucht.

Als sie in die sechste Klasse kamen, wechselte Hanspeter ins Gymnasium nach Basel. Damit ging auch der Kontakt zu seinen Kameraden im Dorf verloren. Peters Lehrer in der Oberschule, wie sie damals hiess, war schon im vorgeschrittenen Alter und schon über vierzig Jahre im Amt. Die Schüler nannten ihn immer nur bei seinem Übernamen «Knödi». Er war bekannt und berüchtigt für seine brutalen Strafmethoden. Man wusste, dass es deswegen seit langem Reklamationen der Eltern gegeben hatte. Sie hatten allerdings nie Erfolg damit. Man wollte einfach von der Schulpflege aus nicht gegen ihn vorgehen und begründete das damit, dass er halt doch ein guter Lehrer sei. So waren sie also mit dem Übertritt in die sechste Klasse auf allerhand vorbereitet.

Was dann kam, war trotzdem ein Schock für sie alle. «Knödis» Methode und seine Forderungen waren ganz einfach. Nach einmaligem Lesen in der Schweizergeschichte oder der Geographie mussten alle Daten, die Orte und die Namen der Beteiligten auswendig gelernt werden. Gleiches galt für die Namen der Flüsse und Berge. Aufsätze wurden kaum nach Inhalt sondern hauptsächlich nach orthographischen Fehlern beurteilt. Zeichnen lernte man überhaupt nicht. In der Naturkunde kam man höchstens einmal zu einem Spaziergang zum nahen Wald, wo man bereits beim ersten Baum haltmachte. Die wenigen Erklärungen waren dürftig und endgültig. Es gab keine Fragen und schon gar kein Gespräch.

Der Unterricht war ein andauerndes Gebrüll mit Strafen. Es hiess dann etwa: «Komm hervor, du Laferi, knie nieder!» Oder: «Auf die Bank hinauf, du Lappi!» Das galt für Buben und Mädchen gleichermassen. Wenn er seine Fragen stellte, stand er mit gegen die Decke erhobenem Blick vor der Klasse und flüsterte die Antwort leise vor sich hin. Manchmal konnten die Zunächstsitzenden die Worte ihm von den Lippen ablesen oder das Geflüster erraten. Wer aber nicht sofort antworten konnte, erhielt eine Strafe. So gab es Situationen, in denen zwei oder drei Buben oder Mädchen vor der Klasse auf dem Boden knieten, was schon nach

7

wenigen Minuten eine Tortur war. Inzwischen standen vielleicht noch einige mit erhobenen Armen auf den Bänken, und es konnte sogar passieren, dass gleichzeitig einer vorne noch ein paar Tatzen einfing, weil er die falsche Antwort gegeben hatte.

Peter und einer seiner Kameraden hatten immerhin noch Glück bei alldem. Sie lernten leicht. Aber hie und da fingen auch sie Tatzen ein wegen dem Zuflüstern, denn es war klar, dass unter solchen Umständen die Solidarität unter den Schülern einwandfrei funktionierte. Einmal war man sich sogar einig, dass man nun endlich etwas tun müsse. Dies, nachdem ein Mädchen am Ohrläppchen blutete, weil es, nicht zum ersten Mal, vom «Knödi» daran gezogen worden war. Die Eltern hatten deswegen bei der Schulpflege erfolglos reklamiert. Man beschloss daher nach der Schule in einer Abstimmung, dass sich alle Schüler, die Mädchen eingeschlossen, Weidenruten beschaffen sollten und dass man an einem bestimmten Tag den Lehrer spitalreif schlagen wolle.

Als der Tag kam, wurden die Weidenruten, wie abgemacht, vorerst im WC versteckt. Wie jeden Morgen traten sie dann im Gang links und rechts quer zur Klassenzimmertüre auf je ein Glied an. Der «Knödi» erschien und alle sagten, wie es Vorschrift war, im Chor: «Guten Tag, Herr Lehrer». Manchmal inspizierte er noch die Schuhe oder die Hände auf Reinlichkeit. Diesmal ging er geradewegs zwischen den zwei Reihen durch auf die Türe zu, sah noch einmal rückwärts, nestelte nervös den Schlüssel aus der Tasche, schloss auf und trat ein. Etwas betreten folgten die Schüler nach. Alle hatten sie das Gefühl, dass er etwas ahnte. In der Pause holten sie wie abgemacht die Ruten aus dem WC und versteckten sie unter den Klappbänken. Niemand sagte ein Wort. es war eine merkwürdig gedrückte Stimmung. Auch auf dem Pausenhof kam es nicht zum Gespräch miteinander. Man wusste, jetzt gilt es. Man wusste auch, es musste sein. Und doch stimmte etwas nicht. Stumm lief man in Zweier- oder Dreiergruppen auf dem grossen Platz auf und ab. Dann läutete es, und mit gesenkten Köpfen ging man ins Klassenzimmer.

Es war abgemacht, dass es bei den ersten Tatzen, die er irgendeinem geben würde, losgehen sollte. Ruten hervornehmen, nach vorn stürmen und dreinschlagen. Es vergingen kaum zehn Minuten, als es schon soweit war. Doch es geschah gar nichts. Zuerst sahen alle einander an. Dann senkten sich die Blicke. Es war wie eine Lähmung über sie gekommen. Zu ungewöhnlich war das Vorhaben. Dabei hassten sie doch alle ihren Lehrer wie Gift. Aber sie konnten es einfach nicht tun. Alle waren enttäuscht. Was war das nur?

Die Schule ging wie üblich weiter. Es kam die Mittagspause. Auf dem Heimweg machten die Buben sich gegenseitig Vorwürfe. Die Mädchen sagten überhaupt nichts. Kein Zweifel, alle waren unglücklich. In der Folge redete niemand mehr davon.

Man wusste, dass das gleiche vor Jahren schon einmal geplant war und damals auch nichts geschah. War es die Furcht vor der Strafe, die darauf sicher gefolgt wäre? War es die Gewissheit, dass die meisten Erwachsenen so etwas nie gebilligt hätten, vor allem nicht die in der Gemeinde massgebenden?

Nach einem Jahr jedoch waren Peter und zwei seiner Klassenkameraden von alldem erlöst. Es kam die Aufnahmeprüfung für den Eintritt in die Bezirksschule in Liestal. Peter musste in seinen Werktagskleidern zur Prüfung gehen, damit seine Grosseltern nichts merkten, denn sie wollten von der Bezirksschule nichts wissen. Er aber wollte unbedingt dorthin, denn er ahnte, wie wichtig diese Ausbildung für ihn sein würde. Auch der «Knödi» war anwesend und beaugapfelte genau das Geschehen. Peter und einer seiner Kameraden wurden definitiv, ein weiterer provisorisch aufgenommen.

Ein neuer Abschnitt in Sachen Schule hatte begonnen. Ein sehr positiver, wie sich schnell zeigte. Es gab neue Fächer: Französisch, Buchhaltung, Geometrie, Physik, technisches Zeichnen und richtiges Freihandzeichnen, eine wirkliche Naturgeschichte und sogar Turnen. Auch der Geschichtsunterricht fand erstmals in weltweitem Rahmen statt. Zudem standen für vier weitere Sprachen Freifächer zur Auswahl. Der ganztägige Unterricht war streng und brachte jeweils eine Menge Hausaufgaben in mehreren Fächern zugleich. Mittwochs war der ganze Tag frei. Dafür gab es im Pfarrhaus im Dorf morgens früh zwei Stunden Religionsunterricht. Die Lehrer waren meist im mittleren Alter und hatten, bis auf wenige Ausnahmen, Doktortitel. Lehrer für Naturgeschichte war der weit über die Kantonsgrenzen hinaus bekannte Dr. Leuthardt. Zugleich war er auch Physiklehrer. Er vermittelte eine Menge Wissen, das für die meisten Schüler brandneu war. Und so war es auch in den anderen Fächern. Das Ganze war ungemein interessant, beanspruchte aber andererseits jeden voll und ganz. Es gab keine körperlichen Strafen, sondern für Nichtkönnen einfach entsprechende Zeugnisse. Es musste schon eine sehr schlimme Gaunerei passiert sein, dass eine oder zwei Stunden Karzer verfügt wurden. Der Karzer war ein kleines schmuckloses Kämmerlein, in dem man es nach der Schule immerhin noch aushalten konnte.

Die Schüler kamen aus dem ganzen Bezirk Liestal. Manche hatten einen sehr weiten Heimweg. Autos oder Autobusse gab es überhaupt nicht. Höchstens einige Lastwagen und die eine oder andere Luxuskarosse eines Reichen. Die Liestaler waren natürlich im Vorteil in bezug auf den Weg. Aber man konnte nicht behaupten, dass sie damit zugleich in bezug auf die Intelligenz an der Spitze waren. Gewiss gab es löbliche Ausnahmen. Verwöhnte Söhne von Geschäftsinhabern, hohen Beamten und Industriellen allerdings brachten meist nicht den Wissensdrang so mancher Buben aus den Dörfern mit. Und, was Peter sehr imponierte, es gab für sie keine Sonderbehandlung.

Das Turnen war für Peter eine wenig interessante Sache. Kein Lehrer schien dafür ausgebildet zu sein. Zu dieser Zeit hatte man auch noch nicht die Bedeutung der Gymnastik für die Entwicklung der Schüler erkannt. Man überliess diese Aufgabe den Turnvereinen. Dafür glänzten dann Peter und andere Schüler aus den Dörfern mit gelegentlichen gewagten Passagen am Reck oder indem sie auf den Händen die lange Treppe zur Hauptstrasse hinunterliefen. Manchmal ging es dabei um die Wette um zwei Studentenschnitten von der Konditorei Mühleisen.

Über Mittag ging man nicht heim zum Essen, weil es ohnehin zu weit war in die Dörfer. Zu dieser Zeit war immer noch Krieg, Grenzbesetzung und Rationalisierung von allem und jedem. Glücklicherweise gab es aber die Suppenaktionen an den Schulen. Nachdem jeweils Suppe und Brot mit grossem Appetit verschlungen waren, machte man hin und wieder einen kleinen Bummel durch das Städtchen. Auf einem solchen Bummel im Winter verstellten Peter und ein Kamerad mit ein paar gezielten Schneeballwürfen die Zeiger an der grossen Uhr am Tor. Als die Leute vom Essen wieder auf die Strasse kamen, konnte man beobachten, wie die Männer erstaunt zur Uhr hinaufschauten. Dann zogen sie ihre Sackuhr aus der Gilettasche, verglichen die Zeit und gingen kopfschüttelnd weiter.

Ein fesselndes Erlebnis war das Freihandzeichnen. Lehrer war der bekannte Kunstmaler Wilhelm Ballmer. Sein Wille und seine Begabung, einem das Beobachten einfacher Dinge beizubringen, waren ganz einfach fabelhaft. Das Ganze hat sicher manchem eine wertvolle Bereicherung für sein Verhältnis zu Mensch und Natur gebracht. Für Peter war es jedenfalls so.

Zwei Jahre Bezirksschule, das war ein ganz grosses Plus in Peters Leben. Es gab noch eine dritte Klasse, aber diese war freiwillig, und seine Grosseltern drängten darauf, dass er nun zuerst einmal Geld verdienen sollte. Und so musste halt Peter, wie die meisten anderen auch, trotz dem «definitiv befördert» die Schule verlassen.

In diesen zwei Jahren war in der Welt und auch in der Schweiz allerhand Ungewöhnliches passiert. 1917, als er in die Bezirksschule eintrat, ging der Erste Weltkrieg dem Ende entgegen, und im Oktober des gleichen Jahres begann die russische Revolution. Sie löste auch in der Schweiz grosse Diskussionen und Aktivitäten aus. In den Schulen merkte man von all dem nicht allzuviel, und in den Dörfern redeten die Erwachsenen hauptsächlich in der Beiz davon. Die Rationierung und die Arbeitslosigkeit sowie die Teuerung waren wohl auch auf dem Land spürbar, aber längst nicht so wie in den Städten. Die Zeitungen brachten wie überall die neuesten Kriegsereignisse. Ideologisch aber stand man im Bürgertum eher auf seiten Deutschlands und Österreichs. Peter holte meistens die «Basellandschaftliche» selbst auf der Post, weil es ihm zu lange ging, bis der Briefträger kam. Es fiel ihm auf, dass die Nachrichten von den Kriegsschauplätzen immer spärlicher wurden, weil die, die man so gerne siegen sah, langsam aber sicher einer grossen Niederlage entgegengingen. Vorher, als sie noch auf dem Vormarsch waren, passierte einmal etwas Merkwürdiges. In der Religionsstunde fragte plötzlich der Pfarrer: «Jetzt etwas anderes. Wer hat mit seiner Armee Warschau eingenommen?» Niemand wusste es. Peter aber kam es in den Sinn, dass er darüber vorgestern in der Zeitung gelesen hatte. Es war sogar grösser und gesperrt gedruckt. Daher hob er denn auch die

Hand. Der Pfarrer, sichtlich überrascht, sagte, indem er auf ihn zeigte: «Ja, und?» – «Generalfeldmarschall Kronprinz Ruprecht von Bayern.» – «Jawohl, sehr gut, der war es», sagte er merkwürdig zackig und schien sich bei seiner respektablen Grösse noch mehr aufzurichten. Darauf machte er ein paar seltsam stramme Schritte und blieb einen Moment lang in steifer Haltung stehen, bevor er sich wieder seinen Bibeltexten zuwandte.

Am 11. November 1918 wurde der Generalstreik ausgerufen. Man merkte auch in der Schule, dass die Lehrer viel darüber diskutierten. Auch im Dorf tat sich einiges. Es hatte zwar dem Vernehmen nach nur ein oder zwei Sozi, wie man sie geringschätzig nannte, im Dorf. Aber die Kavalleristen mussten doch einrücken, und so gab es einige Aufregung.

Eine Zeugnisperiode lang fiel die Schule aus, weil die Grippeepidemie hauptsächlich unter den 18 bis 30jährigen immer mehr Todesopfer forderte.

Am Ende des zweiten Bezirksschuljahres, also kurz vor Peters Schulaustritt, hatte einer der jungen Lehrer stellvertretend für den Geschichtslehrer eine Stunde übernehmen müssen. Er beschränkte sich auf die gerade aktuelle Frage nach den Ursachen von Krieg und Revolution. In der Folge führten sie ein interessantes Frage- und Antwortspiel. Zum Schluss las er Passagen aus Bakunins «Schriften» vor.

Aber wie er das machte! So hatten sie noch nie eine Vorlesung gehört. Es war mäuschenstill. Ihre Augen hingen an seinen Gesten, ihre Ohren hörten den Revolutionär. Sie waren begeistert und hingerissen. Er hatte gesprochen wie ein vollendeter Schauspieler. Und, was noch nie vorgekommen war, sie klatschten lange und laut Beifall. Nur zwei Herrensöhnchen klatschten nicht mit.

Peter hatte diesen Lehrer bereits zuvor einmal in Anspruch genommen. Ihm war das Bauerndenkmal aufgefallen, das seit 1904 ausserhalb vom Tor steht, anfangs der Strasse zur Bezirksschule hinauf. Darauf sind die Namen der sieben Baselbieter, die 1653 beim Aufstand von den Basler Patriziern hingerichtet worden waren. Aber weder in der Primarschule noch jetzt in der Bezirksschule war dieser Freiheitskampf jemals erwähnt worden. Dabei war der Freiheitskampf doch zunächst das wichtigste geschichtliche Ereignis für diesen Halbkanton. – Warum also dieses Verschweigen?

Fast täglich gingen sie daran vorbei. Einmal, in einer Pause, nahm Peter in dieser Sache einen Anlauf, und weil gerade eben dieser Lehrer, die Hände auf dem Rücken, im Hof auf- und abspazierte, fragte er ihn danach.

Der Lehrer hatte eine solche Frage anscheinend nicht erwartet. Er blieb stehen, sah zu Boden, verschränkte die Arme vor der Brust und meinte dann: «Ja, wie ist das nur? Wenn man es sich überlegt, ist das tatsächlich eine ganz wichtige Frage, da hast du schon recht.» Zögernd fuhr er fort: «Über die Geschichte selbst kann ich keinen Vortrag halten. Das geht zu weit. Zudem sind die entsprechenden Berichte noch zu widersprüchlich.» – «Ja», sagte Peter, «das ist schon möglich, aber es gibt doch sicher wichtige Fakten, die allseitig abgeklärt sind. Es muss doch Gründe geben, warum man uns das vorenthält.» Einen Moment lang dachte der Lehrer nach. Dann erklärte er: «Das Schweigen kommt daher, weil man bald nach der Trennung 1833 anscheinend merkte, dass man trotz allem aufeinander angewiesen war. Dies vor allem aus wirtschaftlichen Gründen. Es gab und gibt aber auch andere Gründe. Durch diese Einsicht kam man letztlich überein, die durch den Aufstand und die spätere Trennung geschlagenen Wunden vernarben zu lassen. Nur so würden sich wieder normale Beziehungen aufbauen lassen, die für beide Halbkantone ja nur von Nutzen sein konnten.» – «Ach, so ist das», meinte Peter gedehnt. «Wir hatten doch irgendwann einmal gelernt: Die Wahrheit verschweigen ist gleich viel wie Lüge – oder nicht, Herr Lehrer?»

Hier beendete das Pausenzeichen ihr Gespräch. Aber noch im Hineingehen sagte der Lehrer: «Ich bin immer noch der gleichen Meinung. Aber ich alleine kann darüber nicht bestimmen.»

So ging trotz «Knödi»-Jahr und einigen unangenehmen Erlebnissen eine schöne Zeit zu Ende. Die weiten Felder, die Steinbrüche, die abgelegenen Heuschober, die Ergolz und natürlich der weite Wald gehörte Peter und seinen Kameraden. Auch den Weiher der Papiermühle benutzten sie, wann und für was auch immer.

Es gab noch Hecken quer über die Felder, wo sich die Hasen und Rehe auf ihren Streifzügen verstecken konnten. Halbwegs der Ergolz nach, aufwärts gegen das nächste Dorf, dort, wo vom

Fluss der Kanal der Papierfabrik abzweigt, ist ein kleiner Wasserfall. Hier übten sich Peter und Eugen im Fangen von Fischen mit der Hand. Auch Krebse mussten dran glauben. Anschliessend wurden sie an einem kleinen Feuer gebraten und gegessen. Peter war es dabei nie ganz wohl. Er hatte es immer schwer gehabt, Tieren etwas anzutun. Schon zu Hause waren sie für ihn liebe Freunde. Wenn es junge Ziegen hatte, Gitzi, veranstaltete Peter manchmal mit ihnen regelrechte Raufereien. Es kam vor, dass es zu Mittag einmal Kaninchenbraten gab, obwohl im Haus nie Kaninchen gehalten wurden. Grossvater behauptete immer, er habe es von einem Kollegen bekommen. Peter merkte aber bald, dass nach einer solchen Mahlzeit stets eine Katze fehlte. Einmal lief er gerade dazu, als der Grossvater eine von den vieren, die im Hause waren, fangen wollte. Er hielt sich im Hintergrund und schaute dem makabren Geschäft mit gemischten Gefühlen zu. Hinter dem Haus hatte der Grossvateer das Tier bereits in die Enge getrieben. Die Katze stand auf einem Haufen aufgeschichtetem Holz und fauchte mit ihren Krallen gegen ihn hinab, während er sie immer wieder mit den Händen greifen wollte. Aber jedesmal fing er sich nur ein paar blutige Kratzer ein. Als er mit beiden Händen zupacken wollte, sprang sie ihm fauchend ins Gesicht und zerkratzte es. Blutend und fluchend wandte er sich ab, und die Katze konnte sich aus dem Staube machen. Peter verzog sich unbemerkt und freute sich am Ausgang dieses Zweikampfes. Es war nur eine Katze, aber mit einem geradezu ungeheuren Mut.

In den kurzen Pausen zwischen der Arbeit auf dem Feld fanden sich oft einige Buben zusammen, um irgendeinen Streich auszuhecken. Ein bevorzugter Ort dafür war der Park der Hägler-Villa. Als damals die ersten grossen Erdbeeren, die sogenannten «Welschen», gewissermassen als Sensation neben diesem Park gezogen wurden, ernteten Peter und seine Kameraden im Nu das ganze Beet ab. So war es auch in den Baumgärten und Feldern mit den ersten Kirschen, Zwetschgen und Aprikosen. Ein andermal fanden sie in den Truhen im Golfhäuschen im Park ganz verschiedene, zum Teil exotische Samentäschchen. Diese streuten sie in den Gärten in die noch leeren Blumenbeete. Tage danach belustigten sie sich an den staunenden Gesichtern der Frauen, wie sie zusammenstanden und rätselten, woher das wohl käme, was da an merkwürdigen Blümchen hervorkroch.

Hin und wieder wurden im Spätherbst abends von den Äpfeln, die die Herbststürme vorzeitig von den Bäumen geholt hatten, Schnitze zum Dörren gemacht. Meistens ging man des Nachts zum Auflesen und war dabei nicht gerade darauf aus, Bäume auf fremden Feldern links liegen zu lassen. Hinterher sassen alle am grossen Küchentisch und schnitzten drauflos. Manchmal wurden Witze erzählt. Manchmal sangen die beiden Tanten schwermütige deutsche Volkslieder, wie sie gerade Mode waren. Manchmal erzählte der Grossvater auch Geistergeschichten vom Schloss Ebenrain. Dort war er nämlich einmal Knecht gewesen. Während alle andächtig zuhörten und die Grossmutter und die Tanten sich in der Vorstellung des Gehörten schauderten, konnte Peter plötzlich geradeheraus lachen. Darauf wurde der Grossvater böse und jagte ihn vorzeitig ins Bett. Aber solche Geschichten wurden in vielen Familien erzählt und auch geglaubt. So kamen die Lausbuben eines Tages auf die Idee, selber einmal einen solchen Spuk in Szene zu setzen.

Am Dorfausgang, gegen die «Edleten», wohnten zwei ältere Schwestern allein in einem alten Haus, die als besonders geistergläubig bekannt waren. Dort sollte der Spuk stattfinden. Einer hatte die Idee, an die Fensterläden einen Stein mit einer Schnur zu hängen, die so geführt werden musste, dass der Stein gegen den Laden schlug, wenn man daran zog. An einem Brett probierten sie so lange bis es klappte.

Es war im Spätherbst, als es schon früh dunkelte. Einer hatte einen Knäuel mit zweihundert Meter Schnur mitgebracht. Schnell war hinter dem Haus eine Leiter gefunden und Schnur und Stein am Laden angebracht. Mit dem abgewickelten Knäuel gingen sie hinunter bis zur Ergolz, wo sie ihn in den Weiden versteckten und wieder heimgingen. Erst gegen Mitternacht schlichen sie aus ihren Betten, dem von ihnen präparierten Geisterhaus zu. Die Läden waren zugezogen. Die Schnur hing über den steilen Abhang bis zu den Weiden hinab. Der Klopfgeist konnte in Bewegung gesetzt werden. So, wie man die Schnur zog, so klopfte der Stein an den Laden. Nach drei Schlägen machten sie jeweils eine Pause von ein paar Sekunden, so dass es selbst für sie in dieser Stille unheimlich wirkte. Zweimal bereits hatten sie nun schon geklopft und in den Pausen angestrengt hinaufgeschaut und gehorcht. Auf einmal hörte man aufgeregte Frauenstimmen, und im ganzen Haus wurden die Lichter angezündet.

Eine der Frauen stiess den Laden nebenan auf, blieb im Fensterrahmen stehen und schlug die Hände über dem Kopf zusammen, als die andere sie auch schon vom Fenster wegzog. Und wieder zog man an der Schnur, und wieder klopfte es. Und wieder klangen aufgeregte Stimmen herüber. Kurz darauf ging das Licht im Nachbarhaus an, und der Nachbar, den eine der Frauen alarmiert haben musste, erschien wenig später gleichfalls im ersten Stock und öffnete ausgerechnet den Laden, an dem der Klopfgeist hing. Weil aber der Stein an der Rückseite des Ladens befestigt war, konnte er ihn nicht sehen, und vor lauter Aufregung sah er auch die herabhängende Schnur nicht. Jetzt war es Zeit für die Buben zum Verschwinden. Aber erst zog Peter noch zweimal am Klopfgeist, damit ihn auch der Nachbar gehört hatte. Ein aufgeregtes Stimmengewirr war die Antwort. Dies war der Moment, wo einer der Buben zur Hauswand rannte, die Schnur abschnitt und sorgfältig einen grossen alten Stofflumpen daran festband, so dass man am anderen Morgen schon von weitem sehen konnte, wie so ein Klopfgeist funktionierte.

Am nächsten Tag ging es wie ein Lauffeuer durch das Dorf, dass die Nachtbuben den zwei Schwestern mit einem selbstfabrizierten Klopfgeist den blöden Geisterschwindel aufgezeigt hätten. Auch an der darauffolgenden Fastnacht kam das Thema noch einmal aufs Tapet.

Zwischenhinein passierten andere Sachen, die nicht alltäglich waren. Es gab eine Periode, während der einige Höfe in der Umgebung abbrannten. Man munkelte von Versicherungsschwindel. In einigen Fällen lieferte tatsächlich die Untersuchung den Beweis. Wenn immer möglich waren die Buben aus den nächsten Dörfern dabei, solange es noch brannte. Ein paar Kilometer im Galopp legten sie spielend hin, um dabeigewesen zu sein. Ein anderes Mal wurde in Sissach beim Schloss Ebenrain der Bote auf seinem Wagen ermordet. Das war der Mann, der mit seinem Fuhrwerk die fertigen Seidenbändel von den Posamentern in den Dörfern zu den Seidenherren nach Basel brachte. Auf dem Rückweg brachte er das Rohmaterial und in einer Truhe die Löhne mit. Eben darauf hatte der Mörder es abgesehen. Das Geld also war fort, als die Pferde mit dem Wagen und dem toten Mann darauf alleine nach Tenniken heimkehrten. Die Polizei aber fand nie heraus, wer der Täter war. Zu alledem war in diesen Jahren noch

Krieg, und damit gab es fast laufend Einquartierungen, so dass ständig etwas los war.

In ihren freien Stunden hatten die Buben sommers wie winters die weite ungebundene Natur zur freien Verfügung. Wenn es Schnee hatte, gab es lange Schlittelbahnen und an steilen Hängen Abfahrten auf sogenannten Fasstugen. Das waren die gebogenen Bretter von alten Fässern, auf die man aus Lederresten so etwas wie eine Bindung montierte. Das war noch Wintersport ohne Geschäft und Reklame, aber keineswegs weniger interessant.

Zu Hause allerdings gab es für Peter einige unangenehme Episoden mit den immer wiederkehrenden Alkoholszenen vom Grossvater. Es konnte vier Wochen oder zwei Monate gehen, ohne dass etwas passierte. Und dann plötzlich kam er des Nachts stockbetrunken heim. Wäre er nur ruhig zu Bett gegangen, hätte man es zwar bedauert, aber es wäre noch das Billigste gewesen. Er aber, ohne dass ihn jemand provoziert hätte, schlug regelmässig das Küchengeschirr in den Regalen zusammen. Oder er zerschmetterte Stühle oder andere Möbelstücke. Dazu stiess er die gemeinsten Beschimpfungen und Drohungen gegen die ganze Familie aus. Manchmal kam es so weit, dass sich die Grossmutter zu anderen Leuten flüchten musste, weil er mit einem Beil hinter ihr herlief. Als es einmal noch schlimmer zuging, griffen Onkel Jakob und Peter zur Notwehr. Sie banden ihn mit Stricken an einen Pfosten in der Scheune, wo er nach viel Schimpfen und Fluchen endlich einschlief. Diese Szenen beeindruckten Peter dermassen, dass sein eigenes Trinkverhalten sich völlig anders entwickelte. Er konnte nie mehr als ein Glas Wein trinken. Irgend etwas hielt ihn strikte davon ab.

Zu all diesen Erlebnissen kam Peters Neigung zu Gymnastik und Akrobatik. Was einer der fahrenden Zirkusse vorführte, wurde probiert und wenn möglich nachgemacht. Als die Arena Knie in Liestal auf dem Fischmarkt ihre Künste auf dem hohen Seil zeigte, versuchten Peter und zwei seiner Kollegen auch das zu kopieren. Sie banden auf dem Schulhausplatz von einer Linde zur anderen ein altes Heuseil fest, das sie in einem Schuppen aufgestöbert hatten. Grimm, der Spengler, gab ihnen für diesen Spass ein altes dünnes Eisenrohr als Balancestange und bald stolperten sie in dreieinhalb Meter Höhe schon ziemlich sicher über das Seil. Zusätzlich täuschten sie mit einem Chäpseligewehr einen Apfelschuss vor. Die wenigen Erwachsenen, die zuschauten, kamen zwar schnell auf den Schwindel, aber die vielen Kinder hatten ihre helle Freude daran. Zum Schluss kam einer von Peters Kameraden auf die Idee, mit einem Hut Geld zu sammeln. Das aber hätte er besser nicht tun sollen. Obwohl das Ganze nichts als eine gelungene Komödie war, musste es jemand dem Pfarrer berichtet haben. Der hatte nun gar kein Verständnis für diesen Schabernack, wie er es nannte, und befahl, das Ganze sofort abzubrechen. Zornig und enttäuscht folgten sie dem Befehl. Selbst ein alter Mann schüttelte missbilligend den Kopf. Und die Kinder sagten: «Schade, es wär' so schön gewesen.»

Drei weitere Erlebnisse aus diesen Schuljahren blieben Peter bis in alle Einzelheiten fest im Gedächtnis haften.

Auf Geheiss seiner sehr armen Eltern musste einer von Peters Schulkameraden in den Sommerferien einem Bauern im Dorf beim Heuen helfen. Als Entgelt für diese ganztägige, nicht eben leichte Arbeit, erhielt der Junge ein ärmliches Essen vorgesetzt und einige wenige Franken Bargeld für seine Eltern. Dazu das Versprechen, im Herbst mit Kartoffeln und Äpfeln nachgeholfen zu bekommen. Als der Herbst kam und die Ernte vorbei war, mochte man sich im Bauernhaus nicht mehr an dies Versprechen erinnern. Als der invalide Vater die Bauersfrau gelegentlich darauf ansprach, meinte sie spitz: «Ich weiss gar nicht, wovon Sie überhaupt reden.» Und dabei blieb es. Nachdem die Alterskollegen des Jungen davon erfahren hatten, beschlossen sie, etwas zu unternehmen. Man riet lange hin und her, bis Peter einen fertigen Plan entwickelte. Er wusste, dass dieser Bauer jedes Jahr von den grössten und schönsten Pastorenbirnen erntete, diese bis zum Dezember im Obstkeller bei der Wolfsgasse lagerte, um sie in den Läden in der Stadt teuer zu verkaufen. Von denen wollten sie sich eine Grosse Zaine voll holen und sie dieser bedürftigen Familie bringen. Mitte November war es so weit, und die Aktion wurde gestartet.

Der Obstkeller befand sich in dem erst vor Jahren erbauten Heuschober am Stutz bei der Wolfsgasse. Ebenerdig an der Hauptstrasse war der Eingang zur grossen Scheune. Rückwärts, unten am Stutz, war der Eingang und ein Fenster zum Keller. Es war kurz vor neun Uhr abends und eine finstere Nacht, als sich vier Buben dorthin begaben. Sie hatten den Montag gewählt, in der Annahme, dass an diesem Tag keiner der Vereine im Schulhaus unten Proben abhalten würde. Somit würden auch nur wenige oder gar keine Leute auf der Wolfsgasse zirkulieren. Das Kellerfenster war wie erwartet der Lüftung wegen einen Spalt geöffnet. An der Ecke gegen die Wolfsgasse musste einer Wache stehen, damit er, wenn doch einer auf der Strasse ging, ein Zeichen geben konnte. Unter dem Fenster hatten sie eine grosse Zaine abgestellt. Einer zündete mit einer Taschenlampe in den Keller hinein. Zwei bemühten sich mit einem verlängerten Bohnenstecken, an dem vorne eine Messer befestigt war, die Birnen anzustecken und sie sachte herauszuziehen. Sie nahmen nur die grossen, schönen Exemplare, und beim Versuchen stellten sie fest, dass die Birnen gerade im Begriff waren, schön weich zu werden. Zudem waren sie zuckersüss, also ein richtiger Schmaus. Natürlich assen sie alle davon. Sie hatten Glück. Nur einmal mussten sie ihr Licht abschalten und sich stille halten wegen eines Mannes, der von der Wirtschaft an der Ecke gutgelaunt und leise singend die Wolfsgasse hinablief. Es klappte also alles nach Plan, und bald hatten sie die Zaine übervoll. Im Dunkel der Baumgärten huschten sie zur Wohnung der armen Eltern, wo sie die Zaine mit den Birnen im Keller versteckten. Der Junge wollte einige davon ab und zu seinen Eltern zum Dessert servieren, wie er sagte. Als ihn Peter daraufhin fragte: «Aber was willst du sagen, wenn deine Eltern fragen, wo du die her hast?», zuckte er nur mit den Achseln und meinte: «Das lasst nur meine Sorge sein.» Damit verschwanden die übrigen wieder durch die Baumgärten nach Hause. Anderntags stellten sie übereinstimmend fest, dass sie alle ohne Ausnahme von den kühlen Birnen den Druchfall eingefangen hatten. Aber immerhin, sie hatten etwas Krummes geradegebogen.

Im Frühherbst 1917 ereignete sich das schaurige Unglück im Heidenloch, das niemand, der Zeuge war, je wird vergessen können. Dennoch werden die Geschehnisse offiziell totgeschwiegen, was wohl damit zusammenhängen muss, dass etwas mit den Sicherheitsvorkehrungen nicht so war, wie es hätte sein sollen. Am Tag des Unglücks schickte die Grossmutter Peter am frühen Nachmittag, um Nüsslisalat zu holen. Halbwegs zur Kirche, nicht weit vom Strässchen, an einem sanft ansteigenden Wiesenbord fand Peter schliesslich seinen Nüsslisalat. So früh war noch niemand auf den Feldern, und Peter staunte wie so oft in den blauen Himmel hinauf und beobachtete zwei Habichte bei ihren Segelflügen. Plötzlich ein dumpfer, gewaltiger Knall und in Richtung

Kirche, aber weiter entfernt, halbwegs hinter dem Wald, eine mächtige weisse, von dunklem Grau durchsetzte Rauchwolke, über den Bäumen rasch gegen den Himmel aufsteigend. In ihrem Gefolge wirbelten Steine, Holz und Schutt in die Höhe.

Ein grosses Unglück musste geschehen sein, denn dort im Heidenloch, in einem kleinen Seitental, lag die Cheditte-Fabrik. Sie bestand neben einem kleinen Hauptgebäude aus vielen einzelnen Häuschen, die jeweils durch hohe Erdhügel voneinander getrennt waren. dies sei eben der Explosionen wegen so, war den Kindern erklärt worden, und wenn man gelegentlich auf einem der seitlichen Waldwege das Tal hinaufspazierte, hatte man deshalb immer ein ungutes Gefühl. Dazu trug natürlich auch der hohe eiserne Zaun zwischen Fabrikareal und Waldweg bei.

Nun folgte eine schnell sich verbreitende grosse Aufregung. Irgendwo wurde Sturm geläutet. Männer rannten zum Schulhaus, sich noch unterwegs die Feuerwehrkittel anziehend. Zögernd und doch neugierig machten sich Frauen und Kinder auf den Weg ins Heidenloch. Vor den wenigen Häusern am Kirchweg wurden Vermutungen und Befürchtungen über die Explosion und ihr Ausmass laut. Ja, man hatte es immer gesagt, es würde dort noch einmal krachen, meinte eine alte Frau. «Ob wohl jemand verwundet oder gar getötet worden ist?» fragte eine andere. Leute, die an der Hauptstrasse gegen Liestal zu wohnten, berichteten, dass bei ihnen die Druckwelle der Explosion da und dort Fensterscheiben zertrümmert hätte. Alle strebten dem Heidenloch zu.

Peter ging automatisch auch in diese Richtung. Seinen Korb hatte er beim Siegristenhaus neben der Kirche eingestellt. Er sagte nichts. Vor seinen Augen stand noch das grausige Bild von der aufsteigenden Wolke mit dem Schutt, wie sie immer höher über den Wald gegen den fast wolkenlosen Himmel zog.

Wie mochte es im Heidenloch nun wohl aussehen? War das kleine Tal mit diesem Namen etwa schon symbolhaft belastet? Endlich langte Peter mit einigen hinzugekommenen Schulkollegen dort an. Da war ein grosses Drucheinander von Menschen und Fuhrwerken. Die ersten Feuerwehrmänner aus Lausen und Liestal improvisierten Absperrungen. Peter und seine Kollegen legten sofort Hand an, wo sie helfen konnten. Sanitätskolonnen machten sich auf die Suche nach Verwundeten. Eines der Häuschen war buchstäblich vom Boden wegrasiert. An diesem Punkt gab es keine Trümmer, nur in der Umgebung gab es allerhand aufzuräumen. Aus dem, was man sich zuflüsterte, vernahm man mit Sicherheit, dass die vier Männer fehlten, die in dem Häuschen gearbeitet hatten. Sie waren einfach weg. Peter schoss es durch den Kopf: «Die aufsteigende Wolke mit dem Schutt – Das Häuschen, die vier Männer darin – Einfach grauenhaft!» Langsam wirkten sich die Absperrungen aus. Anrückende Landsturmsoldaten wurden zur Verstärkung der Polizei eingesetzt. Die Suchkolonnen benutzten Körbe und Zainen, um die blutigen Überreste der vier Männer einzusammeln. Die Kleiderreste und Körperteile waren weitherum verstreut, und weil es beidseits des Geländes Wald hatte, musste vieles von Bäumen und Sträuchern abgelesen werden. Den Suchenden rannen fortwährend die Tränen vom Gesicht. Einzelne mussten, die Hände vor die Augen geschlagen, eine Pause einschalten. Zu gross war die seelische Belastung. Peter und seine Kollegen konnten bald nicht mehr hinsehen. Zwei von ihnen rannten plötzlich auf und davon, dem Ausgang zu. Über dem Tal lag eine unbeschreibliche Trauer und Verzweiflung. Auch Peter stand ständig das Wasser in den Augen. Er wiederholte dabei aber ständig für sich: «Man muss doch etwas tun! Man kann doch nicht einfach davonlaufen!» Und doch: war nicht alles im Grunde sinnlos?

Während noch viele Leute um das abgesperrte Areal standen, gingen schliesslich Peter und seine Kollegen nachdenklich und erschöpft auf den Heimweg. Lange fand er in dieser Nacht keinen Schlaf. Immer wieder tauchte vor seinen Augen die Wolke über dem Wald auf, wie sie gegen den Himmel stieg.

Noch Wochen danach fanden Wanderer am Aussichtsturm auf dem nahen Schleifenberg auf etwa 600 Meter Höhe einzelne zerfetzte Körperteile. Das Heidenloch aber behielt sein fürchterliches Geheimnis für sich.

Eines Tages brachte der Pöstler ein grosses Paket. Peter war allein zu Hause und wunderte sich sehr über dieses merkwürdige Ding. Der Absender war nämlich mit Mademoiselle Sophie Meier angegeben, und aufgegeben war es in Paris. Zwar hatte er hin und wieder von einer Sophie gehört, aber da sie bisher nie erschienen war, konnte er sie sich nicht vorstellen. Er wusste nur, dass sie eine Schwester seiner verstorbenen Mutter war.

Beim Öffnen des Paketes erzählte der Grossvater ihm von Tante Sophie. Sie sei vor vielen Jahren als Dienstmädchen ins Welschland gegangen und dort von einer Apothekerfamilie nach Paris mitgenommen worden. Das Paket enthielt denn auch neben anderen Geschenken Tabletten und Salben gegen Grossvaters Rheumatismus. Der Patron selbst hatte die Mixtur zusammengestellt und eine deutsch geschriebene Gebrauchsanweisung beigelegt, die Peter vorlesen musste. Im Brief selbst hiess es, dass sie wahrscheinlich bald heimkommen würde. Der erste Weltkrieg war bereits seit Monaten im Gang, und der Grossvater meinte, dass die Sache für Paris nicht gut stünde.

Kaum zwei Wochen danach kam das Konsumfräulein von gegenüber mit dem Bescheid, eine Sophie habe vom Bahnhof her telephoniert, man solle sie dort abholen wegen ihres schweren Koffers. Peter machte sich gleich mit einem kleinen Leiterwagen auf den Weg. Schon von weitem sah er sie, obwohl er sie doch noch gar nicht kannte. Unter der Linde, auf der Bank, lag ein grosser Koffer. Davor spazierte eine Dame, sehr modern angezogen, majestätisch auf und ab. Sie trug einen Hut, so gross wie ein Wagenrad, der zuoberst einen grossen Büschel Blumen hatte. Ihre Kleidung war eine weit kühnere Création, als Peter sie manchmal in Modeheften zu Hause gesehen hatte. Ihre hochgewachsene Figur war formvollendet, was durch die modische Kleidung noch unterstrichen wurde.

Kaum war Peter mit seinem Wagen erschienen, kam sie ihm auch schon mit ausgebreiteten Armen entgegen. Es war eine stürmische Begrüssung. Sie deckte ihn mit Küssen nur so zu: «Eh voilà, da bist du ja, mon Pierre!»

Peter war richtiggehend betroffen von dieser offenen Zärtlichkeit. Zudem kam ihm noch ihr herrliches Parfum in die Nase und verwirrte ihn vollends. Das also war ein Hauch der fremden grossen Welt, ein Hauch von Paris.

Die Leute auf dem Bahnhof betrachteten das Schauspiel verwundert. Sie kamen nicht dahinter, wer das sein könnte. Tante Sophie aber machte sich nichts aus den gaffenden Dörflern. Sie bewegte sich so selbstsicher und schüttete ihre Zärtlichkeit aus, als wäre es das Selbstverständlichste der Welt. Als der Koffer auf dem Wagen verstaut war, trippelte sie neben Peter dem Dorfe zu. Die Leute am Bahnhof schüttelten die Köpfe und gingen weiter. Peter musste erzählen, was zu Hause alles geschehen war und wie es in der Schule ging. Im Dorf angelangt, gab es eine neue Aufregung. Die Klatschbasen in den Vorgärten und beim Konsum tuschelten miteinander. Tante Sophie jedoch grüsste herausfordernd nach links und rechts. Aufrecht und selbstbewusst albsolvierte sie das Spiessrutenlaufen, ein spitzbübisches Lächeln auf dem Gesicht. Alles an ihr schien zu sagen: Ja, schaut nur her, ich bin auch jemand, mir macht ihr nichts vor, jetzt habt ihr wieder jemanden zum Gaffen und Klatschen. Eine meinte denn auch hintendrein: «Ja, da sieht man's, Kleider machen Leute.» Hatte am Bahnhof ihre natürliche Zärtlichkeit auf Peter einen grossen Eindruck gemacht, so imponierte ihm ihr selbstbewusstes Auftreten den Leuten gegenüber nun ebensosehr.

Im kleinen Haus im Unterdorf gab es erstmal eine Menge zu erzählen von Paris, der grossen Stadt und wieviele Menschen vor den heranrückenden Deutschen in den Süden flohen. Abends, als die zwei Schwestern und der Bruder heimkamen, ging es nochmals los mit fragen und erzählen. Doch da stand Tante Sophie schon am Herd und hantierte mit den Pfannen. Dabei merkte man bald, dass sie eine perfekte Köchin war. Sie hatte aus Basel Fleisch mitgebracht und schnell breitete sich ein anderer als der gewohnte Duft in der Küche aus, denn die verschiedensten Gewürze hatte sie auch gleich mitgebracht. Kein Zweifel: Tante Sophie war ganz in ihrem Element. Die Grossmutter stand daneben und staunte ob der sicheren Art, wie sie mit allem umging. Entgegen jeder Gewohnheit liess die Sophie das Feuer im Herd auflodern als gelte es, ein ganzes Schwein zu braten. Zwischenhinein lachte sie schallend heraus, wenn sie vom Patron und der Madame erzählte. Oder vom Markt und den Streifzügen durch die grossen Warenhäuser.

Unterdessen sass Peter still in einer Ecke, hörte aufmerksam zu und war vollkommen fasziniert. Er hatte das unbestimmte Gefühl, dass diese Sophie anders war als die anderen Frauen im Dorf. Etwas Befreiendes und Selbstbewusstes war an ihr und die Gewissheit, jede Situation zu meistern, strahlte aus ihren schelmischen Augen. Hin und wieder verhaspelte sie sich in französische Ausdrücke und meinte lachend: «Mon Dieu, ich kann nicht einmal mehr recht Deutsch.» Zwischendurch mussten die Schwestern Salate rüsten. Die Salatsauce bereitete Tante Sophie selbst, und aus ihrem Koffer klaubte sie eine Flasche Wein hervor. Peter musste im Garten einen Strauss Blumen holen, den sie in einer

Vase auf den Tisch stellte. Den Tisch deckte sie selbst mit dem besten Geschirr, das auf den Regalen stand. Die Grossmutter kam überhaupt nicht dazu, irgend etwas zu helfen. Aber sie dachte auch gar nicht daran, denn sie hatte genug zu tun mit Staunen und Zuhören.

Schliesslich war es soweit. Alle setzten sich an den langen Tisch. Es gab Pilzsuppe, Chateaubriand, gebratene Kartoffeln und drei verschiedene Salate. Dazu französischen Wein aus der Provence und abschliessend Kaffee und Biscuit. Für Peter fischte Tante Sophie einen extra grossen Happen heraus. Während sie ihm über die Haare strich, meinte sie aufmunternd: «Du musst essen, mon Pierre, damit du gross und stark wirst.» Peter spürte ihre mütterliche Sorge, und seine Sympathie für sie wuchs zusehends.

Das Essen schmeckte allen ausgezeichnet, und der Wein tat ein Übriges, die gute Stimmung noch zu steigern. Bis tief in die Nacht hinein sass man noch am Tisch, und während die Schwestern das Geschirr abwuschen ging das Fragen und Erzählen weiter. Peter ging nur ungern früher als die anderen zu Bett. Noch beim Einschlafen hörte er von unten immer wieder Sophies befreiendes Lachen.

In den folgenden Tagen half die Sophie in Haus und Garten, sass an der Nähmaschine und änderte die Röcke der Schwestern einigermassen nach der Mode. Den Grossvater betreute sie mit Tabletten und Salben gegen sein Rheumatismus. Er unterzog sich zwar nur widerwillig dieser Prozedur und behauptete, dass es ja doch nichts nütze, aber Tante Sophie bestand energisch auf der Behandlung, und nach einigen Tagen musste er doch zugeben, dass eine leichte Besserung eingetreten war. Merkwürdigerweise ging er in dieser Zeit nicht wie sonst in die Wirtschaft. Scheinbar war es jetzt viel interessanter zu Hause.

In der Metzgerei war die Sophie nicht so beliebt, denn sie suchte das Stück Fleisch selber aus, und das war für den Metzger etwas Neues. Aber sie kannte sich aus, und deshalb fügte er sich ihren Wünschen. Immer fragte sie vorher nach dem Preis, und manches Mal kam es vor, dass sie sagte: «Nein, das ist mir zu teuer», und hocherhobenen Hauptes verschwand sie. Beim nächsten Mal richtete sich der Metzger darauf ein, und sie hatte erreicht, was sie wollte.

So gingen die Tage und Wochen dahin. Peter musste für Tante Sophie bei den Nachbarn die Zofinger-Zeitung holen, und sie studierte aufmerksam die Stellenangebote darin. Es sollte eine Stelle im Welschland sein, wo sie all ihre Fähigkeiten verwenden konnte. Am besten wäre ein selbständiger Posten in einem Geschäftshaushalt gewesen, wo die Frau sich nicht um den Haushalt kümmern konnte. Nach vielem Schreiben und Telephonieren hin und her kam schliesslich der Tag, an dem Tante Sophie abreiste.

Da die anderen zur Arbeit gehen mussten und Peter gerade Herbstferien hatte, war er der einzige Begleiter auf den Bahnhof. So walzten sie wieder mit dem Koffer auf dem Leiterwagen dem Bahnhof zu. Am frühen Morgen hatte es zu Hause einen aufregenden Abschied mit vielen Umarmungen und Küssen gegeben. Alle, auch der Grossvater, wischten sich die Tränen aus den Augen. Sie hatte wahrhaftig für Abwechslung gesorgt und sich Sympathien erobert, auch im Dorf. Doch immer noch, wenn sie im Dorf oder im Städtchen Besorgungen machte, waren die Vorhänge an den Fenstern zurückgegangen, hatten die Frauen auf der Strasse miteinander getuschelt und die Männer ihr nachgesehen. Und stets hatte Tante Sophie die Szene souverän beherrscht. Nie war sie aus ihrer selbstgewählten Rolle gefallen.

Heute morgen noch hatte Peter ihr die hohen Knöpfli-Schuhe einknöpfen müssen. Und sie hatte ihm über die Haare gestrichen und gesagt: «Mach so weiter, mon Pierre, du hast ja sehr gute Zeugnisse von der Schule heimgebracht. Im Leben zählt nur das, was man kann. Wenn man gut ist, in dem, was man tut, kann einem nicht viel passieren.» Daran erinnerte sich Peter jetzt, als sie nebeneinander herliefen.

Auf dem Bahnhof ging alles sehr schnell. Das Billet war schnell gelöst. Die Glocke hatte den Zug schon angegeben, und es ging nicht lange, schon stand der Zug da. Ein letztes Mal umarmte Tante Sophie ihren Pierre: «Mach es gut.» Ihre schelmischen Augen waren nass. Peter hob ihr den Koffer in den Wagen. Dann stieg sie hastig ein. Ein letztes Winken aus dem entschwindenden Zug. Peter hingen Tränen an den Augen. Er stand noch minutenlang da, bevor er nachdenklich langsam dem Dorfe zu ging.

Jahre vergingen, der Krieg stand vor seinem Ende, da kam aus Paris ein langer Brief. Tante Sophie war seit einigen Monaten wieder bei ihrer Apothekerfamilie. Es kamen auch wieder Medikamente für den Grossvater.

Peter ging nun in die Bezirksschule ins nahe Städtchen. Die hohen Anforderungen, die man dort stellte, reizten ihn, und er kam gut vorwärts. Oft aber, speziell bei den Französischaufgaben, dachte er an Tante Sophie. Bei der Erinnerung lachte er im stillen vor sich hin, und er hätte noch so gerne einen Brief in französischer Sprache geschrieben, aber so weit war er noch nicht. In der Schule lief für Peter eigentlich alles nach Wunsch, wenn es ihn auch grosse Mühe kostete, weil man ihm zu Hause zunehmend mehr Arbeit zuwies. Wohl in der Meinung, er sei nun schon ein grosser Junge geworden.

Die Nachrichten von Tante Sophie kamen in der letzten Zeit nur spärlich, und man rätselte im kleinen Haus ab und zu, ob sie wohl zu viel Arbeit hätte, dass sie nicht öfter schrieb. Eines Tages kam dann wieder ein langer Brief. Eine der Tanten las ihn vor. Der Patron war nach einem Spitalaufenthalt gestorben, und das Geschäft sollte verkauft werden. Sie selbst hätte einen Schweizer Monteur kennengelernt. Da dieser nun aber wieder heimgereist sei, habe sie sich entschlossen, ebenfalls zurückzukehren. In Paris sei seit dem Krieg sowieso vieles anders geworden. Kurz, sie würde in zwei Wochen Sonntag abends ankommen.

Alle machten grosse Augen. Es kam etwas unerwartet. Aber man stellte sich rasch darauf ein.

Genau zur angegebenen Zeit stieg Tante Sophie mit ihrem schweren Koffer aus dem Zug. Nach der gewohnt herzlichen Begrüssung lud Peter den Koffer auf den Leiterwagen. Der Bruder und eine Schwester waren auch gekommen. Sie war im Äusseren noch die gleiche Erscheinung wie ehedem, und doch schien es Peter, dass sie sich verändert hätte. Ihre Lebhaftigkeit schien gedämpft. Irgend etwas war anders geworden.

Zu Hause allerdings ging der gleiche Betrieb wie das letzte Mal los. Es gab auch wieder ein bäumiges Nachtessen. Und wieder hatten die Vorhänge im Dorf keine Ruhe. Sophie erregte von neuem Aufsehen. Und wieder lebten die neidischen Bemerkungen der tonangebenden Frauen und Töchter auf. Aber trotz aller Anstrengungen mit Kleidung und Aussehen konnten sie mit dem Charme und der Eleganz von Tante Sophie nicht konkurrieren. Peter, inzwischen reifer und hellhöriger geworden, empfand diesmal die Gegensätze noch stärker. Unbewusst spürte er die Scheinmoral der sogenannten Besseren.

Hin und wieder konnte es vorkommen, dass Tante Sophie am Fenster stand mit einem traumverlorenen Blick ins Ungewisse. Einmal bemerkte Peter, wie sie sich eine Träne aus den Augen wischte. Ob sie wohl einen heimlichen Kummer hatte?

Sie interessierte sich sehr für Peters Französischaufgaben und stellte bewundernd fest, dass er alles, was er lernte, auch schreiben konnte. Sie klatschte in die Hände und meinte ein wenig enttäuscht: «Mon Dieu, das kann ich nicht. Da wirst du ja ein ganz Gescheiter.» Ihr Pariser Französisch war allerdings auch etwas anderes als die strenge genaue Aussprache, die in der Bezirksschule gelehrt wurde.

Zwei Wochen war sie nun schon daheim und studierte wieder ab und zu die Stellenangebote, als eines Tages etwas Merkwürdiges passierte.

Peter war dabei, in der Scheune an der Maschine Kurzfutter zu schneiden. Die Grossmutter hantierte im Garten. Tante Sophie schien mit Nähen beschäftigt. Plötzlich hörte er sie rufen, laut, fast wie ein Aufschrei. Er rannte in die Stube, in der Meinung, sie wäre dort an der Nähmaschine. Aber da war sie nicht. Dann noch einmal, noch lauter: «Bring eine Schere, Pierre!» Kein Zweifel, der Ruf kam aus dem Hinterhof.

Schnell ergriff Peter die Schere bei der Nähmaschine und rannte zur hinteren Türe hinaus. Er konnte ein Stöhnen vom WC her hören. Da musste sie also sein. Aber was um Himmelswillen wollte sie denn mit der Schere im WC?

Verwundert und etwas zögernd reichte er ihr das Ding durch den schmalen Türspalt. Er verstand nicht, was das bedeuten sollte. Die Türe schloss sich wieder. Erneut war ein schweres Stöhnen zu hören. Peter wartete einen Moment lang vor der Türe, unschlüssig, was er tun sollte. Dann kam es leise von drinnen: «Geh nur, Pierre, es ist schon gut.» Langsam ging er in die Scheune zurück, ohne dass er erfahren hätte, was eigentlich geschehen war.

Die nächsten drei Tage blieb Tante Sophie im Bett. Sie sei nicht im Schuss, meinten die anderen. Peter ging zwar die Schere nicht aus dem Kopf, doch er wagte nicht, darüber zu sprechen.

Ein paar Tage darauf schöpfte der Grossvater das Güllenloch leer, um mit dem Inhalt aufs Land zu fahren. Allem Anschein nach führte auch der Ablauf vom WC dorthinein. Der Grossvater hatte jedenfalls daraufhin einen riesigen Krach mit der Sophie, weil er etwas herausgefischt hatte, von dem er zu ihr sagte: «Du weisst schon, was ich meine.»

Von da ab war die unbeschwerte Stimmung dahin. Aus dem Geflüster der drei Tanten hörte Peter nur soviel heraus, dass das alles irgendwie mit dem Schweizer Monteur in Paris zusammenhängen musste.

Bald danach reiste sie wieder ab, in eine Stelle nach Genf. Diesmal bestand sie darauf, dass nur Peter sie begleiten sollte. Der Abschied zwischen ihnen verlief betont herzlich, wenn auch von einer deutlichen Wehmut überlagert.

Peter grübelte lange über die Schere nach. Er wusste schlecht und recht über die intimen Beziehungen zwischen den Geschlechtern Bescheid, konnte aber die Schere nicht damit in Zusammenhang bringen. Bisher hatte er sich nicht allzusehr um diese Dinge gekümmert. Zu stark war er vom Lernprozess in Anspruch genommen. Um dieses Rätsel zu ergründen, fragte er daher einen Schulkollegen aus dem Städtchen danach, von dem er glaubte, dass er darüber Bescheid wissen müsste. Tatsächlich konnte ihm der die Sache ganz genau erklären. Lakonisch meinte er am Schluss zu Peter: «Deine Tante hatte wahrschcinlich eine Frühgeburt. Wieso und warum weiss ich natürlich auch nicht.»

Peter war überrascht. Das hätte er nicht gedacht. Je länger er aber nun darüber nachdachte, je mehr war es für ihn klar, dass diese Geschichte mit einer grossartigen Liebe seiner Tante zu jenem Monteur zusammenhing. Und wenn schon! Ein Mensch wie sie konnte gar nicht anders, als einer solchen Liebe fähig zu sein.

Die letzten zwei Jahre in der Bezirksschule hatten für Peter viele negative und traurige Erlebnisse in seinem jungen Leben aufgewogen, und die Vorlesung aus Bakunins «Schriften» war so etwas wie ein Höhepunkt gewesen. Zwei Tage nach diesem grossartigen Erlebnis war das Kapitel «Schule» abgeschlossen. Peter hatte sehr von der Bezirksschule profitiert, sowohl bildungsmässig wie menschlich. Wie sollte es nun weitergehen?

Um einen Beruf zu erlernen, war es ein Jahr zu früh. Peter hätte gerne ein Welschland-Jahr gemacht, denn die französische Sprache hatte ihn fasziniert. Die Grosseltern jedoch wollten nichts davon wissen, und er hatte auch längst gemerkt, worauf sie hinauswollten. Schon bevor die Schule aus war, hatte der Grossvater nämlich im Tonwerk sondiert, ob man Peter dort nicht gebrauchen könne. Da für eine so junge Hilfskraft nur ein geringer Lohn bezahlt werden musste, hatte er auch bereits eine Zusage erhalten.

Eine Woche später nahm der Grossvater Peter also mit in die Chacheli, wie sie im Dorf genannt wurde. Chacheli deshalb, weil früher in diesem Betrieb dunkles, glasiertes, tongebranntes Küchengeschirr hergestellt worden war. In manchen Haushaltungen gibt es noch diese tiefbraunen Kaffee- und Milchhäfen, Schüsseln und sonstige Gefässe. Mit dem Aufkommen des Porzellans und billigerer Steingutprodukte wurde diese Fabrikation eingestellt. Man konzentrierte sich auf feuerfeste Stücke, wie sie hauptsächlich für grosse Ofenanlagen gebraucht werden. Rohmaterial dafür war Lehm. Eine Mischung von Hupper und Pfälzer-Erde. Der Hupper, als rote Erde, wurde damals noch in einer Grube südlich vom Dorf abgebaut, gleich hinter dem Weiler «Furlen». Der Pfälzer wurde per Bahn aus der Pfalz in Deutschland geholt. Eben diesen Lehm musste Peter auf einem Rollwagen zu den einzelnen Formern auf ihre Tische bringen, man nannte das: «Lehm aufschlagen». Die dunkelgraue Masse war nass und schwer, und er musste sie mit blossen Händen in Klumpenportionen vom Rolli auf die jeweiligen Tische auftürmen. Eine nicht eben leichte Arbeit für einen noch nicht ausgewachsenen Jungen. Doch er erledigte die Arbeit zur Zufriedenheit der Former. Das waren in der Mehrzahl gesellige Männer sehr verschiedener Art. Da sie jeder an einem weit abgesteckten einzelnen Arbeitsplatz arbeiteten, waren sie immer an einem Gespräch mit Peter interessiert. Hin und wieder spornten sie ihn auch an, selbst das Formen zu probieren. Einer, der sehr komplizierte grosse Einzelstücke herstellte, meinte gar, er sollte das Formen regelrecht lernen. Das aber wollte Peter nicht. Er hatte einen anspruchsvolleren Beruf im Auge. Etwas mit Metall und Technik. Wenn er genau nachdachte, war er in den letzten Semestern in Geschichte mächtig vorangekommen. Sonst war es hauptsächlich Physik gewesen, die ihn gefesselt hatte. «Wenn du Eltern mit Geld hättest, sie würden dich studieren lassen», meinte einmal einer aus Liestal zu ihm. Aber daran dachte Peter nicht einmal im Traum. Ab und zu, wenn er an die verrückten Sachen dachte, die er mit seinen Kollegen zusammen am Reck oder beim Bodenturnen ausgetüftelt hatte, sah er sich als Akrobat in einer Arena mit Festbeleuchtung, Scheinwerfern, Kinoorgel und einem staunenden Publikum. Zwar war der Gedanke daran pure Phantasie. Und doch war er mit einem seiner Schulkollegen vor noch nicht langer Zeit eines Abends vor Beginn der Vorstellung im Wohnwagen der Arena Strohschneider aufgetaucht. Dem Artistenvater, der fragte, was sie da zu suchen hätten, hatte der Kollege kurz und bündig geantwortet: «Wir wollen Artisten werden». «So, wollt ihr», meinte der alte Herr, kratzte sich an den Haaren und sagte zögernd: «Ja, da muss man aber allerhand Courage haben. In eurem Alter müsste man schon den Salto-Mortale beherrschen.» «Machen wir», meinte Peter. «Dann also los», sagte der Mann, machte die Türe auf und wies ihnen draussen einen Platz mit Sägemehl an. Sie nahmen einer nach dem anderen Anlauf und legten tatsächlich einen Überschlag hin, allerdings mit Aufstützen der Hände. Dennoch meinte der Mann anerkennend: «Donnerwetter!» Darauf etwas kleinlauter: «Wie alt seid ihr denn überhaupt?» – «Wir sind schon ein Jahr aus der Schule», sagte der Kollege zögernd. Der Mann setzte sich auf einen Stuhl, kratzte sich wieder in den Haaren und sah jeden durchdringend an: «Ja, seht ihr, wie ich dachte, noch minderjährig. Das geht doch nicht. Schade.» Er legte jedem eine Hand auf die Schulter und begleitete sie zum Ausgang. Draussen meinte Peter: «Siehst du, so habe ich mir das gedacht.» Beide lachten sie aus vollem Halse.

In dieser Zeit wurde die Haegler-Mühle umgebaut und modernisiert. Zu diesem Zweck hatte es eine Gruppe Monteure von einer Mühlenbaufirma im Dorf. Sie hatten in ihrer Freizeit bei den Leuten im Unterdorf guten Anschluss gefunden. Zwei von ihnen machten mit ihren Lauten schöne Volksmusik. Die anderen unterstützten sie mit klaren Stimmen beim Produzieren von lustigen und besinnlichen Volksliedern. Wann immer irgend jemand den Monteuren mit Most oder Wein nachhalf, entwickelte sich das Ganze schnell zu einem kleinen Volksfest, und Jung und Alt freuten sich über die willkommene Abwechslung. Auch Peter und sein Cousin Eugen schalteten sich da ein. Einer der Former in der Chacheli war bei der Heilsarmee und bot Peter an, das Mandolinenspiel zu probieren. Er würde ihm gratis und franko die ersten Kniffe beibringen. Peter animierte seinen Cousin dazu, mitzumachen. Dieser beschaffte für wenig Geld zwei Occasions-Instrumente, und mit ein wenig Übung hatten sie die Tonleitern samt Halbtönen schnell heraus. Das Tremolieren auf den Saiten jedoch erforderte schon mehr Geduld. Schliesslich waren sie so weit, dass sie alle bekannten Lieder und selbst zwei italienische Mandolinenwalzer leidlich beherrschten. Damit schalteten sie sich, begleitet von den Lauten, als Abwechslung in die Feste der Monteure ein. Die drei Vierteljahre, die diese Männer im Dorf waren, waren für Peter und Eugen und alle im Unterdorf eine beglückende Zeit. Am Ende von Peters Chacheli-Jahr stand die Konfirmation mit den schönen Sprüchen und erneut die Frage: Was nun?

Peter drängte bei seinem Vormund, Onkel Otto, auf eine Entscheidung. Endlich benützte dieser seine Bekanntschaft mit einer Schlosserei in Liestal für einen Anlauf. Bereits Onkel Ottos Sohn war vor Jahren dort in der Lehre gewesen, starb aber dann während der Grippeepidemie. Da Peter von Liestal aus nicht über Mittag nach Hause würde essen gehen können, wandte sich Onkel Otto um ein Stipendium an die Handschin-Stiftung. Zusammen mit den paar hundert Franken, die Peter noch als Erbe von seinen Eltern beanspruchen konnte, klappte es zu guter Letzt. Peter musste sich für die Schlosserlehre vorstellen.

Die Schlosserei «Gebrüder Pfaff» war weiterum als Spitzenbetrieb für die Lehrlingsausbildung bekannt. Der zuständige Meister sass an einer Stanzmaschine, als Peter mit dem Bezirksschulzeugnis in der Hand eintrat. Er winkte ihn heran und deutete, ohne mit seiner Stanzerei aufzuhören, auf das Zeugnis. Erst, als dieses aufgeschlagen war, stellte er die Maschine ab und vertiefte sich eingehend in die Noten. Damals war es noch so, dass eine «Eins» die beste und eine «Fünf» die schlechteste Note war. Der Meister blickte Peter an und sagte: «Nun also, das Eins bis Zwei im technischen Zeichnen ist ja recht gut. Das Zwei im Rechnen könnte besser sein. Ich nehme an», fuhr er fort, «du hast eine Ahnung, was da so etwa verlangt wird bei uns. Nicht immer leichte Arbeit, körperlich, meine ich. Unbedingte Genauigkeit und Ordnung. Ohne das ist eine gute Arbeit nicht möglich. Auch Aufmerksamkeit gehört natürlich dazu. Dann aber, wenn man etwas angefertigt hat, und es hat geklappt, hat man auch Freude daran.» Er zeigte Peter noch einige fertige Werkstücke und meinte abschliessend: «Also dann, Peter, am ersten Montag im neuen Monat.» Darauf schüttelte er ihm nicht eben sanft die

Hand, und schon war Peter wieder draussen. Ein neuer Lebensabschnitt hatte begonnen. .

Der Anfang in der Schlosserei war eine schwere Prüfung, da Peter eine Woche lang nach genauer vorheriger Instruktion am Schraubstock nach Winkel und Mass feilen musste. Für einen Ungeübten war das eine nicht zu verachtende Anstrengung. Andererseits muss gerade und genau zu feilen gelernt sein und braucht viel Übung. Nicht der letzte Zweck, der damit verfolgt wurde, war es, festzustellen, ob der Neue durchhalten würde. Davon allerdings hatte Peter noch keine Ahnung. Erst viel später erfuhr er, dass es hie und da vorgekommen war, dass einer einfach nicht mehr erschien, weil ihm die Arbeit zu viel Mühe machte. Aber Peter war ja schon früh nicht mit Arbeit verschont worden und hatte den festen Willen, diesen Beruf zu erlernen. Ende der Woche, damals wurde an Samstagen noch bis fünf Uhr abends, manchmal sogar noch länger gearbeitet, prüfte der Meister noch einmal das Werkstück und meinte wohlwollend zu Peter: «Also, alles in Ordnung. Am Montag kommt etwas Neues dran.»

Die Schlosserei hatte ein breites Aufgabenfeld, da einer der Meister mehr Maschinenschlosser war, der andere hingegen mehr Bau- und Kunstschlosser. Beide waren zudem gute Schützen und deswegen vom Militär her Büchsenmacher. Entsprechend war die Lehrzeit sehr streng. Die beiden Meister arbeiteten in der Wekstatt, die für damalige Verhältnisse sehr modern eingerichtet war, voll mit. Es gab ständig vier Lehrlinge, jährlich abgestuft. Sonst gab es keine angestellten Schlosser. Nur einmal wurde für zwei Monate ein Spezialist für die Rolladenmontage eingestellt, denn plötzlich wollten alle Ladengeschäfte im Städtchen und drum herum neue Rolläden. Auch an die schulischen Fähigkeiten der Lehrlinge stellten die Meister hohe Ansprüche. Die Bezirksschule war obligatorisch.

Zum Bohren gehörte das Schleifen der Bohrer, was gar nicht so einfach war. Grosse Kenntnisse erforderte das Autogenschweissen, besonders wenn nicht nur Eisen, sondern auch andere Metalle geschweisst werden mussten. In der nahen Tuchfabrik gab es oft defekte Zahnräder an den Webstühlen, mit Rissen quer durch. Der inneren Spannungen wegen musste das ganze gusseiserne Zahnrad auf der Esse auf schwache Rotglut erhitzt werden, bevor man es schweissen konnte. Es gab auch Zahnräder mit ausgebrochenen Zähnen, die mit Gewindebolzen ersetzt wurden, was ein äusserst genaues Arbeiten voraussetzte. Vorzugshalber wurde Peter auch an der Drehbank instruiert und eingesetzt, obwohl es nicht zum offiziellen Ausbildungsprogramm gehörte. Die schwerste Arbeit war das Schmieden an Esse und Amboss. Andererseits hatte gerade diese Arbeit am weissglühenden Eisen ihren besonderen Reiz.

Alles und jedes wurde zuerst genau vorgezeigt, erklärt und erprobt. Man konnte fragen und erhielt klare Auskunft. Der Lehrling wurde nie als Dubel und Laferie angepöbelt, wie das andernorts vorkam. Voraussetzung war nur Aufmerksamkeit und Interesse für die Arbeit. So war denn Peter vollauf mit Lernen beschäftigt.

Jeden Morgen auf dem Weg zur Schlosserei musste er an der Exerziermatte Gitterli vorbeilaufen. Dort sah er die blödsinnigsten Drill- und Dressurmethoden an den Rekruten. Es war die Regel Gruss, Taktschritt und Achtungsstellung bis zum völligen Überdruss zu üben. Dazu ein Gebrüll wie auf dem Jahrmarkt. Peter verglich diesen Mist mit ähnlichen Prozeduren im Turnverein, in den er erst kürzlich eingetreten war. Das Ganze ekelte ihn an. Es schien ihm unvereinbar mit den Sprüchen von Freiheit und Vaterland und mahnte ihn vielmehr an den sagenhaften Gesslergruss. Tatsächlich kam es einmal vor, dass ein besonders forscher Offizier nachts im Städtchen von Rekruten in einem finsteren Hinterhalt spitalreif geschlagen wurde. Trotz peinlicher Untersuchung und Ausgangssperre fand man nicht heraus, wer dabeigewesen war. Auf jeden Fall schwor sich Peter, diese Dressurübungen nie mit sich machen zu lassen.

Viel Arbeit und Zeit verlangte ihm auch die Gewerbeschule ab. Die allermeisten Stunden mussten nach Feierabend geleistet werden. Es wurde rücksichtslos auf einem guten Abschluss in der Bezirksschule aufgebaut. Wer da nicht mitkam musste irgendwoher Hilfe haben, oder er segelte hoffnungslos hinterdrein. Durch die Gewerbeschule lernte Peter andere Kameraden kennen, und es gab andere Gespräche als die vom Dorf her gewohnten. Einer vom gleichen Dorf, ein Welscher, war auch mit von der Partie.

Schorsch hatte zur gleichen Zeit wie Peter in einer grösseren Schlosserei im Städtchen seine Lehre angetreten. Er kam von

Genf aus einem Waisenhaus und war seit einem Jahr bei der Posthalterfamilie, so dass er ziemlich gut deutsch sprach. Sie hatten den Weg zur Arbeit gemeinsam. Aus den Gesprächen mit den Kollegen, die sich vielfach um die Ausbildung im jeweiligen Betrieb drehten, gewann Peter häufig den Eindruck, dass er es diesbezüglich am besten getroffen hatte. Aber auch andere Erfahrungen wurden ausgetauscht. Erlebnisse im Kino und solche mit dem anderen Geschlecht. Hier zeigte sich, dass Peter noch nicht so weit war wie die anderen. Da er jedoch vom Turnen enttäuscht war, dachte er nun auch über diese Dinge nach und ging mit Schorsch ab und zu ins Kino. Die Kriminalfilme interessierten sie nicht sonderlich. Ihr Interesse galt mehr den Filmen von Tanzstars und dem Tanz an sich. Beide hatten aber darin noch keine Erfahrung. Mit Mühe und Not brachten sie einen Schieber fertig und mit der Zeit auch einen Walzer rechtsherum. Auf dem Tanzboden wirkten sie, wenn sie sich schon einmal dorthin wagten, anfangs etwas unbeholfen. Das änderte sich jedoch, als sie anfingen, den Tanzkanonen im Kino die Schritte abzuschauen und sich die angepasste Rhythmik zu merken. Für Peter war es von der Musik und vom Gefühl her etwas Neues, während es ihm von seinem akrobatischen Talent her verwandt war. Schorsch schien von Natur her ein Tanztalent zu sein. So wurde die Tanzerei für die beiden zum Freizeitvergnügen. Sie freuten sich jedesmal, wenn sie einen kleinen Trick entdeckten, den sie sofort in die Praxis umsetzten.

Mit der Zeit bemerkten sie, dass sie mit ihren Tanzkopien nach berühmten Vorbildern beim anderen Geschlecht gut ankamen. Zu alledem erfanden sie noch eigene Kreationen, vornehmlich bei Englisch-Walzer und Tango; aber auch bei den im Moment gängigen Modetänzen hielten sie sich nie an Tanzkursnormen. Phantasie musste sein. Gute Tänzerinnen sprachen darauf auch an. Als die beiden einmal ihre Partnerinnen vom Tanzlokal «Restaurant Haltestelle Lampenberg» nach Hölstein heimbegleiteten, meinte die eine: «Ich glaube, es ist die Beweglichkeit und das Gefühl, das einem bei euch gefällt. Ich hasse das Steife und Beherrschte, es ist nicht die Wahrheit von uns selber.»

Mit den Tanzausflügen hatten Peter und Schorsch fast jeden Sonntag ihr festes Programm gefunden. Gleich nach dem Mittagessen machten sie sich auf den Marsch über Ramlinsburg zur Haltestelle. Es musste schon sehr stark regnen, dass sie sich davon abhalten liessen. Merkwürdigerweise waren selten Töchter aus ihrem Dorf mit dabei. Sie beschränkten sich auf die Tanzgelegenheiten bei den eigenen Vereinsanlässen.

Ab und zu hörten Peter und Schorsch von den Kollegen in der Gewerbeschule von Tanzgelegenheiten an anderen Orten. So zum Beispiel vom nahen Bienenberg, wo sich die Nachkommen der Mehrbesseren trafen und wo das Automatenwunder, die selbstspielenden Künstlergeigen, die Tanzmusik machte. Dann aber auch von Tanzanlässen in luftiger Höhe, wo die Atmosphäre eine andere sei. Und schon waren sie auf dem Weg dorthin.

Sie schwitzten nicht schlecht auf der steilen Strasse hinauf zum Dorf auf der Hochebene. Schorsch hatte die fixe Idee gehabt, in dieses abgelegene Dorf zum Tanz zu gehen. Als Peter Zweifel anmeldete, meinte er nur: «Ich habe das Inserat in der «Volksstimme» gelesen, da wird ja wohl etwas dran sein.» Er rechnete sich wohl Bewunderinnen aus bei den Bauerntöchtern. Die würde es wohl auch geben bei seinem zweifellosen Talent als Tänzer und Charmeur, stellte Peter sich in Gedanken vor.

Schon bald waren sie auf der Höhe. Gleich am Anfang die ersten Bauernhäuser mit den Milchkannen davor und von grossen Baumgärten umgeben. Ziemlich in der Mitte des Dorfes, ein wenig zurückversetzt, mit einer mächtigen Linde davor, hiess es in grossen Lettern: «Restaurant zum Ochsen». Neben dem Eingang unübersehbar ein Plakat: «Heute Tanz». In der Wirtschaft hatte es nur wenig Leute. Auch in dem geräumigen Saal nebenan war noch kein Gedränge. Aber es machte ganz den Eindruck, als würde sich das schnell ändern. Und richtig, kaum hatten sich die beiden in der Nähe des Musikerpodiums niedergelassen, kamen gruppenweise die jungen Burschen in den Saal und die Mädchen nahmen zu dritt oder viert an den Tischen Platz und tuschelten miteinander im Dialekt der umliegenden Dörfer und Höfe. So kam Leben in die Bude, und bald nahmen auch die Musiker ihre Plätze ein. Indessen war der Saal bis auf wenige Plätze voll geworden. Zwei Serviertöchter sausten um die Wette durch die Reihen, um Bestellungen aufzunehmen. Schorsch und Peter bestellten jeder eine Flasche Bier. Damit kamen sie bei ihrem wenigen Taschengeld entsprechend ihrem geringen Lehrlingslohn billig davon und konnten trotzdem einigermassen den Durst löschen. Die Serviertochter, die sie bediente, war eine Welsche, was Schorsch zu der Bemerkung veranlasste: « Eh voilà, une

Romande!» Sie warf den Kopf zurück, und nicht gerade freundlich entgegnete sie: «Et maintenant, ce n'est pas bien?» – «Mais si, comme moi, ma chère», antwortete Schorsch beschwichtigend. «Paulette!» wurde sie in diesem Moment von eine Ecke her gerufen. So hiess sie also, die Welsche. Gertenschlank, mittelgross, flink wie der Teufel, mit grossen braunen Augen in ihrem Wuschelkopf. Sie sah gut aus und war bei den Gästen offenbar sehr beliebt. Ihr Deutsch war mangelhaft, daher half sie sich oft mit französischen Wörtern aus, begleitet von gestikulierenden Handzeichen. Doch niemand schien sich daran zu stören, im Gegenteil, auch Peter fand es sehr lustig.

Nun drehte die Tanzkapelle auf. Märsche, Polka, Walzer und zwischenhinein den neuesten Schlager. Ziemlich gekonnt und auflüpfig klang das. Schorsch und Peter spielten zuerst nur Zuschauer, denn sie waren ja die Neuen in dieser Region. So konnten sie auch sehen, was da zum Vornherein schon zusammenpasste und so gut wie abgesprochen war beim Tanzen. Dabei zeigte sich auch noch, wer wirklich tanzen konnte. In dieser Beziehung hatten sie ja in der Zwischenzeit bereits einige Erfahrung.

Als sie dann ausschwärmten trafen sie es gar nicht schlecht. Schorsch jedenfalls war's zufrieden und auch Peter war überrascht vom Einfühlvermögen seiner Partnerin. Die Walzer, die die Musik spielte, waren nicht die üblichen Ländlerwalzer. Teilweise hatten sie italienischen oder französischen Einschlag. Ab und zu gab es Damenwahl. Peter und Schorsch waren jedesmal gespannt, wie sich das für sie auswirken würde. Sie wurden angenehm überrascht, keiner von ihnen musste sitzen bleiben.

Für Schorsch gab es noch zusätzlich eine Überraschung. Völlig unterwartet stand bei der dritten Damenwahl Paulette vor ihm. Sie machte einen eleganten Knicks und forderte ihn in ihrer Muttersprache zum Tanz auf. Zweifellos hatte sie vom Buffet her die Tanzerei aufmerksam verfolgt und dabei Schorschs Tanzkunst festgestellt. Zudem war er doch gleichfalls ein Romand. Nun wollte sie wissen, was er wirklich konnte. Peter warf hin und wieder einen Blick hinüber. Er stellte dabei fest, dass sie dem Freund nichts schuldig blieb, wenn er auch alle Finessen zur Geltung brachte. Schorsch, wohl selbst überrascht von seiner Tänzerin, kostete das weidlich aus.

Wieder sauste Paulette den Tischen nach. Ab und an winkte sie Schorsch und Peter zu. Auf ihrem Gesicht lag ein leises Lächeln, und wenn sie vom Buffet her den Tanzenden zuschaute, schienen ihre Augen wie traumverloren ins Ungewisse zu schauen. Hatte wohl der Walzer mit Schorsch in ihr etwas ausgelöst?

Schnell war der Nachmittag vergangen, und die beiden Tanzbären mussten ans Heimgehen denken. Man erzählte ihnen, dass ab halb sieben Pause sei und sich die ersten auf den Heimweg machen würden. Andere wieder, die noch bleiben wollten, würden die Pause nutzen, sich eine Zwischenverpflegung oder gar ein Nachtessen servieren zu lassen. Nun, sie beide würden bestimmt nicht bei denen sein, denn wo sollten sie schon das Geld hernehmen?

Als es ans Zahlen ging und sie sich zugleich verabschiedeten, machte Paulette noch grössere Augen als sie eh schon hatte. Kurz erklärte ihr Schorsch die Umstände auf französisch: «Wir können es uns als Lehrlinge ganz einfach nicht erlauben, ein noch so kleines Nachtessen zu bestellen.» Er hatte nur leise gesprochen, damit es die anderen nicht auch wissen sollten. Sie nickte und meinte dann mit fragendem Blick indem sie jedem fest die Hand drückte: «Il est très dommage, mais au revoir.»

So trabten die beiden also auf der abschüssigen Strasse dem Tal und der Bahnstation zu. Ein jeder mit seinen Gedanken für sich. Bevor sie sich trennten, sagte Peter: «Wir gehen wieder hierher.» Schorsch stimmte zu: «In drei Wochen ist es wieder so weit. Man hat mir gesagt, dass sie mit den Tanzanlässen auf den Dörfern abwechseln.» – «Es war jedenfalls eine gute Stimmung hier oben», meinte Peter, und Schorsch sagte gedehnt: «Ja, und Paulette . . .»

Die drei Wochen waren schnell vorüber, und wieder war Tanz hoch oben im Dorf. Der Sommer ging langsam zu Ende, und in den Wiesen und Wäldern zeigten sich zaghaft andere Farbtöne. Der Saal war voll besetzt, und Paulette sauste mit Flaschen und Gläsern den Tischreihen entlang. Aber schon hatte sie die beiden bemerkt und wies ihnen freie Plätze in ihrem Service zu: «Eh voilà, da sind sie ja, les serruriers!» Und schon tauchten sie wieder unter im Gewühl der Tanzenden.

Neben den bekannten Gesichtern vom letzten Mal hatte es auch neue unter den anwesenden Töchtern. Schorsch hatte schnell heraus, dass diese Mädchen von einem Pensionat unten im Bezirkshauptort herkamen, und er nutzte die Chance. Sie redeten französisch untereinander, und im Nu war Schorsch ihr willkommener Charmeur. Er schenkte ihnen seine ganze Aufmerksamkeit, was zur Folge hatte, dass bei der Damenwahl gleich drei von ihnen zu ihm hinsprangen. Eine nahm daraufhin halt mit Peter vorlieb. Sie tanzten leidlich gut. Es fehlte die natürliche Ungezwungenheit der Bewegungen, woran man leicht den Tanzkurs erkannte. Dennoch amüsierten sie sich offensichtlich gut. Vor allem wohl deswegen, weil sie hier ohne Aufsicht ein paar Stunden frei sein konnten. Der Weisswein, den sie bestellt hatten, hatte ihnen die Zungen gelöst, und beim Tanzen fielen mit der Zeit ebenfalls einige Hemmungen weg. Schorsch nutzte es aus. Seine Tänze mit den Romandes wurden immer gewagter, und als seine Hauptpartnerin noch zwei Gläser Wein zu Schorsch und Peter brachte, erregte das einiges Aufsehen. Paulette beobachtete zwischendurch die Szene, und man konnte ihr leicht vom Gesicht ablesen, dass ihr Schorschs Benehmen gar nicht passte. Nun, er war ihr ja nichts schuldig. Aber auch Peter fand, dass sein Benehmen Paulette gegenüber nach seiner Begeisterung für sie beim letzten Mal wenig taktvoll war. Deshalb holte er sie bei der nächsten Gelegenheit zu einem der einschmeichelnden Walzer. Sie tanzte mit all ihrem Charme und Gefühl, nur auf die Musik und die Bewegung konzentriert. Sie konnte sich ganz dem Rhythmus und der Dynamik der Walzermelodie hingeben. Besonders empfindsame Teile tanzte sie mit geschlossenen Augen. Tanzgewordene Musik, das war es. Kein Zweifel, sie war mit Abstand die beste Tänzerin auf diesem Parkett. Selbst die vom Pensionat sperrten die Augen nach ihnen auf. Schorsch schaute etwas verlegen drein. Als die Musiker, die den Tanz genau beobachtet hatten, den Walzer anerkennend langsam verklingen liessen, rauschte spontan Beifall auf.

Paulette musste wieder servieren. Schorsch hatte sich in eine vom Pensionat verknallt, die ihm, vom Wein inspiriert, mit ihren Reizen und willigem, engem Kontakt beim Tanzen Eindruck gemacht hatte. Mit einigen Spannungen ging der Nachmittag für Schorsch, aber auch für Peter dem Ende zu.

Kurz vor der Pause verabschiedeten sich die Pensionatstöchter, und Schorsch begleitete seine Estelle hinaus. Unterdessen kam Paulette zu Peter an den Tisch: «Müsst ihr nun auch wieder nach Hause?» – «Mais oui», meinte Peter kleinlaut. «Mais un moment vous pouvez encore attendre, seulement un moment», sagte Paulette. Inzwischen leerte sich der Saal zum grössten Teil. Als Schorsch wieder hereinkam und sie beide schon aufbrechen wollten, stand plötzlich Paulette mit einem Tablett vor ihnen, auf dem zwei Gläser Rotwein standen. Sie komplimentierte die beiden an einen Tisch in der Ecke und stellte die vollen Gläser darauf. Peter und Schorsch schauten einander verwundert an, bevor sie sich zögernd setzten. Paulette nickte Peter zu: «Seulement un moment», und wieder war sie verschwunden.

«Ob uns wohl jemand einen Gefallen tun will?» rätselte Peter. Schorsch zuckte die Achseln. Kaum zwei Minuten später tauchte Paulette wieder auf. Ein Becken mit Kartoffelsalat und eine Platte mit zwei Bratwürsten samt Zwiebelsauce stellte sie auf den Tisch. Teller und Besteck waren auch schon da. Sie wünschte: «Bon appetit, mes amis, les apprentis serruriers», legte den Kassenzettel auf den Tisch und verschwand mit einem verschmitzten Lächeln auf dem Gesicht. Schorsch und Peter waren sprachlos. Noch nie hatte ihnen jemand in einer Beiz etwas bezahlt. Und sie musste es selbst bezahlt haben. Das bewies der Kassenzettel. Schorsch war ein wenig beschämt. Der schmelzende Kartoffelsalat und die Zwiebelsauce an den Bratwürsten war herrlich. Sie sprachen nicht mehr viel, denn nun hatten sie erst recht Hunger bekommen. Später setzte sich die Wirtin zu ihnen: «Ja, da sind sie nun, die zwei Tanzkanonen! Hat's geschmeckt?» Man redete über das Woher und Wohin. Auch Paulette kam an den Tisch. «Ihr müsst wissen», wandte sich die Wirtin mit einem Seitenblick auf Paulette an Schorsch und Peter, «Paulette ist der Tanzstar in der Volkstanzgruppe in ihrer Region am Genfersee.» Paulette winkte ab und korrigierte lächelnd: «Lac-Leman, wir sagen so, nicht Genfersee.» – «Ja, ich weiss», meinte die Wirtin und fuhr fort: «Mein Mann und ich, wir waren einmal dort an ihrem Winzerfest. Es war herrlich. Ich habe auch mit siebzehn Jahren das Welschland-Jahr gemacht, und es hat mir sehr gut gefallen. Die Romandes sind eben anders, und manchmal wünschte ich, wir hätten ein wenig mehr von ihrem Charakter.» Paulette hatte ihren Wuschelkopf in beide Hände gestützt. Sie redete nicht viel, und einmal wurde sie vom Buffet her ans Telephon gerufen. Sie kam lange nicht zurück.

Unterdessen erzählte die Wirtin weiter: «Bei Paulette zu Hause haben sie nebst ihren Rebbergen ein Restaurant, und deshalb soll sie auch Deutsch lernen. Ihr Vater ist vor drei Jahren gestorben, und jetzt vor einem halben Jahr hat ihre Mama wieder geheiratet. Ich weiss nicht warum, aber mit dem neuen Mann scheint etwas nicht zu klappen. Paulette redet nicht darüber, aber sie macht sich Sorgen, und ich will nicht fragen. Irgendwann wird sie es mir schon sagen.» Paulette hatte das Telephongespräch beendet und kam zurück an den Tisch. Ihrem Gesicht nach waren es keine angenehmen Nachrichten gewesen. Sie sass am Tisch, sah vor sich hin, war irgendwie abwesend. Die Wirtin stand auf: «Ich muss noch in die Küche.»

Peter und Schorsch bedankten sich bei Paulette für das Nacht-essen. Ein zaghaftes Lächeln ging über ihr Gesicht: «Zu Hause habe ich eine Schulfreundin, die Damenschneiderin lernt. Ihr Lohn ist sehr klein, noch kleiner als der eure. Ich weiss also von ihr recht gut, wie das ist. Deshalb dachte ich, ich will euch irgend-wie helfen. Ich verdiene hier im Service ganz gut. Madame ist sehr gut zu mir, und alle Menschen sollten gut zueinander sein, n'est-ce-pas? Dazu kommt noch etwas. Ich denke», und dabei sah sie Peter an, «an unseren Traumwalzer. C'est tout simple, voilà!»

Wie immer hatte sie Deutsch und Welsch durcheinander gewir-belt. Jetzt schien sie wieder an etwas, das mit dem Telephonge-spräch zusammenhing, zu denken. Bald darauf räumte sie das Geschirr ab. Peter und Schorsch sassen noch eine Weile am Tisch. Sie kamen mit den Musikern ins Gespräch. Dabei stellte sich her-aus, dass ihre Walzer tatsächlich zum grossen Teil italienischen oder französischen Einfluss aufwiesen.

Die Pause ging zu Ende. Es kamen andere junge Leute, und der Tanz ging von neuem los. Peter und Schorsch hatten jeder eine Flasche Bier vor sich. Sie waren sehr zufrieden. Für sie war die Welt in Ordnung. Schorsch allerdings sprach nicht so viel wie sonst. Anscheinend hatte ihn Paulettes Grosszügigkeit zum Nachdenken gezwungen. Seine letzte grosse Flamme, Estelle, war auch nicht mehr da. Hinzu kam, dass bei der Damenwahl Pau-lette wieder Peter zum Tanz aufforderte. Es wurde eine Polka gespielt, und plötzlich schwärmte Paulette zu einem improvisier-ten Volkstanz aus. Peter erfasste schnell die eingeflochtenen

Figuren, und nach einigen Fehlschritten klappte es ziemlich gut.

Das machte Aufsehen im Saal, und die letzten Runden tanzten sie allein, denn die anderen sahen begeistert zu. «Eh voilà, ça va très bien, mon Pierre!» Sie küsste Peter auf den Mund und eilte zum Buffet. Die Umstehenden und sogar die Musiker klatschten in die Hände. Sogar Schorsch gab es zu: «Das habt ihr gut gemacht.»

Die Zeit verging. Peter und Schorsch mussten langsam ans Aufbrechen denken. Einmal noch wollte Peter mit Paulette tanzen. Er bat die Musiker, noch einmal den Traumwalzer zu spielen, und winkte Paulette, die, die ersten Takte schon aufnehmend, herüberkam. Konzentriert wie zuvor tanzten beide die Walzermelodie in sich hinein. Paulette war glücklich, sie konnte einen Moment lang ihre Sorgen vergessen.

Dann handelte Paulette mit den Musikern etwas aus. Bald darauf stand einer auf und kündigte auf Wunsch einer guten Tänzerin einen Tango an. Tango wurde, wenn überhaupt, nur selten gewünscht auf diesen Dorftanzböden. Einfach deshalb, weil man noch nicht darauf eingestellt war.

Kaum erklangen die ersten Takte, stand auch schon Paulette vor dem überraschten Peter. Die Musik war gedämpft, gefühlsbetont. Peter flocht sehr vorsichtig und langsam seine Figuren ein. Überraschend gut folgte Paulette der Führung, immer mehr in engem Körperkontakt jeden Schritt erfühlend und völlig konzentriert. Wenn irgendeine gewagte Figur oder der eingebaute Walzerschritt mit anschliessendem Stopp besonders gut gelang, gab sie mit einem Händedruck Peter ihre Befriedigung zu verstehen.

Schorsch mühte sich mit seiner Partnerin vergeblich um einen einigermassen taktgerechten Tanz. Es waren nur diese zwei Paare angetreten, die anderen waren interessierte Zuschauer. Selbst vom Buffet her beobachtete man scharf das Geschehen. Paulette und Peter achteten nicht darauf. Zu sehr waren sie auf den Tanz konzentriert. Als gegen den Schluss hin nur noch zwei Klarinetten und der Bass bald verhalten, dann wieder aufjauchzend den eigenwilligen Takt interpretierten, steigerte sich die Erregung bei den Tanzenden. Zum Schluss gab es ein anschwellendes Finale, das Peter und Paulette, der Dynamik folgend, mit Walzerschritt und Stopp gleichzeitig beendeten.

Später, schon auf dem Heimweg, meinte Peter zu Schorsch: «Es war eine verrückte Sache. Man kommt dabei auf ganz kühne

Gedanken.» Alle hatten begeistert geklatscht, auch Schorsch und die Wirtin. Paulette hatte Peter an beiden Händen gefasst: «Je flaire tes sentiments.» Sekundenlang hatte sie ihm in die Augen gesehen, dann war sie blitzschnell hinter dem Buffet verschwunden.

Zum Abschied bedankten sich Peter und Schorsch noch einmal bei Paulette, die wieder hinter dem Buffet hervorgekommen war, und drückten auch der Wirtin und vielen anderen die Hände. Paulette ging mit ihnen bis vors Haus. Sie reichte jedem die Hand. Während sie ihre grossen braunen Augen auf Peter richtete, kam es leise und zögernd von ihren Lippen: «Au revoir, mes amis!» Schnell verschwand sie, die Hände vor das Gesicht gepresst, im Eingang.

Sie sprachen lange kein Wort, die beiden, indem sie dem Tal zustrebten. Ein Sonntag voll Lebenslust und Harmonie war zu Ende gegangen.

Zwei Wochen später stand Peter nach Feierabend noch plaudernd mit einem Kollegen vor der Werkstatt. Aber was war das? Auf der Hauptstrasse spazierte eine junge Frau, elegant gekleidet, auf und ab. Als sie Peter sah, blieb sie stehen und winkte ihm entgegen. Das konnte doch nicht sein! Sie sah aus wie Paulette.

«Pierre!», rief sie. – «Paulette», rief Peter, «du hier?» – «Oui, mon Pierre, c'est une surprise pour toi, n'est-ce-pas?» Sie drückten sich die Hände und sahen einander in die Augen. Paulette schlug vor: «Viens, wir gehen ins Städtchen, ich muss dir viel erzählen.» Sie liess seine Hand nicht mehr los und war sehr aufgeregt. Im Bahnhofsbuffet setzten sie sich in eine Ecke. Paulette kramte ein kleines Wörterbuch aus ihrer Tasche und schob, als die Serviertochter kam, Peter zugleich einen Zettel zu: Ein halber Liter Weisswein und zweimal Bratwurst und Zwiebeln. Die Serviertochter nahm die Bestellung auf und verschwand. Peter stützte seinen Kopf in beide Hände: «Wieso hast du gewusst, wo ich arbeite?» Sie sagte: «Weisst du, beim Nachtessen im Dorf ich habe gefragt von Schlosserei. Und du hast gesagt: Pfaff. Also ich habe gesucht in Telephonbuch und gefunden Rheinstrasse. Dann ich habe gefragt eine Frau, und so bin ich gekommen zu dir.» Paulette lachte schallend heraus. «Bist du auch bei Schorsch gewesen?» fragte Peter. «Nein, pourquoi? Ich habe gesucht Pierre, und jetzt ich bin hier, voilà. Und dann, es ist Montag, für mich ein Freitag.»

Der Wein und die Bratwürste wurden serviert. Sie stiessen miteinander an und griffen zu. Darauf erzählte Paulette: «Das Verhältnis zwischen meinem Stiefvater und Mama ist unhaltbar geworden. Man müsste in den Reben arbeiten, aber er will nichts anfassen. Dies und jenes müsste in Ordnung gebracht werden. Er aber rührt sich nicht. Mama kann gar nicht alles allein bewältigen. Für das hätte sie ja auch nicht heiraten brauchen. Er ist zwar der Sohn eines Weinbauern, war aber nachher nur noch im Weinhandel tätig. Nun ist er offenbar das Schlemmerleben gewohnt, obwohl vorher wegen der Arbeitsteilung alles abgesprochen war. Er hält sich einfach nicht daran. Nach einer Auseinandersetzung ist er nun davongelaufen, und Mama will so nicht weitermachen. So bleibt mir nichts anderes übrig, als jetzt endgültig nach Hause zu gehen und Mama zu helfen. Oder, was meinst denn du dazu?»

Sekundenlanges Schweigen. Peter schmerzte der Abschied sehr. Er hatte es schon oben im Dorf nach dem Tanzabend gespürt. Paulette nahm Peters Hand in die ihre: «Weisst du, Pierre, ich bin gewesen gerne bei Madame oben im Dorf, und ich habe immer gesehen der grosse «horizon» und die Berge ringsum von Jura. Jetzt, wenn ich wieder bin zu Hause, ich kann jeden Morgen sehen le Lac und die Dents du Midi.»

Wieder war es lange still. Doch Peter musste ihr recht geben. Er wusste, dass Paulette ihre Mama sehr liebte und verehrte und dass so ein Stiefvater nur ausnahmsweise einmal kein Problem war.

«Jetzt weisst du es, Pierre. Du musst ja noch deine Lehre fertigmachen und nachher, man weiss nicht, was noch kommt. Es ist traurig. Deshalb ich bin gekommen zu dir, Pierre. Ich habe ja auch geträumt von Walzer und Tango mit dir.»

Noch lange sassen sie so, hielten sich die Hände und sahen einander in die nassen Augen. Mit Zuneigung und Zärtlichkeit war Peter bislang nicht gerade verwöhnt worden, deshalb ging es ihm ebenso nahe wie Paulette.

«Weisst du, Pierre, und dann die Polka wo wir gemacht haben eine Volkstanz. Das war doch so schön! Ach, ich muss das alles Mama erzählen.» Peter streichelte ihren Wuschelkopf. Sie drückte seine Hände: «Nun muss ich aber gehen.» Sie schob Peter Geld hin und er winkte der Serviertochter.

Ein letzter langer Kuss. Peter geleitete Paulette zum Zug. Mit nassen Augen stand sie am Wagenfenster. Ein letzter Händedruck. Der Zug fuhr an. Ein letztes Winken. Der Zug entschwand in der herabsinkenden Nacht.

So hatten denn Schorsch und Peter, jeder auf seine Art, im Dorf hoch oben im Jura etwas Schönes erlebt. Paulette hatte Peter mit ihrem impulsiven und aufrichtigen Wesen einen grossen Eindruck gemacht. Auch Tante Sophie hatte damals ja etwas davon aus Paris mitgebracht.

Inzwischen wurde Peter in seiner Lehre auch für anspruchsvollere Arbeiten herangezogen. Viel Wert wurde darauf gelegt, dass jeder Lehrling seine Arbeiten möglichst bald selbständig ausführen konnte. Das hatte zur Folge, dass Peter schon nach zwei Jahren in seiner Grundausbildung sehr weit voran war. Dadurch konnte er überall eingesetzt werden.

Der Lohn allerdings war demgegenüber sehr klein. Im ersten Jahr zehn, im zweiten fünfzehn Rappen pro Stunde. Im dritten würden es zwanzig und im vierten Jahr fünfundzwanzig Rappen sein. Ein ausgelernter Schlosser verdiente damals zwischen neunzig Rappen und einem Franken zwanzig pro Stunde. Zum Vergleich: Ein bescheidenes Mittagessen, wie es Peter im Städtchen jeden Wochentag einnahm, kostete einen Franken fünfzig. Was in dieser Lehre jedoch ein grosses Plus darstellte, war die Förderung der schöpferischen Eigeninitiative. Es kam vor, dass jemand ein Gartentor haben wollte, wie eines vor einer bestimmten Villa zu sehen war. Dann schickte der Meister Peter mit einem Zeichenblock dorthin, um eine möglichst genaue und massstäbliche Skizze zu machen. Anschliessend zeichnete er das Objekt in natürlicher Grösse mit Kreide auf eine grosse Blechtafel. War das so weit geschehen, wurde es von beiden Meistern begutachtet. Es wurde darüber diskutiert, ob und wie man es noch attraktiver gestalten könnte. Diese Vorschläge zeichnete Peter wiederum auf. Er konnte bei alldem seine Meinung dazu sagen und wurde damit ernst genommen.

Einmal wünschte sich ein Musikprofessor für den Eingang an seinem Haus ein Treppengeländer mit Harfen. Nur in der Form angedeutet sollten sie sein, ohne Schnörkel und Firlefanz, nicht im alten, getreu nachgebildeten Stil. Das war für die Schrägkonstruktion gar nicht einfach. Peter machte einige Entwürfe, die begutachtet wurden und von denen einer mit einer Korrektur für gut befunden wurde. Der Professor kam selber vorbei, um seinen Segen dazu zu geben. Peter und ein Kollege fertigten das Geländer entsprechend an und montierten es auch. Noch viele Jahre danach, wenn Peter mit der Bahn neben dem betreffenden Haus vorbeifuhr, versäumte er es nie, seine Kreation vom Zug aus wieder einmal zu beaugapfeln.

So gab es neben der üblichen Routinearbeit immer wieder aus dem Nichts aufbauende Konstruktionen und Aufgaben, die grosse innere Befriedigung einbrachten. Die Ausbildung war sehr umfassend. Jeder Lehrling hatte selbst seine eigenen Grundwerkzeuge, wie Körner, Meissel, Durchschläge, Sägebogen, Reissnadel und Anschlagwinkel anfertigen müssen. Auch die Gewindebohrer gehörten dazu.

Der Meister, der sich mehr mit Maschinen- und Apparatebau befasste, war manchmal auf Montage im Städtchen oder auswärts beschäftigt. Ab und zu musste Peter mit dabeisein. Im Sommer, wenn es heiss war, wusste der Meister immer schon, wo die nächste Beiz im Schatten stand. Um neun Uhr morgens oder um vier Uhr nachmittags hiess es: «Und jetzt, Peter, gehen wir einen ziehen, ich habe einen Saudurst.» Während er in kurzer Zeit zwei grosse Bier inhalierte, hatte Peter oft schon nach einem halben Becher das Lachen im Gesicht. Darob lachte der Meister sehr, und so gab es hin und wieder eine Abwechslung.

Auf dem Bahnhof, der so etwas wie ein Ort der Begegnung war, arbeitete damals ein jüngerer Mann als Hilfe für alles und jedes. Er wohnte im Unterdorf vis-à-vis der Haegler-Mühle und war bei den Abenden mit den Mühlenmonteuren wenn irgend möglich auch dabeigewesen. Wie er so daherkam in seiner schmucklosen Bähneruniform, das Käppi schräg auf dem Kopf, ein Lächeln auf dem Gesicht, war er für die jungen Leute im Ort ein interessanter Typ. Besonders, weil er immer zu einem Gespräch bereit war. Peter unterhielt sich oft mit ihm. Gesprächsthema war immer etwas Aktuelles. Er war im Eisenbahnerverband organisiert und hatte von dorther viel in Sachen Arbeiterbewegung gelernt. Diese Diskussionen waren für sie beide sehr aufschlussreich.

Einmal organisierte dieser Verband in Bern vor dem Bundeshaus eine Kundgebung. Alle dienstfreien Eisenbahner fuhren in

einem Extrazug nach Bern. Jeder hatte eine rote Nelke ange-
steckt. Als der Zug anhielt und Sepp einstieg, standen sie an den
Fenstern und begrüssten ihn stürmisch. Peter stand dabei und
winkte ihnen nach. Diese Solidarität weckte in ihm einiges und
gab ihm Hoffnung für die Zukunft.

Auch in der Gewerbeschule gab es interessante Diskussionen. Bei
einer Grossfirma in Pratteln war ein Arbeitskonflikt ausgebro-
chen. Man sprach von Streik. Heftig wurde darüber diskutiert.
Der Lehrer war gegen einen Streik. Die Lehrlinge aus der betreffenden Firma engagierten sich für den Streik. Das Warum und
Weshalb führte schliesslich dazu, dass sich alle ihre Kameraden
ihrer Meinung anschlossen. Auf Peter machte diese Diskussion
einen sehr grossen Eindruck.

An einem Samstagabend marschierten Schorsch und Peter zu
einer ihrer Tanztouren auf den «Hübel». Sie hatten zwischendurch oft von den selbstspielenden Künstlergeigen und den Tanz-
partys auf dem Bienenberg gehört. Schorsch nahm es wunder,
was dort oben alles los sei. Peter hingegen versprach sich gar
nichts von der sogenannten gehobenen Gesellschaft, die sich da
tummelte. Ihm waren die lustigen Tanzböden und die einfachen
Mädchen aus den Dörfern viel lieber. Zudem konnte er sich gut
vorstellen, dass in dieser noblen Gesellschaft nicht die ungebundene Freiheit Trumpf war, die sie auf ihren Tanztouren im Baselbiet auskosteten. Was er aber selbst gerne gesehen und gehört
hätte, wären eben diese Künstlergeigen gewesen, das «grosse
Wunder», wie es in der Zeitung zu lesen war. So war es also
gekommen, dass die beiden nun auf dem Weg waren, die Sache
auf dem «Hübel» zwischen Liestal und Frenkendorf zu ergründen.

Der Hof und der Platz unter den Bäumen war voll von Autos,
auch Pferdekutschen waren da. Eine Menge Leute flanierten auf
der Terrasse auf und ab. Und dann, als sie weitergingen, hörten
sie Musik. Sie gingen den Tönen nach und gelangten durch den
Eingang in einen grossen Saal. Die selbstspielenden Künstlergeigen hingen im Halbkreis auf dem Kopf in einer Art Orchestrion.
Drum herum kreiste ein Reif an Stelle eines Geigenbogens über
die Saiten. An jeder Geige war zusätzlich eine mechanisierte
Tastatur angebracht. Das gab eine Musik sehr ähnlich einem

wirklichen Orchester, aber wie von Geisterhand gespielt. Peter und Schorsch staunten. Zwar waren vielerorts elektrische Klaviere in Betrieb, aber dieser Kasten in der Mitte der Fensterfront war eine Meisterleistung. Das Repertoire, welches als kleines Heft auf jedem Tisch lag, umfasste eine Auswahl von über zweihundert Stücken von den Klassikern über Tanzmusik bis zum letzten Schlager. Der Saal war voll besetzt. Viele standen noch herum. Dem Dialekt nach waren einige aus der Stadt gekommen.

«So ein Abstecher aufs Land ist immer interessant», meinte eine der aufgetakelten Damen im Vorbeigehen zu ihrem Begleiter, der im vollen Wichs war. «Ja, und wenn man bedenkt, dass das einmal unsere Provinz war ...», meinte dieser gedehnt. «Nicht so laut», erwiderte die Noblesse, «das könnte ganz böses Blut geben.» Ja, da hast du allerdings recht, dachte Peter. Es lief ganz so, wie es Schorsch und Peter in den Ufa-Filmen gesehen hatten. Man stand herum, schüttelte da und dort Hände und schätzte sich gegenseitig ab. Angeben und gesehen werden war hier die Hauptsache. Die Atmosphäre widerte Peter an. Schorsch sah es ein bisschen anders.

Die beiden hielten sich im Hintergrund. Sie wollten nicht schon von Anfang an als Aussenseiter auffallen. Glücklicherweise gingen sie in der Menge völlig unter. Sie setzten sich nicht, sondern beobachteten im Stehen scharf die Szene von einer anderen Ecke aus. Man schien sie auch gar nicht besonders wahrzunehmen, da nie alle an den Tischen Platz hatten. Vorerst hatten die Kellner alle Hände voll zu tun.

Nach einer Weile trat der Oberkellner in die Mitte des Saales und schlug auf einen Gong. Das Geschwätz und Gemurmel verstummte. Ein Mann in mittleren Jahren mit angegrauten Schläfen, in tadellosem Schwarz gekleidet, erhob die Stimme. Im Namen eines Tanzinstitus aus der Stadt begrüsste er die noblen Gäste, hiess sie willkommen auf dem renommierten Bad Bienenberg und wünschte viel Vergnügen beim Auffrischen der Tanzkünste in auserlesener Gesellschaft. Er und seine Kollegin würden sich die Ehre geben dabei mitzuhelfen, Vergessenes wieder in Erinnerung zu rufen.

In ziemlicher Lautstärke spielte das Orchestrion mit den Künstlergeigen einen strammen Marsch. Das Paar vom Tanzinstitut machte den Anfang. Bald waren es dreissig bis vierzig Paare, die durch den Saal wirbelten. Peter und Schorsch mussten lachen angesichts der todernsten Mienen der Männer, wie sie stramm ihre Partnerinnen durch den Saal kutschierten. Wienerwalzer, Schlager, Polka und Englisch-Walzer wechselten einander ab. Zwischenhinein gab es einen Tango. Jedesmal machte der Tanzlehrer mit seiner Kollegin den Anfang, gewissermassen um zu zeigen, wie es sein sollte. Dann trennten sie sich und munterten die Tanzenden dazu auf, sich an die Vorbilder zu halten. Beim Wienerwalzer etwa hiess es: «Schwung, meine Herrschaften, gelöst bitte, sich ganz dem Rhythmus ergeben. Bitte nicht so steif, meine Herren. Ja, so ist's recht.»

Schorsch und Peter waren aufmerksame Zuschauer. Schorsch zuckte es in den Beinen, aber er wagte nicht, so mir nichts, dir nichts eine der jungen Frauen zu engagieren. Zu gross schien ihm das Risiko, einen Korb einzufangen. Peter meinte: «Du musst warten bis eine Damen-Tour kommt, da wird sich einiges klären.» So war es denn auch. Manche der Noblessen schwärmten aus und engagierten einen Partner, bei dem sie irgend etwas Anziehendes fanden, entweder in seinen Tanzschritten oder im flüchtigen Sich-in-die-Augen-schauen. Es kam auch vor, dass an einem Tisch eine der jungen Frauen sitzen blieb, obwohl sie noch so gerne auf dem Parkett gewesen wäre. Bei diesen merkte sich Schorsch, ob es eine Chance für ihn wäre. Als wieder ein Tango kam, engagierte aber einer der Herumstehenden seine Chance. Wieder war der Tanzlehrer zu hören: «In die Knie, meine Herren, nicht so steif. Auch die Damen, bitte. Sich lösen, die Herrschaften.» Schorschs Chance tanzte tatsächlich gar nicht schlecht, und er nahm sich vor, beim nächsten Mal schneller zu reagieren.

Der nächste Tanz war ein Englisch-Walzer. Diesmal klappte es. Schnell war er an ihrem Tisch. Sie schaute ihn etwas überrascht an, doch nahm sie seine Aufforderung an. Schorsch legte einen grandiosen Tanz hin. Vorerst erregte das noch kein Aufsehen. Zu sehr waren alle mit ihrem Tun beschäftigt. Auch die Tanzlehrer schienen den Aussenseiter kaum zu beachten. Da entdeckte Peter, der alles vom Rande her beobachtete, unter den Tanzenden einen jungen Mann in seinem Alter. Er war ein bisschen kleiner als die anderen, hatte kurzgeschorene schwarze Haare und machte ein hohles Kreuz beim Tanzen.

Das war doch der Bader aus der Bezirksschule! Das Herrensöhnchen, das so gar nicht mit Intelligenz glänzen konnte. Dessen Vater im Landrat bei der Regierung anfragte, was sie dazu sage, dass ein Lehrer an der Bezirksschule aus Bakunins «Schriften» vorlese, der doch immerhin ein russischer Revolutionär gewesen sei. Die Regierung hatte damals geantwortet, dass sie darin nichts Verbotenes sehen könne. Peter erinnerte sich, dass Bader bei der Vorlesung in der Schule als einziger überhaupt nichts begriffen hatte. Aber hier, bei dieser Creme, war er natürlich dabei.

Der Tanz war zu Ende. Schorsch war sehr zufrieden mit seiner Partnerin. Gegen den Schluss hatten sie einige Worte zusammen gewechselt, woraufhin sie überrascht gemeint hatte: «Wenn ich mich nicht täusche, sind Sie ein Romand.» Schorsch war erstaunt darüber, denn sein Dialekt-Deutsch war so gut, dass selten jemand etwas merkte. Immerhin war er das vierte Jahr in der Deutschschweiz und hatte schon im Waisenhaus Deutsch gelernt. Zusätzlich hatte seine Pflegemutter, die Madame auf der Post, ihm in diesen Jahren jede Woche zweimal Deutschstunden gegeben. Aber seine Partnerin war im Welschland gewesen und merkte bei Schorsch die feinen Unterschiede in der Sprechweise, wie sie sagte.

Als es eine längere Pause gab, drängte Peter zum Aufbruch. Schorsch jedoch wollte es wenigstens einmal noch auskosten. Um wenigstens sitzen zu können, gingen sie ins Restaurant und tranken ein Bier, denn das Herumstehen war für Peter eine langweilige Sache. Zudem war jetzt, wo er den Bader entdeckt hatte, sein Interesse für den ganzen Zauber auf dem Nullpunkt.

Vom Saal her erklangen die Künstlergeigen und spielten einen französischen Tango. Schorsch war schon aufgesprungen und im Saal verschwunden. Peter musste noch zahlen und folgte ihm dann. Der Freund war schon mit seiner vorigen Partnerin in Aktion. Während die anderen Paare unter den Ermahnungen der Tanzlehrer einen strammen Tango absolvierten, legte Schorsch gefühlvolle Improvisationen hin. Seine Partnerin war völlig in seine Führung vertieft.

Diesmal drehten sich je länger es ging, je mehr die Köpfe der Tanzenden nach Schorsch und seiner Tänzerin. Die Dämchen wurden unaufmerksam in ihren Schritten. Ihre Partner machten hässige Gesichter, und endlich schauten auch der Tanzlehrer und seine Kollegin, was denn da eigentlich los war. Na so etwas! Die machten ja Sachen, die gar nicht im Reglement stehen. Und überhaupt: Wie der angezogen ist, so meinten wohl die Männer. Die Frauen aber sahen trotzdem hin, wie die zwei in die Knie gingen.

Und dann diese Einlagen mit der Walzer-Passage. Ja, wirklich ganz anders als das sonstige Ruck-Zuck-Getanze.

Schorsch wurde langsam aber sicher zum Ärgernis der Party. Peter beobachtete gespannt das Geschehen. Bader war mit seiner Partnerin an seinen Platz zurückgekehrt. Er winkte dem Oberkellner und verhandelte mit ihm. Schon vorher musste er bemerkt haben, dass da einer war, mit dem er früher in die Bezirksschule gegangen war, und der jetzt mit dem Tango-Angeber hier war. Das durfte einfach nicht sein: Diese miesen Kleider; dazu war Peter noch der, der ihn in der Schule immer übertrumpft hatte.

So kam es, wie es Peter vorausgeahnt hatte. Kaum dass Schorsch seine Partnerin an ihren Tisch zurückbegleitet hatte und wieder zu Peter getreten war, erschien schon der Oberkellner im schwarzen Frack und überreichte Schorsch ein kleines Kärtchen. Schorsch las es überrascht und bekam einen zündroten Kopf. Wortlos reichte er es Peter. Der las halblaut: «Personen ohne Konsumation sind nicht erwünscht. Bitte verlassen Sie den Saal.»

Offensichtlich war das nur eine Ausrede, denn es hatten noch andere keinen Platz an den Tischen gefunden und standen auch herum. Einige hatten wohl ein Glas in der Hand. Andere gingen, wie Schorsch und Peter, zum Trinken ab und zu ins Restaurant. Der einzige Unterschied waren die Kleider. «Und die Konkurrenz auf dem Parkett», meinte Peter. Das hatte ihnen der Bader unter dem Beifall der Herrensöhnchen eingebrockt. Unter den Augen der Umstehenden, die die Szene natürlich beobachtet hatten, gingen die zwei langsam gegen den Ausgang. Ohnmächtig schlug Schorsch mit der Faust so heftig gegen das Getäfer an der Wand, dass es krachte. Alle drehten die Köpfe. «Verdammte Saubande!» schrie Peter in den Saal.

Auf dem Heimweg erzählte Peter von seinen Beobachtungen wegen Bader, und langsam beruhigte sich Schorsch wieder.

Nie mehr auf den Bienenberg. Das war die endgültige Erkenntnis. Auch sonst hatten die beiden etwas gelernt. Etwas, das mit der Vorlesung aus Bakunins «Schriften» zu tun hatte.

«Bildung gleich null, Einbildung gleich hundert», meinte einer, als Peter die Geschichte in der Gewerbeschule erzählte.

Für Schorsch hatte das Erlebnis auf dem «Hübel» dennoch sein Gutes. Manchmal am Morgen, wenn er auf dem Weg in die Schlosserei war, war ihm ein Mädchen in seinem Alter begegnet, das die Strasse herauf zum Bahnhof rannte. Nach dem unrühmlichen Abgang vom Bienenberg erkannten sie sich als das Tanzpaar von dort oben, das mit seinem Tango einen solchen Wirbel verursacht hatte. Sie wohnte am Erzenberg und musste jeden Morgen rennen, dass sie den Zug nach Basel nicht verfehlte, wo sie aufs Gymnasium ging. In der Folge trafen sie sich jede Woche zweimal am späten Abend, wenn ihre Eltern glaubten, sie sei ins Bett gegangen. Es wurde für beide eine sehr intime Beziehung, und Schorsch war glücklich mit ihr.

Zwischendurch gab es ein kantonales Turnfest in Liestal. Auch Peter war mit dabei. Zudem beteiligte er sich mit zwei gleichaltrigen Kollegen am Kunstturnen Unterstufe. Dazu kam noch das Sektionsturnen mit den für Peter und andere so ungeliebten Marschübungen.

Die Situation im Turnverein spitzte sich zu. Peter war nicht der einzige, dem das halbmilitärische Turnen gar nicht passte. Es waren drei, vier ganz junge Typen, die den schnauzigen Kommandoton und die allgemein unkameradschaftliche Atmosphäre als unangenehm verspürten. Für Peter spielten die Dressurübungen auf dem Gitterli, die er so oft beobachtet hatte, noch zusätzlich eine Rolle dabei. Für sie alle war es absurd, einem Folge leisten zu sollen, der in turnerischer Hinsicht nichts weiter vorzeigen konnte, als stramme Haltung beim Achtungstellen und in der Viererkolonne. Die Zack-Zack-Freiübungen, die er vormachte, waren in fortschrittlichen Sektionen bereits zugunsten einer gesundheitsfördernden Gymnastik mit Schwung abgeschafft worden.

An den Geräten hingegen waren sie im Schuss, und das vertrug der Bankangestellte und Salonoffizier nicht, der die Leitung hatte. Es gab gehässige Diskussionen. Die älteren Aktiven und die Senioren sagten nichts oder unterstützten den Angeber sogar noch. Es kam zum Bruch. Die vier suchten Anschluss bei der jungen Sektion des Schweizerischen Arbeiter-Turn- und Sportvereins (SATUS) in Liestal. Dort fanden sie besseres Verständnis und gute Kameradschaft. Ungünstig war nur der weite Weg, der zur zunehmenden Beanspruchung durch die Gewerbeschule hinzukam, so dass viele Turnstunden vom einen oder anderen nicht besucht werden konnten.

Im Dorf wurde versucht, die Jungen für eine Art militärischen Vorunterricht zu gewinnen. Mit Uniformkittel und Käppi und Achtungstehen. Dafür konnten sich jedoch nur wenige erwärmen. Daraufhin wurde das Ding umgetauft in «Jungschützenkurs» und fand von da ab ohne Kasernenhofklamauk statt. Nun meldeten sich einige, die sich im Schiessen als Sport versuchen wollten. Anfänglich sagte Peter nein. Da er aber beruflich hin und wieder mit Waffen zu tun hatte, weil seine Meister nebenbei Büchsenmacher waren, trat er schliesslich doch ein. Er stellte sich vor, dass es interessant sein müsste, zu wissen, wie gut er treffen würde.

Zwar gab es wenig Anleitung zu Pflege und Behandlung des Gewehres, doch dabei musste Peter ja gar nichts mehr lernen. Bereits bei der ersten Übung im Schiessstand Edleten zeigte sich, dass Peters Schüsse immer näher gegen das Zentrum der Scheibe trafen. Der Leiter der Übung, ein älterer Mann, war ganz überrascht von Peters Resultaten. Peter selbst verwunderte sich nicht. Für ihn war es klar: Genau gestrichen Korn, auf schwarz sechs. Exakt waagerecht, tief ein- und ausatmen. Druckpunkt fassen, Atem anhalten und heraus damit. Keine Hexerei. Aber es gab solche, die beim Abziehen beide Augen zudrückten. Dem Vernehmen nach waren auch Salonoffiziere darunter. So ging es natürlich nicht.

Peter machte sich einen Spass aus dem Schiessen. Er hätte es aber nie fertiggebracht auch nur einer Maus etwas zuleide zu tun. Unschuldige Tiere zu plagen oder zu töten war ihm ein Greuel. Menschen jedoch, die jemanden quälen oder gar töten konnten, die hasste er wie Gift. Dabei dachte er an den «Knödi» zurück oder an die Schinder vom Gitterli.

Im Herbst gab es ein Feldschiessen auf der Sichtern bei Liestal. Es war unangenehm nasskalt. Unter diesen Verhältnissen konnte es kaum gute Resultate geben. Die meisten froren. Peter schlug mit den Armen um sich, bevor er sich zum Schiessen auf den feuchten Rasen legte. Er erzielte eines der besten Resultate, und in der Beiz gab es anschliessend für ihn als einen der wenigen eine Ehrenmeldung, aus der er sich allerdings nicht viel machte. Auf dem Heimweg ins Dorf wollte man ihn partout in der ersten Reihe haben, weil er als einziger die Ehrenmeldung am Hut trug. Er bestand jedoch darauf, zuhinterst mitzulaufen. Trotzdem war es ein kleiner Triumph für ihn, denn am Strassenrand stand der Oberturner, der Salonoffizier.

Die Zeit verging. Peter ging seinem letzten Halbjahr in der Lehre entgegen. Seit Schorsch die Freundin vom Erzenberg hatte, waren ihre gemeinsamen Tanztouren selten geworden.

Zu Hause hatte sich einiges verändert. Der Grossvater war gestorben. Still und friedlich war er eingeschlafen und nicht mehr erwacht. Trotz allem tat er Peter sehr leid. In seinen nüchternen Zeiten war er ein lieber und guter Mensch gewesen. Eine der Tanten hatte ein Kind bekommen, dessen Vater nur sie allein kannte. Im Dorf gab es deshalb ein Gerede, obwohl die, die am meisten darüber klatschten, in sexueller Beziehung auch keine Engel waren. Die sogenannt besseren Familien konnten solche Sachen nur besser vertuschen. Dennoch erzählte man sich von ihren Töchtern, sie unterhielten die merkwürdigsten Beziehungen mit Verwandten. Peter und seine Schulkameraden wussten seit Jahr und Tag um die Spiele dieser Tonangeber. Die Beiz, in der sich diese Ehrenwerten trafen, war bekannt für verbotene Glücksspiele. Schon beim Kegeln spielte Geld hie und da eine Rolle. Zwischenhinein, wenn es sich gar nicht mehr vertuschen liess, musste die Polizei eingreifen. Trotzdem gab es über diese Geschichten nie ein grosses Gerede.

Einmal wagte sich Peter mit einigen Kameraden doch wieder an einen Vereinsabend im Dorf. Anschliessend war Tanz. Dabei suchte er sich eine der wenigen guten Tänzerinnen aus und kam in der etwas verklemmten Atmosphäre doch zu seinem Vergnügen. In der Folge verabredete er mit seiner Partnerin auf den nächsten Sonntag einen Tippel nach der Haltestelle. Sie wohnte in Furlen, einem Weiler südlich vom Dorf. Merkwürdigerweise kannten sich die beiden bislang nur flüchtig, obwohl sie doch ungefähr gleich alt waren. Später stellte sich heraus, dass sie einige Jahre bei Verwandten im Nachbardorf gelebt hatte und dort auch zur Schule gegangen war.

Als der Sonntag kam, war es ein schöner, warmer Herbsttag, mit der ganzen einsetzenden Farbensymphonie der Natur. An der Strasse gegen Furlen sah er schon von weitem Anna, wie seine neue Bekanntschaft hiess, auf- und abgehen. Sie trug ein blaues Kleid mit lustigen Puffärmeln, das mit weissen Tupfen übersät war. Zusammen mit dem dunkelbraunen Haar und ihren grossen Augen machte sie auf Peter einen solchen Eindruck, dass er sie schnell liebgewann. Bald einmal trafen sie sich auch die Woche durch. Sie war nebenbei in der Gruppe Volkstheater aktiv und hatte schon eine erfolgreiche Aufführung hinter sich. Ihre Stärke war das Auswendiglernen. Sie war, wie die meisten anderen Mitspielenden auch, so etwas wie ein Naturtalent. Zudem war Anna, die eine recht gute Sängerin war, im Töchterchor. Ob er auch singen könne, fragte sie Peter. Peter lachte und erzählte seine Misserfolge in dieser Sparte während der Bezirksschule. Sie drängte ihn, einfach einmal irgendeine Strophe zu singen. Als er zu einem der schwermütigen Lieder ansetzte, die er zu Hause von seinen Tanten gehört hatte, setzte sie mit der zweiten Stimme ein, obwohl sie doch das Lied nur flüchtig kannte. Peter war überrascht, und voll Freude konnten sie darüber lachen.

Mit Peter hatte sie entdeckt, dass auch Tanzen schön sein konnte, und so gingen sie beide oft in die Haltestelle. Wenn die Ramlinsburger Hauskapelle einen ihrer einschmeichelnden Walzer aufspielte, waren Anna und Peter im Himmel. Sie gaben sich ganz dem Rhythmus und der Melodie hin. Ihre Walzer waren gekonnt bis aufs Letzte, und Peters gewagte Zwischenpassagen steigerten das Ganze noch. Dafür interessierte sich auch die Wirtin. Kaum hatte sie den Anfang der Melodie gehört, kam sie vom Buffet in den Saal. Hatte sie die beiden entdeckt, nahm sie sich einen Stuhl, setzte sich und sah nur noch ihren Bewegungen zu. Sie blieb bis zum Ende des Walzers. War die Musik verklungen, klatschte sie begeistert, und es konnte geschehen, dass Anna und Peter ihren Tanz wiederholen mussten.

Auf dem langen Rückweg über den Berg und durch den Wald kamen die beiden sich näher. Gewissen Leuten passte ihre Freundschaft nicht, und Annas Vater war gar nicht begeistert. Aber die zwei hatten sich gefunden und sahen es allein als ihre Sache an, in die ihnen niemand dreinzureden hatte.

Eines Tages kam der Stellungsbefehl für die Untersuchung zur Diensttauglichkeit. Peter war nicht eben erfreut darüber. Das Affentheater vom Gitterli, das alle kannten, musste einem aufgeweckten Menschen zu denken geben. Zudem war der Einsatz von Militär beim Generalstreik von 1918 nicht vergessen und liess die Armee in einem diffusen Licht erscheinen. Peter und einer seiner Kollegen wollten, wenn irgend möglich, nicht an diesem Zirkus teilnehmen. Der Aufforderung allerdings mussten sie zunächst einmal Folge leisten.

Bei der Musterung war man sehr darauf aus, möglichst viele unter die Haube zu bringen und nicht jede Ausrede von Gebrechen oder sonstige Begründungen zu akzeptieren. Nicht einmal Arztzeugnisse wirkten da unbedingt. Peter versuchte keine Ausflüchte. Er war scheinbar der einzige, der sein Missfallen am Gitterlitheater offen darlegte. Der Major machte grosse Augen, und die anderen Graduierten horchten auf. «Der Mann da ist ein guter Turner und erst noch ein guter Schütze», klang in diesem Moment die Stimme eines Leutnants aus dem Hintergrund. Der Major machte ein pfiffiges Gesicht und meinte mit einem Augenzwinkern: «Na also, das ist sehr einfach. Wir brauchen unbedingt Handwerker in den Telegraphenkompanien und Telephonabteilungen der Infanterie. Da gibt es wenig oder gar nichts zum Exerzieren. Und was wollen Sie mehr, wo Sie doch schon schiessen können? Nein, junger Mann, auf solche Leute können wir nicht verzichten.» Peter merkte nun, dass er mit seinem Jungschützenkurs einen Fehler gemacht hatte.

Schon war die Einteilung geschrieben und abgesegnet. Peter war enttäuscht. Als hinterher noch alle in der nahen Beiz bei einem Bier zusammensassen, kam ein ehemaliger Schulkamerad zu ihm und meinte: «Ich habe gehört, was du gesagt hast, Peter. Ich bin der gleichen Meinung wie du betreffend Gitterli. Aber ist es nicht vielleicht so, dass wir, wenn wir bei dem Zirkus dabei sind, mehr dagegen unternehmen können als von ausserhalb?» Peter war darüber so sehr in Gedanken verfallen, dass er bei der anschliessenden Pintenkehr nur halb dabei war.

Wochen vergingen und es kam die Lehrabschlussprüfung. Allein von der Schlosserbranche waren über sechzig Lehrlinge angetreten. Den theoretischen Teil brachte Peter verhältnismässig leicht hinter sich. Im praktischen Teil wurden in Bezug auf Genauigkeit und Schnelligkeit hohe Anforderungen gestellt. Einigen Kollegen bereitete das viel Mühe. Hier zeigte sich, wie intensiv sich die Lehrmeister mit den Lehrlingen beschäftigt hatten. Peter hatte kaum Probleme damit. Einzig, dass noch das diffizile Schweissen mit offenem Feuer, an Esse und Amboss also, geprüft wurde, schien Peter und anderen überflüssig, da es in der Praxis so gut wie gar nicht mehr angewandt wurde. Schorsch war sich seiner Sache nicht so sicher wie Peter. Er hatte im theoretischen Teil, seiner französischen Muttersprache wegen, beim Schreiben schon einige Schwierigkeiten gehabt. Es war selbstverständlich für Peter, dass er ihm so gut wie möglich über die Runden half. Nur beim Feuerschweissen kam es etwas krumm heraus.

Hierzu braucht es immer zwei. Peter hatte vorher mit einem seiner Meister zweimal geübt, aber Schorsch hatte nur einmal seinem Meister dabei zusehen können. War schon das Erhitzen im Feuer eine heikle Sache, so kam es dann noch darauf an, dass nach dem Aufeinanderlegen der Stücke die Hammerschläge sofort und gezielt erfolgten. Eben dabei schaltete Schorsch viel zu langsam. Als der Meister ihre Arbeit prüfte, meinte er nur: «Schade, sonst hat alles ja ziemlich gut geklappt.»

Immerhin stand Peter noch sehr gut da, als an der Abschlussveranstaltung die Resultate bekanntgegeben und die eidgenössischen Lehrbriefe überreicht wurden. Mit einem Durchschnitt von 1,5 war er von dreiundsechzig Lehrlingen im dritten Rang. Als Auszeichnung erhielten die ersten drei einen Buchpreis. Auch Peters Meister, die anwesend waren, gratulierten ihm herzlich. Die Lehre selbst aber war noch nicht ganz fertig. Wieder stand Peter vor dem Problem, was nachher kommen sollte.

Die Rede, die sie anzuhören die Ehre hatten, konnte nicht über die tatsächlichen Verhältnisse auf dem Arbeitsmarkt hinwegtäuschen. Die Phrase vom Handwerk, das goldenen Boden habe, wirkte bei klarer Sicht wie eine Fata Morgana. Es gab nämlich kaum offene Stellen für qualifizierte Berufsleute. Viele setzten sich ins Ausland ab, wo sie aber nur selten bessere Chancen hatten. In den Städten gab es massenweise Arbeitslose, hauptsächlich Ungelernte. Hatte man einen Lehrabschluss, bestand immerhin noch die Möglichkeit, auf irgendeine andere Tätigkeit auszuweichen. Fand ein Ausgelernter ausnahmsweise eine Stelle auf seinem Beruf, wurde er vorher peinlich genau auf Zeugnisse und Leumund geprüft und zu einem mageren Lohn eingestellt. Das Überangebot erlaubte dem Unternehmer jede krumme Tour. Das alles war in der Gewerbeschule publik und wurde heftig diskutiert.

Noch vor dem endgültigen Abschluss seiner Lehre interessierte sich Peter daher auf dem kantonalen Arbeitsamt für eine freie Stelle als Schlosser. Im Moment war nichts derartiges vorhanden, aber man versprach Peter, ihn auf jeden Fall zu informieren, wenn sich etwas ergeben würde.

Kurz vor dem letzten Tag seiner Lehre sollte er sich wegen einer möglichen Stelle auf dem Lehrlingsamt einfinden. Ein Beamter, ein sehr selbstbewusster, etwas arroganter Herr, empfing ihn. Nachdem ihm Peter seinen Lehrbrief und sein Zeugnis gezeigt hatte, meinte er herablassend: «Nicht schlecht. Nun, wir werden ja sehen. Also, es handelt sich um folgendes: In einer Fabrik für elektrische Apparate braucht man einen flinken Schlosser für den Zusammenbau in der Serienherstellung. Er wird aber auch für den Modellbau neuer Entwicklungen herangezogen, so dass es neben der Serienarbeit auch interessante Momente geben wird. Gesamthaft gesehen wahrscheinlich eine leichtere Arbeit als sonst für einen Schlosser üblich. Was meinst du dazu?»

Peter hatte aufmerksam zugehört. es störte ihn, dass er geduzt wurde. Er war gewiss nicht eitel und gab auch nichts auf Titel. Aber in diesem «Du» kam die Überheblichkeit dieses Menschen zum Ausdruck, und das missfiel ihm.

«Nun ja, es ist nicht gerade das, was ich mir vorstelle; aber es kommt darauf an, was dabei herausschaut», erwiderte er. Der noble Herr machte grosse Augen und meinte: «Das weiss ich nicht. Aber wenn du meinst, ich kann ja anfragen.» Damit griff er zum Telephon: «Du, ich habe jetzt einen jungen Mann hier, der sich für den Posten interessiert, von dem wir letzthin gesprochen haben, mit einem guten Abschlusszeugnis übrigens. Er möchte nur noch wissen, was er bei euch für einen Stundenlohn erhält.» Einen Moment hörte er zu, dann verabschiedete er sich: «Ja, also ich sag's ihm, gut, also salü, Richard.»

Er wandte sich Peter zu: «Es ist so: Die Firma steht in einem harten Konkurrenzkampf und kann nicht jeden Lohn zahlen. Achtzig Rappen pro Stunde, mehr liegt nicht drin, und wenn man bedenkt, dass das ja immerhin besser ist, als arbeitslos zu sein, würde ich meinen, du solltest diese Stelle annehmen.» Peter war enttäuscht. Er wusste, dass dieser Lohn unter dem Minimum war. Zudem wurde er den Eindruck nicht los, dass die ganze Sache ein abgekartetes Spiel war. Dass man mit kameradschaftlichen Vebindungen zu Amtsstellen die Notlage der Arbeitersuchenden ausnützte. Diese Überlegungen machten ihn wütend. Er stand auf, nahm seinen Hut und verliess wortlos das Büro, wobei er laut und mit Nachdruck die Türe hinter sich schloss. Für die Zukunft schien es schlecht auszusehen.

«Nun, wie war's?» fragte ihn am anderen Morgen einer der Meister. Peter erzählte ihm ausführlich von seinen Erfahrungen auf dem Amt und schloss: «Für jeden Judaslohn lass ich mich nicht verkaufen.» Der Meister machte grosse Augen: «Ach so ist das. Ich dachte mir doch, dass irgend etwas dahinter steckt, so, wie du heute morgen hier erschienen bist.»

Die Woche darauf war es so weit. Peter erhielt sein Abschlusszeugnis und zugleich das Angebot, im Betrieb so lange als Schlosser mit einem Stundenlohn von neunzig Rappen weiterzuarbeiten, bis er eine passende Stelle gefunden hätte. Dieses Angebot war ein grosses Entgegenkommen, denn nie zuvor war jemandem ein ähnliches gemacht worden. Peters Kollegen gratulierten ihm, und auch Anna freute sich mit ihm.

Die Schlosserei hatte zu dieser Zeit einen aussergewöhnlichen Auftrag über eine grössere Eisenkonstruktion. Nach Zeichnungen und Detailplänen erledigte Peter die Bearbeitung der langen, schweren T-Balken und Laschenverbindungen auf dem Vorplatz der Werkstätte. Spasseshalber meinte der zuständige Meister zu ihm: «Wenn es aber bei der Montage nicht stimmt, musst du die neuen Löcher mit einer Handrätsche bohren.» Damals kannte man nämlich noch keine elektrischen Handbohrmaschinen, die für grössere Bohrer geeignet gewesen wären. Die schweren Gerüstteile wurden mit zwei Langholzwagen nach dem Arxhof gefahren und an Ort und Stelle in kurzer Zeit montiert. Die einzelnen Teile passten genau ineinander, und alle waren zufrieden. Peter hatte mit diesem Erfolg an Selbstvertrauen gewonnen.

Bei Montagen von Transmissionen für eine neue Fabrik gab es noch manche interessante Arbeit. Zwischendurch erkundigte sich Peter immer wieder nach einer Stelle.

Nach einem Monat erfuhr er durch einen Schulkollegen, dass eine Schiffswerft in Kaiseraugst einen Schlosser suche. Sofort machte er sich auf den Weg dorthin, und er hatte Glück. Ein kleiner wirbliger Ingenieur empfing ihn. Peters Zeugnisse waren ausschlaggebend, dass er gleich eingestellt wurde. Die Bemerkungen des Ingenieurs über die Anforderungen, die an ihn künftig gestellt werden würden, liefen auf eine Anpassung an andere Verhältnisse hinaus. Eine Woche darauf trat Peter seine neue Stelle an. Es handelte sich um den Bau von Schleppkähnen für die Rheinschiffahrt, die damit rentabler gestaltet werden sollte.

Die Schiffswerft war nur behelfsmässig am Rheinufer errichtet worden. Sie gehörte zu der grossen Metallbau- und Konstruktionsfirma in Pratteln, deren Lehrlinge Peter in der Gewerbeschule kennengelernt hatte. In der Werft wurden vierzig bis fünfzig Leute beschäftigt. Die meisten von ihnen waren gelernte Schiffbauer, die aus den grossen Werften in Norddeutschland kamen. Dort herrschte, wie fast überall auf der Welt, grosse Arbeitslosigkeit. Nur wenige waren Schweizer. Es schien nicht eben ein besonders gesuchter Arbeitsplatz zu sein, wegen der Arbeit, die im Freien verrichtet werden musste und wegen des Lohnes. Aber das merkte Peter erst später.

Zuerst musste er sich an den manchmal für ihn schwer verständlichen norddeutschen Dialekt gewöhnen. Dazu kam das Schiffslatein mit unbekannten Ausdrücken wie Bug, Heck, Backbord, Steuerbord, Schotten, Kiel und manchen anderen mehr. Dennoch war er verhältnismässig schnell mit der neuen Umgebung vertraut. Die Schiffbauer befassten sich mit den schweren Bordwänden und den Zwischenwänden, den Schotten. Peter und zwei weitere Schlosser waren mit Detailausrüstungen beschäftigt. Sie bauten die Kapitänswohnung ein, den Kommandoraum und Kajüten für die Matrosen. Auch mit der Anlage für die Steuerung hatten sie zu tun.

Es war Spätsommer und zuweilen drückend heiss. Vieles wurde damals noch mit den mit Druckluft betriebenen Nietrevolvern genietet. Einer alleine machte schon einen Spektakel wie ein Maschinengewehr. Meistens waren vier oder fünf davon in Betrieb. Das gab einen Riesenlärm, der auf Dauer zweifellos einen Gehörschaden zur Folge haben würde. Um sich davor zu schützen, hatten alle Arbeiter Watte in den Ohren, was wiederum die Verständigung erschwerte, so dass sie sich anschreien oder sich in Zeichensprache verständigen mussten. Die zwei anderen Schlosser, mit denen Peter zusammenarbeitete, waren Pauletto, ein Italiener, und Walter Grimm, ein Deutscher aus Badisch-

Rheinfelden. Die drei verstanden sich sehr gut miteinander. Sie diskutierten viel die anstehenden Probleme ihrer Arbeit und die Ereignisse in der Welt.

Pauletto war als Siebenjähriger mit seiner Familie nach St. Gallen gekommen. Nach anfänglichen Schwierigkeiten hatte er eine Lehre als Schlosser machen können. Er war ein wenig grösser als der Durchschnitt, schlank und hatte leicht gekraustes schwarzes Haar. Eine Erscheinung wie ein Filmstar. In seinem Gang lag etwas Tänzerisches. Seinem Wesen nach erinnerte er ganz und gar an einen Südländer. In seinem Gesicht stand immer ein Lächeln und oft sang oder pfiff er vor sich hin. Wenn einmal etwas nicht sofort klappte, gab es für ihn keine Aufregung. Pauletto war ein paar Jahre älter als Peter und auf der Suche nach Arbeit über verschiedene Stationen nach Kaiseraugst gekommen. Auf Dauer wollte er nicht in der Schiffswerft bleiben. Sein Ziel hiess Frankreich oder Übersee.

Walter Grimm, der Deutsche, war etwa dreissig Jahre alt. Bleich, schmächtig, mit schütterem Haar, gehörte er der Generation an, die die Schrecken des vergangenen Krieges als Soldaten an der Front hatte mitmachen müssen. Grimm war die lebendige Anklage gegen den Krieg: Die Hälfte einer Ferse hatte ihm eine Granate weggerissen. In einer Lunge steckte noch ein Schuss, und über seinen Kopf lief eine Scharte, die von einem Granatsplitter stammte.

Walter Grimm sprach wenig und nie erzählte er von seiner Vergangenheit. Als jedoch einer der Norddeutschen von seinen Heldentaten plagierte, explodierte er. Plötzlich sprang er auf den Plagöri zu, packte ihn an den Schultern, schüttelte ihn und schrie: «Schluss jetzt mit diesem Mist! Scheisse war das, dieser Krieg, gottverdammte Scheisse! Seid ihr noch nicht gescheiter geworden, ihr deutschen Michel? Der Teufel soll alle holen, die einen solchen Mist erzählen! Sieh mich an, ich war nicht nur einmal an der Front, ich habe Zeugen davon!» und er deutete auf seinen Fuss, seine Brust und auf die Scharte auf seinem Kopf. Es war unheimlich still geworden in der Kantine. Verlegen hustete einer. Die Serviertochter lehnte sich erschrocken an einen Türpfosten. Grimm kam langsam an den Tisch zurück, sank auf einen Stuhl und vergrub das Gesicht in den Händen.

Er erzählte: «Als wir Übriggebliebenen von diesem dreckigen Krieg endlich heimkamen, schlossen wir uns zusammen. Wir waren aus dieser grausigen Erfahrung heraus entschlossen, etwas Neues aufzubauen. Eine Gesellschaft, die jedem Menschen das Recht auf sein Leben zurückgibt. Ein Leben ohne Ausbeutung, ohne Bevormundung. Nur die Solidarität unter den Menschen sollte Geltung haben, und nur ihr wollten wir uns unterordnen. Jede Möglichkeit eines Krieges sollte ausgeschlossen werden. Es gab wunderbare Frauen und Kollegen. Auch tiefgläubige Christen waren darunter. Wir nannten uns «Unabhängige Sozialisten». Unser führender Kopf war Kurt Eisner. Wir hielten Massenkundgebungen ab und kamen an die Regierung. Bald darauf wurde Kurt Eisner von einem Grafen erschossen. Es bildeten sich Gruppen von national gesinnten Offizieren, die dem entmachteten Adel entstammten. Wir wehrten uns mit allen Mitteln und riefen eine kommunistische Räterepublik aus. Die Nationalen aber bildeten militärische Freikorps und warben mit viel Geld Söldner an. Ihrem Ansturm waren wir nicht gewachsen. Wir mussten kapitulieren. Viele führende Kollegen, auch Frauen, wurden vor Gericht gestellt. Ich selbst und einige andere konnten im letzten Moment fliehen. Ich ging ins Tirol, wo ich jemanden kannte. Ich arbeitete illegal als Holzfäller und schlug mich schlecht und recht durch. Nach einer gewissen Zeit gab es eine Amnestie. Ich kehrte zurück nach Deutschland, ging aber nicht mehr nach Bayern, sondern hielt mich an der Grenze. Und jetzt bin ich, wie ihr wisst, in Badisch-Rheinfelden.»

Gespannt hatten Pauletto und Peter zugehört. Nach einer Pause fragte Peter, welche Rolle Grimm in dieser Bewegung gespielt hätte. Grimm sagte: «Ja, das war so: Ich war von Anfang an dabei. Ich war in Arbeitsgruppen aktiv und leitete sie auch zum Teil. Später war ich in verschiedenen Funktionen im Führungskollektiv tätig. Wir mussten uns ja Ziele und Programme erarbeiten. Wir wollten schliesslich etwas Neues. Es ist absolut keine Kunst, eine Gesellschaft mit Diktatur und Machtausübung zu beeinflussen. Das kann jeder Trottel, wenn er die nötige Rücksichtslosigkeit anwendet. Die Gesellschaft der unbedingten Solidarität, die egoistischen Eigennutz ausschliesst, ist aber ein schwieriges Unterfangen und will gelernt sein. Mit gutem Willen und guten Menschen ist sie aber möglich. Aber ob das bei uns Deutschen je Wirklichkeit werden wird, nein, daran glaube ich nicht mehr.» Peter und Pauletto waren tief beeindruckt. Sie hatten schon früher, nach gelegentlichen Aussprüchen von Grimm, geahnt, dass hinter diesem unscheinbaren Menschen mehr stecken musste als der stille einfache Arbeiter, als den sie ihn kannten.

Die Arbeiten am Kahn gingen zügig voran. Peter fühlte sich in der internationalen Dreierkameradschaft wohl. Das Längsschiff mit Boden und Bordwänden liess bereits Länge und Breite des künftigen Schleppkahns erkennen. Der flache Boden verriet den minimen Tiefgang und die grosse Tragkraft. Das Knattern der Nietpistolen hatte sich reduziert. Irgendeinen offiziellen Ohrenschutz gab es noch nicht. Auf Anraten von Walter hatten Pauletto und Peter die Watte in ihren Ohren mit Vaselin geknetet. So war der Lärm noch stärker gedämpft, dafür war die Verständigung entsprechend schwieriger geworden. Sie fanden einen Ausweg, indem sie den Wattebausch ein weniges herausstehen liessen und ihn für die Dauer des Gesprächs einfach herausnahmen.

Der Stundenlohn für Peter betrug einen Franken zehn. Davon ging das Mittagessen in der Kantine und das Abonnement für die Bahn ab. Zu Hause war man zufrieden, wenn Peter am Zahltag den Lohn heimbrachte, und man schien anzunehmen, dass das nun immer so bleiben werde. Es gab Auseinandersetzungen, wenn er mehr Taschengeld beanspruchte oder ein dringend nötiges neues Kleid kaufen wollte. Darum beschäftigte sich Peter mehr und mehr mit dem Gedanken, endgültig von zu Hause fortzugehen. Schliesslich hatten er und Anna ihre Pläne. Zudem betrachtete er seine jetzige Arbeit nicht als Dauerstelle. Darunter stellte er sich etwas anderes vor. Dem Vernehmen nach beschränkte sich der Auftrag über die Schleppkähne nur auf wenige Stück, danach musste er sowieso weitersehen.

Nach ein paar Wochen kam der Stapellauf. Der Kahn wurde also zu Wasser gelassen. Fertig war er aber deswegen noch lange nicht. Die Fertigungsarbeiten gingen weiter. Für anfallende Schweissarbeiten stand ein kleines Boot mit einer Acetylenschweissausrüstung zur Verfügung. Ein Schlosser war damit beauftragt, diese Arbeiten rund um den Kahn auszuführen. Als er wegen einem kleinen Unfall ausfiel, musste Peter vorübergehend diese Aufgabe übernehmen.

So ruderte er den Tag durch mit seinem kleinen Schiff rund um den stählernen Koloss. Rudern war für ihn etwas Neues. Zwar hatte er gut gelernt, mit dem Boot umzugehen, aber nach ein paar Tagen geriet er doch in Gefahr. Er hatte sich etwa zehn Meter weiter auf den Fluss hinausgewagt als gewöhnlich. Einige hundert Meter flussabwärts war das Kraftwerk, wodurch der Rhein im Bereich der Werft wie zu einem See aufgestaut wurde. Jetzt ging das Rudern aber nicht mehr so leicht und er trieb stromabwärts dem Stauwehr zu. Angestrengt versuchte Peter, dagegen anzurudern. Er bekam es langsam mit der Angst zu tun, denn es wollte ihm absolut nicht gelingen, ans Ufer zu kommen. Im Gegenteil, die Strömung wurde stärker. Peter machte sich Gedanken wegen der Druckflaschen mit Gas und Sauerstoff, die er im Boot hatte. was würde wohl geschehen, wenn die Stahlflaschen mit den Manometern unter der Wucht der Wassermassen an den Rechen des Stauwehres prallten? Unterdessen trieb er weiter dem Stauwehr zu. Peter war verzweifelt.

Vom Schiff aus hatte man inzwischen bemerkt, was geschah. Die Nietrevolver mussten für einen Moment schweigen. Man rief Peter. Er schaute zurück und sah Grimm und einen weiteren Mann in ein kleines Boot steigen, das sie aus einem am Ufer liegenden überdachten Platz hervorgezogen hatten. Es war ein behelfsmässiges Rettungsboot, von dem er nichts gewusst hatte. Ein Knattern kam herüber. Anscheinend hatten sie dort einen Motor angeworfen. Peter atmete auf; sie kamen, langsam zwar, aber sie kamen. «Gott sei Dank, Kollegen», murmelte er vor sich hin. Als die beiden ihn erreichten, lachten sie aus vollem Hals über sein Abenteuer. Walter Grimm warf ihm ein Seil zu, das er an seinem Boot befestigte, dann dampften sie der Werft zu. Auch die übrigen Kollegen nahmen es von der lustigen Seite.

In den Diskussionen, die sie in den Pausen führten, kam die Möglichkeit, sich in der zuständigen Gewerkschaft zu organisieren, zur Sprache. Obwohl man die Notwendigkeit eines Beitritts erkannte, gab es keine konkreten Aktionen. Dabei wäre in Bezug auf das Lohnsystem allerhand zu bemängeln gewesen. Ein Grund für diese Passivität war die Angst der Schiffbauer vor Repressalien von Seiten des Unternehmers. Sie als Ausländer waren auf das Wohlwollen höherer Instanzen angewiesen, wie man den einen oder anderen bereits durch die Blume hatte wissen lassen. Grimm Walter war an seinem Wohnort politisch aktiv, Pauletto hatte sich seiner vielen bisherigen Arbeitsplatzwechsel wegen nicht in einer Gewerkschaft organisiert, und Peter war ebenfalls auf dem Sprung nach einer anderen Stelle.

In einem Inserat las er von einem Stellenangebot für einen Schlosser. Die Brown-Boveri suchte jemanden für den Transformatorenbau. Peter wusste aus der Physik her, dass das irgend etwas mit dem Umformen elektrischen Stroms zu tun hatte. Die Firma war bekannt für einigermassen anständige Löhne, allerdings im Akkordsystem. Peter schrieb sofort eine Bewerbung und erhielt bald darauf die Aufforderung, sich vorzustellen. Im Personalbüro war die erste Frage des Vorstehers die nach Lehrbrief, Abschlussnoten der Prüfung und Abschlusszeugnis. Das Notenblatt hatte Peter nicht dabei. Der Mann bestand aber darauf, diese Noten zu sehen. Nachdem alle Fragen geklärt waren und Peters Zeugnis genau geprüft worden war, sagte der Mann: «Sie können in drei Wochen hier anfangen, wenn Sie mir morgen nachmittag das Notenblatt vorzeigen. Wenn die Noten aber nicht stimmen, brauchen Sie erst gar nicht zu kommen, denn dann interessiert es mich nicht mehr.» Das war scharfer Tobak, direkt arrogant. So viel gab man hier also auf Prüfungen.

Am anderen Nachmittag brachte Peter das Dokument hin, und derselbe Mann wie am Vortag meinte: «Ja also, das ist ja in Ordnung. Gut denn, in drei Wochen.»

Inzwischen hatte Grimm Walter von der Stammfirma in Pratteln eine Arbeit versprochen erhalten, die wie er sagte, seinem gesundheitlichen Zustand besser entsprechen würde. Pauletto wollte unter diesem Umständen auch nicht länger in der Werft bleiben. Die Wochen, die man noch zusammen war, liessen erkennen, wie sehr Menschen ein Gefühl für Solidarität entwickeln.

Es kam der Tag, an dem Peter Abschied nehmen musste. In der Beiz in Kaiseraugst, in der Pauletto sein Zimmer hatte, fand sich die kleine Internationale zusammen. Die Wirtin hatte zur Feier des Tages einen grossen Blumenstrauss auf den runden Tisch gestellt. Beim ausgezeichneten Essen gab es bald eine fröhliche Stimmung. Walter kramte ein Papier mit einem Arbeiterlied hervor: «Brüder, zur Sonne, zur Freiheit!» Zuerst deklamierte er zwei Strophen, nachher sangen es alle drei mit. Auch an anderen Tischen stimmten einige ein. Pauletto mochte ihm nicht nachstehen und schrieb einen Vers von «Avanti popolo» auf einen Zettel. Wieder fielen alle ein. Der Wirt und seine Frau standen hinter dem Buffet und staunten. Die Serviertochter sass auf einem Stuhl und machte grosse Augen.

Plötzlich verschwand die Wirtin, und als sie wiederkam, überreichte sie Pauletto eine Violine. Zuerst wehrte Pauletto ab, aber dann ergriff er doch seine Geige. Er stand auf, stimmte sie und legte los mit italienischen Volksliedern und Serenaden, unter anderem von Toselli. Es war ein toller Wirbel von Melodien. Ein Schlosser mit harten Fäusten spielte Musik mit Rasse und mit sehr viel Gefühl.

Der Abend ging seinem Ende zu. Jeder hing seinen Gedanken nach. Der Wein hatte eine gedämpfte Stimmung aufkommen lassen. Kurz vor dem endgültigen Adieu griff Pauletto noch einmal zur Violine und spielte «Triste Amore» zum Abschied, ein wunderschönes, tief melancholisches Lied.

Der Aufbruch kam, Peter musste auf den letzten Zug. Walters Stimme war heiser. Umarmungen, Händeschütteln und ein letztes Winken durch die Nacht.

Die BBC in Münchenstein beschäftigte über tausend Personen. Sie war und ist ein Multikonzern mit Sitz in Baden und vielen Zweigniederlassungen im Ausland. Wie Peter erfahren hatte, wurden in Münchenstein neben Elektromotoren, Schaltapparaten und Bergbauausrüstungen eben auch Transformatoren hergestellt. Ausserdem gab es eine Abteilung für den Lokomotivbau, wo die elektrische Ausrüstung in die leeren Chassis eingebaut wurden. Hauptsächlichster Auftraggeber war die Schweizerische Bundesbahn, die vor noch nicht allzu langer Zeit ihre Elektrifikation in Angriff genommen hatte.

Bevor nun Peter seine neue Stelle antrat, hatte er eine Woche unbezahlte Ferien, die er bei seiner Schwester in Bönigen bei Interlaken verbrachte. Die Tage in diesem idyllisch gelegenen Ort am Brienzersee waren eine ideale Verschnaufpause für ihn. Hedy und Peter gingen auf dem See rudern und machten eine Velotour nach dem Lauterbrunnental.

Wieder heimgekehrt, wollte Peter sich von zu Hause absetzen, wo es immer ungemütlicher geworden war. Er dachte dabei auch an ein endgültiges Zusammensein mit Anna. Vorerst nahm er jedoch nur ein Zimmer in einem Restaurant, das zugleich Tramstation war, ganz in der Nähe der BBC. Aus Kostengründen nahm er das Frühstück in einem Café ein, das auf seinem Weg zur Arbeit lag. Zu Mittag ass er in der Betriebskantine, und das Nachtessen erhielt er im Restaurant.

Die Arbeit am Transformatorenbau war jedoch nicht so, wie Peter es sich vorgestellt hatte, weil man in verschiedenen Gruppen an diesen teils über zwei Meter hohen Geräten arbeitete. Die einen schnitten an grossen Maschinen das Eisenblech zurecht, andere standen an den mächtigen Pressen, wo die Kühlrippen entstanden. Wieder andere, zu denen Peter gehörte, passten die Seitenwände, Böden und Deckel zusammen und hefteten sie mit dem Schweissbrenner aneinander. Zuletzt schweissten Spezialisten sämtliche Geräte zum fertigen Gehäuse. Es war Serienarbeit, und man machte jeden Tag dieselbe Arbeit. Die meisten Arbeiter waren denn auch Angelernte. Der Einbau des elektrischen Teils erfolgte in wieder einer anderen Abteilung, und gerade da hatte Peter sich vorgestellt, dass er in Kontakt mit der Elektrotechnik kommen könnte. Deshalb fragte er auf dem Personalbüro nach anderen Möglichkeiten und konnte bald darauf in eine andere Abteilung wechseln.

Wegen der Elektrifikation der SBB mussten die vorhandenen Personenwagen mit elektrischen Heizkörpern ausgerüstet werden. Fünf bis zehn dieser Wagen standen jeweils auf Abstellgleisen neben den Werkstätten und Montagehallen des Lokomotivbaus. Gleichzeitig wurde eine durchgehende Speiseleitung und die Kupplung an den Wagen installiert. Peter war schnell damit vertraut. Seine Arbeitskameraden, fast alle Fachleute, waren durchwegs angenehme Kollegen. Man arbeitete in Akkordgruppen zu dritt oder viert. Die Arbeit war nicht allzu anstrengend. Man hatte ein sehr gutes Verhältnis zueinander. Peter erfuhr dabei einiges über die gewerkschaftliche Aktivität im Betrieb.

Die Abteilung, in der er jetzt arbeitete, bildete eine Art Reserve für nachrückende Fachleute, so dass gute Aufstiegsmöglichkeiten gegeben waren. Peter gefiel es gut im Negerdorf. So wurde es rundherum genannt, weil hie und da einer ein wenig schwarz unter dem Wagen hervorkam. Der Lohn war zusammen mit dem Akkord um vieles besser als in Kaiseraugst.

Auf einer Betriebsversammlung der Gewerkschaft, zu der Peter eingeladen worden war, erfuhr er, dass es wenige Wochen zuvor bei Verhandlungen über wichtige Forderungen nicht zu einem befriedigenden Resultat gekommen war. Daraufhin wurde ein Streik organisiert, der aber nach einigen Tagen erfolglos abgebrochen werden musste. Nun war man bestrebt, durch eine gezielte Mitgliederwerbung die Ausgangslage für neue Verhandlungen zu verbessern. An diesem Tag wurde Peter Gewerkschafter.

Aus der Bibliothek des Gewerkschaftssekretariats lieh er sich Bücher aus. Abends vertiefte er sich in die Werke von Karl Marx und Friedrich Engels, anstatt in die Beiz zu hocken, wozu er sowieso keine Lust verspürte. Ebensosehr fesselten ihn die Bücher von Robert Grimm und vielen anderen. Schon in der Bezirksschule war er eine Leseratte gewesen. Damals hatte er die Klassiker verschlungen und in ihnen viel Stoff zum Nachdenken gefunden. Aus der Erfahrung und aufmerksamen Beobachtung der Geschehnisse der jüngsten Vergangenheit hatte er Erkenntnisse gewonnen über Wirtschaftsstrukturen und Gesellschaftsformen. Mit der für ihn noch weitgehend neuen Lektüre wurde sein Interesse für die Arbeiterbewegung vollends geweckt. Er fand vieles bestätigt, was er in seiner Jugend im Dorf beobachtet hatte. Die Gespräche mit Walter Grimm in der Schiffswerft hatten vieles von den Erkenntnissen und Theorien in diesen Büchern vorweggenommen und wurden nun bestätigt.

Bald nahm Peter an den Diskussionen auf den Gewerkschaftsversammlungen teil. Dabei wurde er mit den Schwierigkeiten, die sich dieser Bewegung entgegenstellten, konfrontiert. Sein Interesse jedoch wurde dadurch nicht gebremst. Im Gegenteil, er und seine jungen Kollegen versuchten nun erst recht ihre Allgemeinbildung zu verbessern.

In diese Zeit des gewerkschaftlichen Engagements platzte das Aufgebot für die Telephon-Rekrutenschule nach Fribourg herein. Peter hatte überhaupt nicht mehr an diese Plichtübung gedacht. Wohl oder übel musste er sich damit abfinden. Die Berichte über die Rolle der Armee beim Generalstreik 1918 waren so gar nicht förderlich für eine positive Einstellung zur Landesverteidigung.

Trotzdem kam der Tag, an dem er mit anderen diesem unvermeidlichen Zirkus entgegenfuhr. Peter graute davor, wenn er an die Schauspiele auf dem Gitterli zurückdachte. Solche Dressurakte würde er kaum ertragen. Sollten sie doch stattfinden, würde es leicht zu einer Tragödie kommen können. Er jedenfalls nahm sich vor, sich einem solchen Blödsinn nicht zu beugen.

Die ersten Tage in der Rekrutenschule verliefen ohne solches Theater. Fribourg war eine zweisprachige Stadt, die Peter schon deshalb als angenehm empfand. Das welsche Element schien ihm ein Gegengewicht zum preussischen Drill zu bilden. Bereits in den ersten Tagen erzählte man in den Beizen in der Altstadt von Sympathieaktionen hauptsächlich französisch sprechender Altstadtbewohner. Sie hatten sich mit den Rekruten gegen Übergriffe von Offizieren in lautstarken Demontrationen vor der Kaserne solidarisiert. Der Wirt in einer Beiz meinte, dass man höheren Orts seine Lehren daraus gezogen hätte.

Das Gelände um die Kaserne war für Soldatenschule und Schikanen denkbar ungeeignet. Es war überhaupt erst die dritte für Telephon-Patroullien arrangierte Rekrutenschule in der Schweiz. Die Vermittlung der technischen Grundlagen wie Linienbau, Stations- und Zentralenbau und die Kenntnis der Apparate machte den grössten Teil des Dienstes aus. Dabei konnte Peter sogar noch allerhand Brauchbares lernen. Die anscheinend unumgänglichen Disziplinübungen wurden immer mehr eingeschränkt, und manchmal fielen sie, je nach Umfang der technischen Dienste, auch ganz aus. Es gab wenige arrogante Offiziere. Nur hin und wieder musste ein Korporal von der Mannschaft erst einmal in den Senkel gestellt werden. Im Grossen und Ganzen war es erträglich. Zwar gehörte der Unteroffizier der Gruppe, der Peter zugeteilt war, offenbar zu den Kasernenhoftigern, aber gezwungenermassen sah er schnell ein, dass er mit seinen Kasernenhofallüren nicht durchkam. In Peters Gruppe hatte es nämlich einige aktive Gewerkschafter, so dass sie schnell einen guten Zusammenhalt hatten, der im richtigen Moment spielte.

Der Kompaniekommandant war ebenfalls eine annehmbare Figur. Peters Zugführer war ein Leutnant Spring aus Bern, ein Jurastudent, eher klein, keine militärische Figur, der mit dem ewig an seiner Seite baumelnden Säbel eher komisch wirkte.

Dennoch machte Peter am dritten Tag ein griesgrämiges Gesicht, als sie in der Soldatenschule Achtungstellung und Grüssen übten. Das war Spring aufgefallen, und er rief Peter zu sich. Er fragte ihn geradeheraus, warum er bei diesen Übungen so ein hässiges Gesicht mache. Peter mochte darauf nicht antworten und zuckte bei Springs nochmaliger Frage bloss mit den Achseln. Der Leutnant forderte Peter auf, mit ihm von der Gruppe wegzutreten. Vor sich hinsehend, meinte er: «Diese Soldatendressur passt Ihnen wohl überhaupt nicht, so ist es doch, nicht wahr?» Peter zögerte kurz, doch dann legte er los. Er erzählte vom Gitterli und verglich diesen Blödsinn mit dem Freiheitsideal, das ihnen in der Schule beigebracht worden war: «Kadavergehorsam passt nicht in eine Demokratie. Der befohlene Gruss, die Achtungstellung und der Taktschritt sind preussische Untertanengesten. Ich werde diesen Seich nie akzeptieren. Diese Dinge unterbinden das selbständige Denken und sind allein darum für eine wirksame Landesverteidigung nur schädlich. Dank diesen Drillmethoden wurde ein Eingreifen der Armee beim Generalstreik 1918 überhaupt erst möglich. Das Ganze ist nichts anderes als eine Demonstration von Anmassung und Überheblichkeit der angeblich höheren Kasten.» Peter hatte sich sehr entschieden ausgesprochen. Der Leutnant hatte aufmerksam zugehört.

Sie hatten sich im Gespräch ziemlich weit von der Gruppe entfernt. Spring hatte im Gehen seine Handschuhe abgestreift, die er als Offizier verpflichtet war zu tragen. Geduldig hatte er gewartet, bis Peters Redeschwall erschöpft war. Vorerst sachte auf das Thema eingehend, meinte er: «Sehen Sie, ich bin immer noch Student und soll in absehbarer Zeit Jurist werden. Was Sie gesagt haben, ist mir nicht etwa neu. Aber so wie Sie es vorgetragen haben, habe ich es tatsächlich noch nie gehört. Gut haben Sie das gesagt, und auf weite Strecken gebe ich Ihnen sogar recht. Da Sie so offen und ehrlich darüber gesprochen haben, muss ich meinerseits ebenso offen und ehrlich sein. Ich selbst bin nie ein Mustersoldat gewesen, und dass ich nun Offizier geworden bin, hat andere Gründe. Sehen Sie, wenn man in der Bundesverwaltung eine einigermassen gute Stellung erlangen will, muss man, so paradox das klingt, Offizier der Schweizer Armee sein. Das ist seit weiss Gott wie vielen Jahren so vorgezeichnet, und vorläufig wird sich auch kaum etwas daran ändern. Natürlich ist das mit den demokratischen Spielregeln nicht vereinbar, denn militärischer Schneid hat mit Qualitätsarbeit wo auch immer nichts zu tun. Aber es ist nun einmal so, und ich stamme, wenn auch mit einem guten Namen, nicht aus reicher Familie. Also muss ich die Möglichkeiten, die sich mir bieten, ausschöpfen. Oder was meinen Sie dazu?»

Das hatte Peter nicht erwartet. «Ja», meinte er nach einigem Zögern, «von all dem habe ich auch schon gehört. Dass Sie selbst das bestätigen, ist für mich eine Überraschung.» Spring erwiderte: «Na also, wir sind gar nicht so weit voneinander entfernt. Wenn wir beide uns verstehen und immer wieder daran denken, kann es auch für Sie noch erträglich werden. Aber nun kommen Sie, wir müssen zurück. Ich nehme an, das alles bleibt unter uns.» Peter konnte dem zustimmen.

Unterdessen war die Drillstunde abgelaufen. Die anderen wollten natürlich wissen, was zwischen Peter und Leutnant Spring verhandelt worden war. Peter wich den Fragen aus, indem er andeutete, dass eben auch ein Offizier seine Probleme habe und dass Spring es einfach wunder genommen hätte, wie ein Rekrut über das Militär denke. Er, Peter, hätte ihm darüber erschöpfende Auskunft gegeben.

In der Folge verkürzte der Leutnant die «Achtung-Steht-Stunde» wenn immer möglich. Er schob Pausen ein oder setzte rein sportliche Übungen an. Gelegentlich machten dabei Peter und ein anderer durch akrobatische Einlagen Furore und brachten die anderen zum Lachen.

Der Schulkommandant, ein Oberst mit arroganten Manieren, erschien dann und wann während der Dressurstunden auf dem Platz und betrachtete hoch zu Ross das Geschehen. Bei einer seiner Visiten überraschte er den Zug von Leutnant Spring bei einer Zigarettenpause. Spring hatte, wie früher schon, seine Handschuhe ausgezogen. Der Oberst winkte ihn zu sich und kanzelte ihn deswegen ab. Er brüllte ihn an, was seine Rekruten überhaupt von ihm lernen würden, wenn sie nur so dahockten. Spring war gar nicht verlegen und meinte: «Die Leute haben anstrengende Diszplin- und Sportübungen hinter sich und deshalb eine Pause verdient. Sehen Sie einmal zwei Spitzenkönner von ihnen.» Damit rief er den einen, er solle seinen Salto Mortale vorführen, und Peter, dass er seinen Handstand auf der Gol-Latte des Sportplatzes zeigen solle. Beide gaben ihr Bestes im Bewusstsein, den Offizier herausreissen zu müssen. Als der Oberst ihre Leistungen sah, salutierte er flüchtig, riss seinen Gaul herum und galoppierte davon.

Bald blieb für den Drill gar keine Zeit mehr, weil so viel über die Technik des Telephonbaus zu lernen war. Es gab viel, worauf man achten musste. So wurde etwa beim Linienbau gezeigt, wie ein parallel zu einer Starkstromleitung aufgehängte Telephonleitung durch die überlagerte Induktion gestört wurde. Anschliessend wurde vorgeführt, wie man mit einer geänderten Linienführung Abhilfe schaffen konnte. Überhaupt gab es einiges zu lernen über die Aufhängung und entsprechende Knoten. Auch die Erdung war wichtig, weil meistens nur eindrähtig gebaut wurde. Zusammen mit dem Zentralendienst, den Apparatekenntnissen und dem Auswendiglernen des Morsealphabets war es ein interessantes Programm.

Der verantwortliche Offizier für das technische Programm war Hauptmann Masson, der später, während des Aktivdienstes 1939/45, als Oberst Kommandant der Nachrichtenabteilung war. Keiner der anderen Offiziere verstand auch nur einen Deut von dem technischen Zauber. Sie hatten alle durchwegs einen Beruf, der nicht das Geringste mit diesen Dingen zu tun hatte, was an sich schon unverständlich genug war. Aber auch die Rekruten waren in der Mehrzahl Leute mit Büroberufen. Angeblich war das so wegen dem Schreiben der Telegramme. Dabei hatte doch jeder in der Schweiz in der Schule Schreiben und Lesen gelernt.

Hauptmann Masson war für diese Missstände nicht verantwortlich zu machen. Er tat sein Möglichstes, um unter diesen Umständen aus den Leuten das Beste herauszuholen. Wenn man zum Linienbau ausrückte, den Stahlhelm auf dem Kopf, den Karabiner auf dem Rücken, war es bei stechender Sonne und geschlossenem Kragen schon nach wenigen Schritten unerträglich. Meistens musste man die zweirädrigen Karren mit dem Material an Seilen ohne Pferde die steile Strasse zum Bourguillon hinaufziehen. Nach kurzer Zeit gab Masson dann von der Spitze her das Kommando: «Die Helm ab, die Krage auf, man kann nicht arbeiten jetzt mit diese Sachen.» Seine Instruktionen in gebrochenem Deutsch waren einfach, ohne Überheblichkeit. Auf soldatischen Schneid war er gar nicht gut zu sprechen. Seine Qualität lag im persönlichen Engagement für jeden einzelnen Soldaten.

Einmal entdeckte er, dass ein Korporal entgegen den Weisungen über das Einrichten einer Telephonstation das meiste verkehrt angeordnet hatte. Er wusste, dass dieser Korporal das Strammstehen liebte, und wurde richtig wütend: «Wir wollen hier nicht machen eine Operette. Wir müssen haben eine Nachrichtendienst, welche funktioniert, und nicht so, wie Sie es haben gemacht. Das», er legte die Hand an die Mütze und schlug die Absätze zusammen, «ist gar nichts». Damit ging er weiter.

So war Masson das einzige Beispiel eines guten Vorgesetzten in einer Armee, die im Ernstfall ein Land zu verteidigen hat, das stolz ist auf seine lange demokratische Tradition. Peter schien es wenig verwunderlich, dass ausgerechnet dieser gute Offizier ein Welscher war.

Soweit verlief in dieser RS alles einigermassen erträglich. An den Sonntagen hatte Peter Urlaub, den er benutzte, um mit Anna zusammen zu sein. Sie wollten bald heiraten.

In Fribourg gab es allerhand, das die Aufmerksamkeit Peters weckte. An einem Sonntag fand so etwas wie eine Chilbi statt. Bei den Umzügen und teilweise auch bei den Volkstänzen machten die katholischen Geistlichen aktiv mit, indem sie, eingehängt in die Reihen, zwanglos mit Jung und Alt mitmarschierten. Natürlich wurden dabei die schönen Lieder von Bovet gesungen. Es gab keine betonte Distanz zwischen Pfarrherren und Volk.

Gegen den Schluss der RS musste das Schiessen nachgeholt werden. Zwischen den Soldaten und Leutnant Spring gab es ein stillschweigendes Abkommen dahingehend, dass er jede Arroganz unterliess, die wenigen soldatischen Übungen einschränkte oder völlig vergass, wofür sie ihn unterstützten, wo sie es vermochten. Beim Schiessen nun gab es einen Wettbewerb zwischen den Offizieren, wessen Zug die besten Resultate erzielen würde. In Peters Abteilung waren nur wenige gute Schützen, und Spring meinte schon, dass sie wohl am Schluss der Liste rangieren würden. Doch Peter und einer seiner Kollegen bemühten sich, gute Resultate zu erreichen, und tatsächlich schoss jeder von ihnen das Maximum. Spring war sprachlos. Es war eine Sensation in der Kompanie. Und das, obwohl Peter und sein Kollege sich nichts aus dem Schiessen machten und es nur für Spring getan hatten. Für beide gab es eines der wenigen Schützenabzeichen. Als Spring ihnen die Abzeichen überreichte, schüttelte er ihnen die Hand und sagte: «Ich wusste, dass wir uns gut verstehen, aber das habe ich denn doch nicht erwartet.»

Damit ging das Militärspiel vorerst zu Ende. Erleichtert dampfte Peter heimwärts.

Die Arbeit im Negerdorf liess ihn das Fribourger Abenteuer schnell vergessen. Nach einigen Wochen wurde Peter zum Chef des Lokomotivbaus gerufen. Wie ihm der Chef erzählte, hatte man auf dem Personalbüro sondiert, welche Qualifikationen Peter aus seiner bisherigen Laufbahn aufweisen konnte. Nun schlug er vor, Peter in eine andere Abteilung zu übernehmen: «Die elektrische Abteilung befasst sich mit den elektrischen Verbindungen und Anschlüssen zwischen und an den Apparaten, also den Antriebsmotoren, den Stufen- und Wendeschaltern, den Pumpen und Kompressoren. Das geschieht je nachdem mit Kabeln oder Kupferschienen. Es gibt dafür Zeichnungen und Schemas. Die Abteilung hat einen Chef und ist in verschiedene Akkordgruppen aufgeteilt. Und weil wir für das Biegen und Herrichten der Kupferschienen am besten einen gelernten Schlosser brauchen könnten, sind wir auf Sie gekommen. Einiges von der Elektrotechnik haben Sie ja schon im Negerdorf mitbekommen.» Er breitete eines der grossen Schemas vor Peter aus und zeigte ihm, dass es für den Hauptstrom ab Stromabnehmer und für den Steuerstrom gesonderte Schemas gab.

Peter war vorerst überrascht von dem Angebot und konnte deshalb den Erklärungen nicht in allen Teilen folgen. Der Chef hatte damit gerechnet: «Natürlich ist das für Sie neu. Aber wenn Sie alles mit wachem Interesse verfolgen, kann es nicht fehlen, und dazuzulernen kann Ihnen nur nützen. Zudem haben wir in dieser Abteilung einen Elektroingenieur und zwei Techniker als Volontäre. Die geben Ihnen über alles und jedes Auskunft. Nun, was meinen Sie?» Peter hatte nicht erwartet, dass ihm so bald eine Chance geboten werden würde. Er war ein bisschen verwirrt. Als der Chef ans Telephon gerufen wurde, fand er jedoch seine Selbstsicherheit zurück und sagte noch so gerne zu.

Auf die neue Zahltagsperiode siedelte er in den Lokbau über. Es gab drei Akkordgruppen von je drei bis fünf Monteuren. Die meisten waren gelernte Elektromonteure. Einer der Volontäre, die hier ein Jahr Praxis absolvierten, war ein holländischer Ingenieur, der immer wieder seine Fingerspitzen kontrollierte, ob sich nicht irgendwo Schmutz angesetzt oder sein Siegelring Schaden genommen hätte. Die beiden anderen waren Schweizer Techniker, die einiges zu ihrem Lebensunterhalt hinzuverdienten. Diese zwei waren ganz patente Typen, ohne Wichtigtuerei oder Überheblichkeit. Einer von ihnen erklärte Peter nebenbei die Schemas und das Funktionieren der Technik, von der Fahrleitung bis zum Schienen-Erdkontakt. Peter, von Natur aus hellhörig und neugierig, nahm die Erklärungen bereitwillig auf und kam so zu umfassendem Wissen über die neue Materie, mit der er es nun zu tun hatte.

Viele Kupferverbindungen bestanden aus Flachkupfer verschiedener Dimensionen. Entsprechend dem Standpunkt der Apparate mussten sie gebogen und hergerichtet werden. Es gab auch Verbindungen, die in ihrer Art einzigartig waren. Das waren die flexiblen, blanken Verbindungen vom Transformator zum Stufenschalter. Jede einzelne setzte sich aus drei dünnwandigen Schienen von hundert Millimeter Breite zusammen und musste genau nach Zeichnung gebogen werden. Anschliessend wurden sie aufeinandergelegt und an den Enden mit dickeren Kupferplatten vernietet und im Zinnbad verlötet. Beide Enden mussten zuletzt auf gute Auflage und Anschlusskontakt hin eingeschabt werden. Das Ganze bildete eine raffinierte flexible, auf hohe Stromstärken ausgerichtete Verbindung zwischen zwei der wichtigsten Apparate.

Es hiess, dass die Lokomotiven wegen ihrer völlig neuen Konzeption Spitzenprodukte in Europa darstellen würden. Schon der hochgespannte Wechselstrom von fünfzehntausend Volt war ein

Novum. Bei den Maschinen war der Einzelachsenantrieb das grosse Plus.

Einer, der bis jetzt diese Kupferverbindungen gemacht hatte, war bei der Rhätischen Bahn angestellt worden. Peter erfuhr, dass für viele die Tätigkeit im Lokbau bei der BBC das Sprungbrett für eine Anstellung bei der SBB oder bei einer Privatbahn bildete. Manche wurden Lokomotivführer, andere Angestellte in einer entsprechenden Werkstatt. Mit der Zeit stellte sich heraus, dass einige deswegen durch Protektion eines hohen Gönners in die BBC gekommen waren. Eigentliche Stammarbeiter aus dem Dorf oder der Umgebung waren nur wenige dabei. Die Akkorde waren so angesetzt, dass sich der Lohn ungefähr auf derselben Höhe wie im Negerdorf bewegte.

Die Arbeit allerdings war um einiges interessanter. Neben den gerade im Bau befindlichen Typen Ae3/6 der SBB waren gelegentlich auch Probetypen für ausländische Bahnen dabei, wobei es sich meist um Gleichstrommaschinen handelte, die sich von den SBB-Typen grundlegend unterschieden. Sie arbeiteten mit niedereren Spannungen und hatten statt der Transformatoren Anfahrwiderstände, wie sie Strassenbahnen haben.

Die Verbindungen für einen neuen Maschinentyp mussten zuerst von einem Monteur entwickelt werden. Eventuell mussten Kabelschuhe mit grossen Dimensionen hergerichtet werden, oder es mussten Lehren für das Biegen der Kupferschienen angefertigt werden. All das erledigte der Monteur selbständig vom Entwurf der Skizze bis zum Endprodukt. Er hatte alle notwendigen Werkzeugmaschinen zu seiner Verfügung. Im Werkzeugraum gab es gegen Marken die ausgefallensten Werkzeuge auszuleihen. Man hatte den Eindruck, als wäre hier nichts unmöglich.

Die Arbeit war anspruchsvoll und zugleich interessant und befriedigend, weil sie in hohem Masse Selbständigkeit und Verantwortungsbewusstsein erforderte, da jedes angefertigte Teil von hoher Qualität sein musste. Nach Fertigstellung einer Maschine wurde die Arbeit von einem fachkundigen Meister auf Herz und Nieren geprüft. Schliesslich können geringste Fehler im Bahnbetrieb zu einer grossen Katastrophe führen. Diese Arbeit nahm Peter voll in Anspruch, worüber sein gewerkschaftliches Engagement um einiges zu kurz kam.

Anna und Peter hatten wegen der RS und weil sie an verschiedenen Orten wohnten nur wenig beieinander sein können. Umso inniger hatten sich für die beiden die wenigen Stunden des Zusammenseins gestaltet. Ihr Vorhaben, in nächster Zeit zu heiraten, wurde nun auf natürliche Weise beschleunigt, als Anna feststellte, dass sie schwanger war. Beide nahmen die Schwangerschaft als Zeichen der Zusammengehörigkeit und begannen, die Vorbereitungen für den grossen Tag zu treffen. Von der Verwandtschaft, die über sie stets mehr wusste als sie selber, wollten sie niemanden dabei haben, wenn sie den Bund fürs Leben eingingen. In aller Stille gingen sie zum Zivilstandsbeamten, der zwar ein Onkel von Peter war, aber Verständnis für ihren Schritt zeigte. Als Zeugen nahm Peter einen Arbeitskollegen von der BBC mit. Die kirchliche Trauung ging ebenso einfach vor sich wie das anschliessende Essen.

Schon waren sie Mann und Frau. Peter fand in Münchenstein eine Wohnung in der Nähe seines Arbeitsplatzes. Eine bescheidene Wohnungseinrichtung hatten sie mit ihren knappen Barmitteln angeschafft, und so nahm ihr gemeinsames Schicksal seinen Anfang.

Das Verhältnis zwischen Peter und Werner, dem Volontär, der ihm so viel an Wissen beibrachte, wurde immer besser. Werner stammte aus einer Arbeiterfamilie und zeigte wegen seiner Erfahrungen von daheim viel Interesse für gewerkschaftliche Fragen. Seine Absicht war, wenn möglich mit einer der ausländischen Maschinen mitzugehen und sich bei der Bahn eine Existenz aufzubauen, möglichst in Lateinamerika oder Afrika.

Es wurde Frühling. Peters Familie hatte sich um einen männlichen Spross vermehrt, und der strampelnde Junge sorgte für Abwechslung. Man hatte sich einigermassen im Dorf eingelebt und erkundete auf Spaziergängen die Umgebung. Bei dieser Gelegenheit entdeckte Peter das Plakat mit dem Aufgebot für die Wiederholungskurse (WK) der glorreichen Schweizer Armee. Er war gar nicht begeistert, umso weniger, als er damit eine auswärtige Montage verpassen würde, die ausgerechnet am ersten Tag des WK in Schlieren begann. Es ging dabei um die Motorwagen einer Privatbahn, aber da war ja nun nichts zu machen. «Vaterländische Pflicht», sagte sein Chef mit einem verschmitzten Lächeln.

Am nächsten Montag war Peter mitten drin im Trubel des Einrückens in die Stadt, in der er in die Bezirksschule gegangen war. Dort wurde das Regiment 21 auf die Bahn verladen und nach Wildegg gefahren. Von da ging es zu Fuss weiter in einen der Vororte von Zürich. Unterwegs erfuhr Peter von seinen Kameraden dass ihr Offizier ein fertiger Kasernenhofschinder sei, mit Preussenallüren und einer unglaublichen Einbildung und Überheblichkeit. Vom technischen Dienst eines Telephonzuges verstünde er überhaupt nichts. Das würde er als unwichtig und nebensächlich betrachten. Die Hauptsache wäre für ihn das Exerzieren, die Soldatenschule und all dieser Mist.

Aber diesmal wollten sie dem Schinder den Meister zeigen. So oder so, komme, was da wolle. Die Grenze vom Blödsinn sei jetzt erreicht.

Peter staunte. In einer Beiz am Rande von Schlieren erhielt der Offizier, Oberleutnant Schiers, seine erste Lektion.

Es war an einem Freitagabend. In einem Nebensaal sassen an die sechzig Soldaten. Sie redeten kaum. Auf ihren Gesichtern stand Zorn und Enttäuschung. Eine geschäftige Serviertochter sauste durch die Reihen, damit alle ihr Bier vor sich haben. Man schien auf etwas zu warten. Die Gespräche liefen nur in gedämpftem Ton. Hie und da erzählte einer einen Witz, aber man hörte ihm kaum zu. Etwas Ungewohntes lag in der Luft. Eine halbe Stunde darauf erschien der, auf den sie alle gewartet hatten: Oberleutnant Schiers, der Zugführer des Regiments, trat ein. Gross, schlank, mit rotblondem kurzgeschorenem Haar und Laubflecken und einem Studentenschmiss im Gesicht blieb er herausfordernd unter der Türe stehen. Einer der älteren Soldaten geleitete ihn zu einem freien Stuhl mitten unter den Soldaten. Keiner war aufgestanden, wie es die Vorschrift verlangt hätte. Es waren auch keine Unteroffiziere da.

Sobald der Offizier sein Bier vor sich hatte, flüsterte einer der Soldaten der Serviertochter ins Ohr, dass man nun ungestört sein wolle. Kaum war sie verwundert hinausgegangen, schloss er die Türe ab und steckte den Schlüssel in seine Tasche. Der Offizier, der mit dem Rücken zur Türe sass, hatte davon nichts mitbekommen. Trotzdem wurde er zusehends nervöser. Niemand hatte bis jetzt mit ihm gesprochen. Er merkte, dass etwas im Gange war.

Einer von den Soldaten klopfte an sein Glas, stand auf und begann zu sprechen: «Liebe Kameraden, wir sind hier zusammengekommen, nicht um einen der üblichen Zugsabende abzuhalten. Wir sind da, weil unser Dienstbetrieb so nicht weitergehen kann. Seit Dienstagmorgen hat es jeden Tag Taktschritt durch den Ort gegeben. Nachher Karabiner anhängen, Karabiner umhängen. Dann Richtung links, Richtung rechts und anschliessend Einzelexerzieren und so weiter. Die Stimmung war und ist so, dass ich mich wundere dass unser Telephonoffizier nicht verprügelt worden ist. Wenn das nicht passiert ist, dann nur deshalb, weil einer unter uns die Kameraden immer beschwor, keinen Blödsinn zu machen. Weil wir damit nichts erreichen und am Schluss doch bloss die Dummen sind. Wir sind im WK als Telephonsoldaten und haben die Aufgabe, mit unseren Apparaten und Leitungen den Nachrichtendienst des Regiments zu garantieren. Wir sind nicht dafür da, solchen Blödsinn zu machen. Für dieses Soldäterle kann sich der Oberländer in Zukunft eine Schachtel Bleisoldaten kaufen. Ich rede im Auftrag aller meiner Kameraden hier, wenn ich jetzt sage, nun ist es genug, und endgültig Schluss mit dieser Schindluderei. Jedes weitere Kommando in dieser Richtung wird so ausgeführt, wie wir es bestimmen. Wir können uns nämlich auch einen Spass daraus machen.» Einer begann zu klatschen, dann brach allgemeiner Beifall los. Der Soldat fuhr fort: «Für die Störungen an den Apparaten und Leitungen haben wir nur wenige Fachleute. Die meisten von uns haben andere Berufe. Umso mehr hätten wir den Linien- und Zentralenbau üben sollen. Ebenso ist kein Parkdienst gemacht worden. Morgen nachmittag ab sechzehn Uhr ist Divisionsmanöver. Es gibt keine Garantie, dass wir unsere Aufgabe dann erfüllen können. Dafür trägt einzig und allein der zuständige Offizier die Verantwortung. Damit habe ich das Wichtigste gesagt. Ich hoffe, dass sich noch andere zu Wort melden.» Wieder brach Beifall los.

Der Offizier sass mit verschränkten Armen da, den Blick stur aufs Bierglas gerichtet. Im Saal schwirrten die Meinungen durcheinander, doch dann wurde es ruhig. Man wartete darauf, dass der Offizier sich bemerkbar machen würde. Doch der sagte gar nichts.

Ein anderer ergriff das Wort: «Kameraden, einer von uns hat mit treffenden Worten ausgesprochen, was wir alle denken. Mir ist ganz einfach unverständlich, wie eine Armee im Ernstfall funktionieren kann mit Offizieren, die solchen Blödsinn fabrizieren. Aber man kommt um den Eindruck nicht herum, dass dieses Spiel in den obersten Rängen nicht nur geduldet, sondern gefördert wird. Das Rapportwesen nach Dienstreglement funktioniert in solchen Fällen nach anderweitigen Erfahrungen überhaupt nicht, also müssen wir uns selber helfen. Wir haben jetzt ein paar Tage ein schlechtes Schauspiel geboten, das auch im Dorf Kopfschütteln ausgelöst hat. Jetzt muss damit endgültig Schluss gemacht werden!» Unter tosendem Beifall nahm er wieder Platz.

Der Offizier wurde allmählich unruhig. Er hatte sich mehrere Male umgesehen, aber er konnte nicht weg, weil er buchstäblich von sitzenden Soldaten eingeschlossen war. Wieder stand einer auf, der Sekretär eines bekannten Rechtsanwalts: «Ich will nichts wiederholen, alles ist zu Recht eindrücklich geschildert worden. Ich mache nur im Interesse aller noch einmal darauf aufmerksam, dass jede Verweigerung eines Befehls als Meuterei ausgelegt wird. Darauf steht unweigerlich Festungshaft. Was das bedeutet, habe ich schon früher erklärt. Zudem ist das nachträglich ein Triumph für jeden Soldatenschinder. Denkt daran, unsere Chance liegt im Manöver beim Linienbau.» Er sass wieder ab, und wieder gab es Beifall und lebhafte Zustimmung. An den Tischen unterhielt man sich wieder und kam bald überein, dass das weitere Vorgehen klar wäre. Die Soldaten waren sichtlich froh und ein wenig stolz auf diese letzte Standortbestimmung.

Inzwischen war es spät geworden. Die Gläser waren geleert. Man holte die Serviertochter, um zu zahlen. Die Reihen lichteten sich, und der Offizier legte sich ein verächtliches Lächeln zurecht und verschwand rasch im Freien.

Am anderen Morgen jedoch begann das Theater von neuem. Einige fluchten. Ein gedämpftes Flüstern lief durch die Reihen. Lachen klang auf, denn die Soldaten hatten jetzt ihren Plan. Jedes Kommando wurde so lässig wie möglich befolgt. Der Offizier schrie immer lauter. Immer langsamer erfolgten die Reaktionen. Der Offizier tobte. Die Soldaten lachten noch mehr. «Abteilung halt!» kam plötzlich das Kommando, und der Offizier verschwand, nachdem er den Zug den Unteroffizieren übergeben hatte. Die Soldaten hatten die Schlacht gewonnen. Beim anschliessenden Einzelexerzieren hatten auch die Korporale und der Wachtmeister nicht mehr viel zu bestellen. Lange vor der Zeit befahl der Wachtmeister Einrücken. Nach dem Mittagessen wurde Innendienst angesetzt, bei dem es viele Pausen gab.

Am Samstag, zum Manöver, stand der Telephonzug mit Ross und Wagen samt dem Saupreussen, wie ihn einige nannten, um sechzehn Uhr zum Abmarsch bereit. Über Stock und Stein ging es los ins weite Gelände. Nach einer Stunde Marsch wurde in einer Beiz in einem Dorf eine Zentrale eingerichtet. Sechs Baupatroullien wurden ausgerüstet, an improvisierte Anfangsstationen angeschlossen, und auf Bau zu den Bataillonen und Detachementen geschickt, die inzwischen in ihre Stellungen marschierten. Das Manöver hatte begonnen. In der Beiz war auch der Regimentsstab eingerichtet. Wichtig beugten sich der Oberst und seine Offiziere über die Karten. Man telephonierte bereits mit Brigade und Division. Die Anfangsstationen der Baupatroullien wurden an die Zentrale angeschlossen. Ein Soldat sass an den Vermittlungskästen, einer am Feldtelephon, und der Elektriker kontrollierte noch einmal alle Anschlüsse.

Der Wachtmeister lief aufgeregt auf und ab, denn die Unteroffiziere hatten längst gemerkt, dass etwas im Gange war. Einige der Baugruppen sollten nun bald ihr Ziel erreicht haben, doch die während dem Bauen vorgeschriebenen Linienkontrollen kamen nur sporadisch herein. Deshalb versuchte der Wachtmeister, eine der Baupatroullien am Telephon aufzurufen, doch es kam keine Antwort. Er probierte es bei einer anderen, aber auf dieser Linie war nur ein Rauschen zu hören, als ob eine Starkstromleitung in der Nähe wäre. Inzwischen hatte der Oberst an seinem Kartentisch eine Meldung von der Division erhalten, die er dem Wachtmeister an die Zentrale brachte, damit dieser sie übermittelte. Aber der Wachtmeister schlug die Haxen zusammen und meldete: «Bedaure, Herr Oberst, aber wir haben noch keine Verbindungen.» Der Oberst zog die Augenbrauen hoch, zuckte die Achseln und ging zurück an seinen Kartentisch. Die Soldaten zwinkerten sich zu.

An der Zentrale fiel eine Klappe. Eine Station meldete sich, doch es lag ein so starkes Brummen auf der Leitung, dass kaum ein Wort zu verstehen war. «Das war Bataillon ‹Anna›», sagte der Soldat, «nichts zu machen, die Verbindung ist weg.» Eine andere Station meldete sich: «Hier Bertha, wer dort?» Schon war wieder unterbrochen. Der Wachtmeister sah auf die Uhr: «Die Aussenstationen müssten längst betriebsbereit sein, was ist hier nur los?» – «Es scheint, dass das Brummen vorhin von einer Starkstromleitung kommt. Unsere Leitung ist wahrscheinlich zu nahe daran aufgehängt», meinte der Telephonspezialist. «Weiss der Teufel, was da los ist», brummte der Wachtmeister.

Jetzt wurde es am Kartentisch plötzlich lebendig. Der Telephonoffizier war nur zu Anfang beim Zentralenbau dabeigestanden. Danach hatte er sich, wohl in der Meinung, dass ohnehin alles laufe, verzogen. Nun hatte aber der Oberst offenbar von der Division Befehle erhalten, welche Operationen er einleiten sollte. Am Kartentisch war ein eifriges Diskutieren im Gange. Es wurden Zettel geschrieben, und schon kam der Oberst an die Zentrale: «Ich glaube, nun muss ja endlich auch Ihr Betrieb laufen, Wachtmeister. Geben Sie mir einmal Batallion ‹Anna›.» Der Wachtmeister gab dem Soldaten ein Zeichen. Der versuchte es einmal, zweimal, ein drittes Mal, aber es kam keine Antwort. Der Oberst wurde ungeduldig. Von den Stationen gaben nur zwei Antwort, brachen aber bald wieder ab. Von einer dritten kam wieder das starke Brummen, so dass beim besten Willen kein Wort zu verstehen war. Wütend rief der Oberst nach dem Telephonoffizier. Er brüllte ihn an: «Warum sind Sie nicht da und sorgen dafür, dass dieser Laden endlich funktioniert?» Der Telephonoffizier brüllte den Wachtmeister an. Nachdem er ihm die Situation erklärt hatte, befahl der Oberländer, den Leitungen Störungspatroullien nachzuschicken. Damit ging viel Zeit verloren. Man wartete, und man probierte, aber nichts zu machen. Zwischendurch hatten sich zwei weitere Stationen gemeldet, waren aber bald danach wieder ausgefallen. Die Störungspatroullien kehrten nicht zurück. Der Oberst drängte auf Abhilfe. Die befohlenen Operationen hätten längst im Gange sein sollen. Wieder brüllte er den Offizier an: «Hier stimmt doch etwas nicht!»

Der Oberst musste der Division Meldung machen, dass er die Operationsbefehle nicht weitergeben könne, weil der Nachrichtendienst in seinem Regiment nicht funktionierte. Bald kam die Quittung: Das Regiment wurde aus der Front zurückgezogen und ein Reserveregiment eingesetzt. Die Zentrale wurde abgebrochen und die Linien abgebaut. Der Wachtmeister sammelte den ganzen Zug auf einen bestimmten Punkt. In der Zwischenzeit wurde der Saupreusse vom Oberst ins Verhör genommen und war den restlichen Tag nicht mehr zu sehen.

Der Telephonzug aber sah sich das Manöver aus der Ferne an. Die Soldaten waren stolz auf sich: «Wie haben wir das nur gemacht!» Die Unteroffiziere waren nicht dahinter gekommen. «Hauptsache, unser Manöver hat geklappt», meinte einer der Redner aus der Beiz zum Telephonspezialisten.

Als Peter seine Arbeit im Lokbau wieder aufnahm, erzählte er seinen Kollegen von diesen Erlebnissen. Die meisten wunderten sich, dass es solche Offiziere in der Schweizer Armee überhaupt gab. Andere hatten ähnliche Erfahrungen gemacht. «Salon- und Operettenoffiziere sind das. Im Ernstfall ist doch mit denen überhaupt nichts los», sagte einer. Den grössten Eindruck aber hatte ihnen die geschlossene Reaktion der Soldaten gemacht.

Im Zusammenhang mit dem Auftrag über zwei Lokomotiven für Japan trafen drei Volontäre von dort ein. Zwei Wochen darauf passierten merkwürdige Dinge. Aus den Schränken, wo die Zeichnungen abgelegt waren, fehlten Schemas von den in Arbeit stehenden SBB-Maschinen. Man entdeckte, dass die Japaner die Unterlagen entwendet, sie kopiert und wieder zurückgelegt hatten. Merkwürdig daran aber war, dass man in den höheren Etagen der BBC zwar die Augenbrauen hochzog, als man davon erfuhr, aber bei aller Gewissheit, dass die Japaner offenbar Werksspionage betrieben, nichts dagegen unternahm. Man sprach sie nicht einmal darauf an. Darüber verwunderten sich allerdings hauptsächlich die organisierten Gewerkschafter. In den Chefetagen hingegen argumentierte man mit weiterhin aus Japan zu erwartenden Aufträgen, die man sich nicht verprellen wolle.

In Peters Gewerkschaft, dem Schweizerischen Metall- und Uhrenarbeiter-Verband (SMUV), gab es Diskussionen und Reklamationen wegen der Akkordansätze in den Abteilungen Wicklerei und Motorenbau. Die Geschäftsleitung hielt die hohen Kosten für den Bürobetrieb dagegen, woraufhin die Vertrauensleute der Abteilungen den hohen Personalaufwand im Bürobetrieb verglichen mit der Belegschaft in der Produktion. Die Arbeiter betonten, dass ihrer Meinung nach zu viele Herren und Damen mit irgendwelchen Papieren in der Hand im Betrieb herumstünden, die offensichtlich nichts zu tun hätten. Die Akkordanten gehörten auch dazu. Wenn schon, dann sollte man hier einmal einsparen. Es wurde eine Überprüfung der Organisation in diesem Bereich versprochen.

Wieder musste Peter zum Wiederholungskurs im Regiment 21. Mit gemischten Gefühlen rückten Peter und seine Kollegen ein. Diesmal ging es von Liestal aus auf Umwegen nur bis ins obere Baselbiet. Oberleutnant Schiers war nur beim Antreten mit dabei. Erst am anderen Morgen beim Appell in Gelterkinden sah man ihn wieder. Die letztjährige Revolte schien nicht ohne Wirkung geblieben zu sein, denn er konzentrierte sich ganz auf die Kantonnementsordnung. Beim Linien- oder Zentralenbau war er nie anwesend. Er hatte anscheinend eingesehen, dass, wer nichts von der Sache versteht, niemals Eindruck machen kann. Die Hauptsache aber war, dass nur sehr wenig exerziert wurde. Beim Hauptverlesen stand der Oberleutnant da. Gross, mit blanken Stiefeln, die Arme über der Brust verschränkt, auf den Fussspitzen wippend, bemühte er sich, Eindruck zu machen. Das war und ist allem Anschein nach ja die Hauptsache bei einem Offizier.

Seine wenigen Befehle kamen nicht mehr so laut und schneidend. Bei den Soldaten hatte er jeden Respekt verspielt, und kein noch so grosses Tier würde das jemals wieder rückgängig machen können. Bei den Neuen meinte er sich doch noch bestätigen zu müssen und kehrte den forschen Offizier heraus. Die waren jedoch von den anderen unterrichtet worden und reagierten dementsprechend.

In Liestal sollte das Schützenfest beider Basel stattfinden. Das brachte ausgerechnet diese Operettenfigur auf die Idee, eine Gruppe aus dem Telephonzug an dem Wettkampf teilnehmen zu lassen. Wahrscheinlich wollte er gern sein angekratztes Image wieder aufpolieren. Aus den eingesammelten Schiessbüchlein der Soldaten hatte er diejenigen mit den besten Resultaten herausgesucht. Aus diesen bildete er zwei Sechsergruppen. Beim Hauptverlesen fragte er nicht danach, was diese Auserwählten dazu meinten, sondern ordnete die Teilnahme einfach an. Am folgenden Abend sollten die beiden Gruppen eine nach der anderen zum Ausscheidungsschiessen im Stand des Dorfes antreten, worauf die mit den besseren Resultaten nach Liestal gehen sollte. Es gäbe eine Standarte zu gewinnen. Er las die Namen vor, mit der Bemerkung, die Genannten sollten sich in eine Liste eintragen.

Ein Gemurmel ging durch die Reihen. «Kann man so etwas einfach befehlen?» fragte einer in die Runde. «Ich glaube nicht, ich wüsste nicht wieso», meinte Peter. Einige, die das Schiessen gelegentlich als Sport betrieben, betrachteten die Idee als willkommene Abwechslung. Peter aber und einer der Neuen folgten der Aufforderung nicht, ihre Namen in die Liste einzutragen.

Anderntags, gegen Abend, war Waffenkontrolle. Der Offizier erschien mit der Liste in der Hand. Er hatte natürlich bemerkt, dass zwei Namen darauf fehlten. Mit schneidender Stimme rief er die beiden zu sich. «Mit Karabiner!» brüllte er. Kaum hatten sie vor ihm die Haxen zusammengehauen, ging es los: «Wo sind eure Namen!» Peter gab ihm ruhig zur Antwort: «Herr Oberleutnant, es kann keinen Befehl geben, an ein Schützenfest zu gehen. So etwas kann nur freiwillig geschehen.» Dem Offizier blieb die Sprache weg. «Ja, so ist es», doppelte Robert nach. Die Sommersprossenvisage vor ihnen, wurde noch röter als sie so schon war. Mit rollenden Augen stellte sich der Oberleutnant in Positur: «Was höre ich da? So eine Unverschämtheit! Euch werde ich es noch zeigen. Zehn Gewehrgriffe, meine Herren! Los, los, vorwärts!» kommandierte er.

In den beiden Soldaten regte sich die Wut. Widerstrebend führten sie die Bewegungen aus. Durch das Geschrei waren längst die anderen aufmerksam geworden. Mit Spannung wurde das weitere Geschehen verfolgt. Die Gesichter verfinsterten sich. Robert und Peter beherrschten sich nur mit grosser Mühe. Beim fünften Gewehrgriff fiel Robert der Karabiner aus der Hand. Langsam bückte er sich und hob ihn wieder auf. Einige der Kameraden waren näher hinzugetreten. Einer von den älteren Jahrgängen stand mit gespreizten Beinen und verschränkten Armen dabei. In seinen zusammengekniffenen Augen stand heller Zorn. Ein anderer, in derselben Stellung, hatte seine Fäuste hinter dem Rücken geballt. Die Spannung stieg. Der Hass vom letzten Wiederholiger kam wieder auf.

Als Robert seinen Karabiner fallen liess, hatte der Offizier kurz gestutzt. Auch an der Haltung der Umstehenden wollte ihm etwas gar nicht gefallen. Er stand ziemlich genau einen Meter vor Peter. Dieser sah auf die blanken Stiefel vor ihm. Ihm ging durch den Kopf, was sich dieser Sadist den Soldaten gegenüber alles geleistet hatte. Seine Hände griffen den Karabiner fester. Mit zusammengekniffenen Augen sah er dem Offizier ins Gesicht. Seine Lippen pressten sich aufeinander.

Beim achten Gewehrgriff passierte es. Peter liess seinen Karabiner genau mit dem aufgesetzten Korn auf eine der Stiefelspitzen vor ihm fallen. Der Offizier schrie auf vor Schreck und Schmerz, und sein Gesicht verzog sich zur Grimasse. Ein weitab stehender Wachtmeister beeilte sich, ihm zu Hilfe zu kommen. «Abtreten!» bellte der Offizier und hinkte weg. Peter musste sich setzen. Er vergrub das Gesicht in den Händen. «Hast du's gespürt?» fragte er Robert. «Frag bloss nicht», sagte der. «Zuerst dachte ich allen Ernstes daran, diesem Sauhund den Karabiner auf den Kopf zu schlagen. Dann kam mir die Idee mit dem Stiefelspitz. Ich glaube, das war besser, wenn ich an die Folgen denke.» – «Ja», sagte Robert, «das wird er noch ein paar Tage spüren. Nun, wir werden ja sehen, wie es weitergeht.» Einige Kameraden kamen auf Peter zu und klopften ihm auf die Schulter. «Raffiniert war das, aber sehr gut», meinte einer.

Anderntags, gegen Abend, gingen die zwei ausgewählten Gruppen zum Schiessstand. Der leicht hinkende Offizier glaubte sich revanchieren zu können, indem er Peter und Robert zum Zeigen in den Scheibenstand befahl. Ebenfalls strafweise wurde noch ein dritter dazu abgeordnet, der schon zweimal beim Hauptverlesen den obersten Knopf am Waffenrock nicht geschlossen hatte.

Gegen all das müsste man mit einem Rapport protestieren. Peter war jedoch der Ansicht, dass eine Beschwerde sicher im Sande verlaufen würde. Der Befehl müsste so oder so zunächst einmal ausgeführt werden. Denn auch wenn der Rapport als berechtigt anerkannt werden würde, hätte er keine aufschiebende Wirkung.

Peter hatte einen Plan. Unterwegs zum Scheibenstand erklärte er ihn seinen Kollegen: «Wir wissen bereits, welche Gruppe zuerst zum Schiessen kommt. Meines Wissens sind das die mit den nicht so glänzenden Resultaten im Schiessbüchlein. Denen wollen wir auf der Scheibe bei jedem Schuss einen Punkt verbessern. Die zweite Gruppe, die danach an der Reihe ist, hat mindestens zwei gute Schützen. Ihnen müssen wir bei jedem Schuss einen Punkt schlechter zeigen, wenn das möglich ist. Der Sinn vom Ganzen ist, dass, wenn es einigermassen klappt, die Falschen zum Schiessen nach Liestal gehen und ganz sicher keine Standarte von dort bringen. Ihr habt ja gehört, dass das denen auch ganz egal ist. Die Hauptsache ist, dass unser Zirkusdompteur nicht noch damit angeben kann. Zugegeben, die Sache ist ein wenig kompliziert, aber das Zeigen werde ich selbst übernehmen. Du, Robert, kehrst die Scheiben, und Martin überklebt die Einschusslöcher.» – «Raffiniert», meinte Martin. Man war sich einig, und schon war alles im Scheibenstand bereitgestellt. Sechs Scheiben waren hochgezogen. Peter meldete über Telephon, dass sie bereit wären, und die ersten Schüsse krachten.

Es war ein Dreier. Peter zeigte einen Vierer knapp über dem Dreiereinschuss. Auf der Scheibe daneben schlug ein Zweier ein, links oben. Peter zeigte einen Dreier links oben. Die Schüsse folgten nun etwas schneller. Mit dem Kehren und Kleben klappte es ziemlich gut. Peter musste mit dem Zeigen pressieren und zugleich aufpassen, dass er keine Fehler machte. Da den Schützen die Resultate aufpoliert wurden, kamen keine Reklamationen. Peter schrieb jeden Schuss genau auf, damit er die Übersicht behielt für die zweite Gruppe.

Nach einer kurzen Pause kamen die nächsten dran. Sie schossen tatsächlich besser als die ersten, und Peter hatte einige Mühe, die Treffer nach unten zu korrigieren. Diesmal kamen auch Reklamationen. Aber Peter wusste, was er darauf sagen musste. Als alles vorüber war, zeigte sich, dass der Zweck erreicht war. Die Gruppe mit den in Wahrheit minderen Resultaten kam Peters gezeigten Schüssen zufolge auf ein knapp drei Punkte höheres Resultat als die eigentlich besseren Schützen. Ein zu grosser Unterschied hätte auffallen können.

Die vermeintlich bessere Gruppe ging am nächsten Tag ans Schützenfest. Wie von den Eidgenossen aus dem Scheibenstand erwartet, blieb ihr Resultat noch unter dem Durchschnitt und reichte nicht zur Standarte. Die Schützen kümmerten sich nicht sonderlich um ihr schlechtes Abschneiden und hatten einfach ihren Spass an dem grossen Rummel. Als sie zurückkamen, waren sie in bester Stimmung. So endete die Aktion «Standarte» zur Zufriedenheit aller. Nur einer mit einer ganz besonders strammen Haltung und einer ungeheuren Einbildung war muff.

Am letzten Freitag veranstalteten die Herren Offiziere im besten Hotel des Dorfes einen Ball. Zu diesem Ereignis kamen extra die Damen der Offiziere angereist. Vorwiegend wurden Märsche gespielt und getanzt. Bolzgradauf, mit hohem Rücken, kreuzten die Helden des Vaterlandes im Défiléeschritt mit ihren Damen durch den Saal. Sie zeigten keine Spur von Gefühl für Rhythmus oder Melodie. Aber Märsche sind ja sowieso keine Musik zum Tanzen, höchstens zum Strammstehen. Wenn einmal ein Walzer gespielt wurde, dann tanzten nur wenige und auch die ohne Gespür für die Melodie. Stets bewahrten sie stramme Haltung und hüteten sich, in die Knie zu gehen. Es sah aus wie ein mechanisches Puppentheater, und auf einer Terrasse vis-à-vis vom Hotel belustigten sich Soldaten und Leute aus dem Dorf an dem Schauspiel.

Der Wiederholungskurs ging zu Ende. Bevor sie in Liestal zum Abtreten noch einmal stramm stehen mussten, hörten sie davon, dass der Schiers in Zukunft nicht mehr Befehlshaber des Telephonzuges sein würde. «Voilà, sehr gut», sagte einer erleichtert, «nun haben wir es geschafft».

Im Jahr darauf erschien tatsächlich ein anderer Kommandant. Es war höchste Zeit gewesen, wenn diese Truppe ihre Aufgabe wirklich erfüllen sollte. Denkende Menschen, die man zu Soldaten macht, können nicht auf der Basis von Kadavergehorsam und schon gar nicht mit Offiziersallüren für die Landesverteidigung motiviert werden. Arroganz und Angeberei untergraben das Vertrauen. Für die notwendige Zusammenarbeit braucht es einige menschliche Qualitäten. Stramm stehen und Taktschritt klopfen sind das denkbar Blödsinnigste in einer Armee, die der Demokratie verpflichtet ist.

Oberleutnant Grieder, der neue Kommandant, war ein lieber, guter und sehr intelligenter Mensch ohne jede Angeberei und Arroganz. Von Beruf war er Forstingenieur und schon von daher das Gegenteil des vorigen Salontigers. Der Telephonzug bewegte sich immer wieder auch im Wald. Dort hiess Grieder die Soldaten absitzen. Seine Begeisterung für den Wald übertrug sich auf viele der Soldaten, wenn er von der Bedeutung des Waldes für die Volkswirtschaft sprach, von seiner Geschichte, seinen Wundern und Geheimnissen. Er wies auf Spuren von Tieren hin, die im Wald leben und zeigte die Merkmale auf, an denen man sich mitten im Wald orientieren kann. Man konnte mit ihm über alles reden. Beim Zentralen- oder Linienbau liess er sich alles erklären und meinte bescheiden: «Einiges davon sollte ich ja nun halt doch wissen.» Es waren geradezu erholsame Tage in diesem WK.

In der Zwischenzeit war im Lokbau einiges geschehen. Auf den Geleisen stand ein neuer Typ Rangiermaschinen für die SBB. Es wurde von einer neuen, stärkeren SBB-Maschine erzählt, der Ae4/7. Gleichzeitig sprach man aber davon, dass die Elektrifikation der SBB bald abgeschlossen sein würde, und machte sich Sorgen um seinen Arbeitsplatz, da dann ohne Zweifel auch die Aufträge für den Lokbau weniger werden würden. Für die nähere Zukunft hatte es vorerst aber noch genug Arbeit.

Aus Peters Akkordgruppe war einer zum Fahrdienst der SBB übergewechselt. An seiner Stelle hatte ein junger Elektromonteur vom Negerdorf die Arbeit aufgenommen. Er gab sich alle Mühe, sich einzuarbeiten, und Peter hatte den Eindruck, der schafft das schon.

Eines Abends, auf dem Heimweg, meinte ein Gewerkschafts-kollege zu Peter: «Du, der Junge, den du in deiner Gruppe hast, dieser Konrad, der gefällt mir gar nicht. Er ist nämlich aus unserem Dorf. Sein Vater ist Steuervogt, weisst du, das gibt es noch in unserem Kanton. Aber was für einer! Brutal und erbarmungslos treibt er die Steuern ein. Er nimmt auf nichts Rücksicht und hat seine helle Freude daran, wenn er einem armen Teufel das Leben schwer machen kann. Zudem hat er noch eine Funktion bei den Koservativen, von denen wir sowieso nichts Gutes zu erwarten haben. Irgendeiner dieser noblen Herren muss dafür gesorgt haben, dass der Junge zu uns gekommen ist, und da heisst es aufgepasst.

Peter antwortete nicht sogleich. Nach einigem Überlegen meinte er: «Das ist ja ganz interessant, und ich kann deine Befürchtungen verstehen. Allerdings habe ich bis jetzt keinen schlechten Eindruck von Konrad. Es muss ja nicht unbedingt so sein, dass er den gleichen miesen Charakter hat wie sein Vater. Es ist aber gut, dass ich Bescheid weiss. Wir werden ja sehen. Es könnte aber auch anders kommen. Dass wir ihn nämlich für unsere Sache gewinnen können. Das wäre für seinen Vater nach allem, was du erzählt hast, die grösste Niederlage. Wenn der

Junge aber spürt, dass man ihn nicht akzeptiert, wird er erst recht ins andere Lager gestossen.» Hans, der Kollege, hatte aufmerksam zugehört, aber er schüttelte zweifelnd den Kopf: «Zu schön, um möglich zu werden. Hoffen wir das Beste.»

Monate waren vergangen. Peter arbeitete im besten Einvernehmen mit seinem jungen Neuling. Hin und wieder zeigte er ihm diesen oder jenen Vorteil bei der Arbeit und erklärte ihm ab und zu Zweck und Ziel der Gewerkschaft. Es schien, als ob das alles auf Konrad einen guten Eindruck machen würde.

An einem Morgen jedoch, gleich nach Arbeitsbeginn, schien es Peter, als ob mit Konrad etwas nicht stimmte. Schon sein Morgengruss hatte etwas kleinlaut geklungen. In seinem Gesicht glaubte Peter Spuren von Tränen zu bemerken. Was war nur los? Offenbar hatte Konrad Mühe, sich zusammenzunehmen.

Peter beschloss, ihn danach zu fragen. Vielleicht konnte er ihm helfen. Doch Konrad gab nur ausweichende Antworten. In seiner Stimme lag ein leises Zittern. Peter ermahnte ihn: «Du kannst es mir doch sagen. Es kann sein, was es will, ich will dir doch nur helfen, Konrad. Wir sind schliesslich Kameraden.» Peters Anteilnahme bewirkte, dass der Junge langsam und stockend zu erzählen begann, während grosse Tränen über seine Wangen liefen: «Heute morgen kam Vater in die Küche, fertig angekleidet zum Fortgehen. Es kam sonst nie vor, dass er um diese Zeit schon wegging. Ich fragte: ‹Wohin gehst du?› Was nachher kam, war so fürchterlich für mich, dass ich es kaum zu sagen wage . . .» Konrad schluchzte, sein Körper bebte: «Er hat mir gestanden, er habe seit Jahren schon von der Steuerkasse bis jetzt 30 000 Franken unterschlagen. Das Geld sei verbraucht und nichts mehr da. Da es nun nicht mehr möglich sei, die Sache zu verdecken, bleibe ihm nichts anderes mehr übrig, als sich der Polizei zu stellen.» Konrad schlug die Hände vors Gesicht: «Diese Schande! Wie soll ich überhaupt noch unter die Leute? Mutter wird diesen Schlag kaum überstehen. Nun ist alles verloren. Unser Haus wird verkauft werden müssen, und ich weiss nicht, wie ich mich dagegen wehren soll, wenn sie nun alle aus unserem Dorf, die in dieser Bude arbeiten, über mich herfallen. Mein Vater war ja vorher schon unbeliebt.»

Peter war erschüttert von dem Schmerz des Jungen und suchte nach etwas Tröstlichem: «Das mit den anderen aus deinem Dorf werde ich schon in Ordnung bringen und dafür sorgen, dass man dich in Ruhe lässt. Du sollst nicht für deinen Vater büssen. Ich weiss, es ist ein grosser Schmerz für dich, doch du musst stark sein und dich um deine Mutter kümmern. Was die Bude hier angeht, überlass alles mir, es wird schon gehen».

Bald darauf erklang die Hupe zum Znüni, und auf den Werkbänken machten Schlosser und Monteure es sich zum Imbiss bequem. Peter, als Vertrauensmann der Gewerkschaft, hatte in dieser Viertelstunde eigentlich noch die Beitragsmarken zu verkaufen. Er beschloss, stattdessen gleich diese heikle Angelegenheit zur Sprache zu bringen, da er sich vorstellte, damit jedem Geschwätz und jeder Verleumdung die Spitze zu brechen. Konrad hatte er kurz informiert und ihn nach draussen geschickt. Er erzählte kurz, was er wusste, und begann dann die Gründe darzulegen, weshalb er für den Jungen einstand: «Wir müssen Solidarität üben gegenüber Konrad und ihm gerade dadurch den Beweis erbringen, dass die Gewerkschaft und die Arbeiterbewegung einen Unterschied bedeuten zu der Gesellschaft, in der sein Vater verkehrt und die ihn jetzt fallen lassen wird. Gerade jetzt können wir ihm beweisen, dass unsere Sache besser ist als die ihre. Ich bin sicher, dass er nur so einer der Unseren werden wird.»

Jeder hatte sein Znüni weggelegt und hörte interessiert zu. Die Meinungen schwirrten durcheinander. «Es geschieht ihm recht, dem Alten, er war ein Gauner», machte sich ein Kollege in erregten Worten Luft. Keiner sagte etwas von Konrad. Doch Peter wollte es wissen: «Seid ihr nicht auch der Meinung, dass Konrad zu uns gehört?» Einige stimmten spontan zu. Andere zögerten noch: «Wir werden ja sehen.» Doch die Schlacht war für Konrad gewonnen.

In der Folge trat Konrad der Gewerkschaft bei, und man akzeptierte ihn voll und ganz. Niemand erwähnte je die Geschichte mit seinem Vater. Konrad fand sogar mit seinen Sorgen bei den Kollegen seelischen Halt und Verständnis für seine Lage. Ab und zu lieh er sich ein Buch aus der Gewerkschaftsbibliothek, und immer mehr beteiligte er sich auch an den Diskussionen auf den Versammlungen. Er wurde zum überzeugten Gewerkschafter.

Die Zeit verging, der Frühling kam, und mit ihm der 1. Mai. Ein Tag, erfüllt vom Duft der erwachenden Natur. In den Strassen der Stadt bewegte sich der Zug der demonstrierenden Arbeiter. Tausende schritten hinter den Transparenten und den wehenden roten Fahnen einher. Unter ihnen ging neben Peter und seinen Kollegen auch Konrad.

Das erste Chassis des SBB-Typs Ae4/7 kam in die Halle gefahren. Dieser Typ war länger als sein Vorgänger, die Ae 3/6, hatte vier Motoren, viel mehr PS und erreichte eine noch grössere Geschwindigkeit. Im Moment war mehr als Vollbetrieb. Der Liefertermine wegen wurden teilweise zwei Schichten angeordnet. Auch Peter musste sich daran beteiligen. Auf lange Sicht waren mit dem Schichtwechsel gesundheitliche Schäden verbunden, wie man aus gewerkschaftlicher Information wusste. Man kommt aus seinem natürlichen Lebensrhythmus, weshalb der Schichtbetrieb nicht besonders beliebt war. Immerhin konnte man sich damit trösten, dass es nur von kurzer Dauer sein würde. Bald schon gab es für Peter und einige andere Kollegen eine auswärtige Montage.

In der Waggonfabrik Schlieren musste die elektrische Ausrüstung für Motorwagen der Chur–Arosa-Bahn montiert werden. Interessant war dabei eine neuartige pneumatische Steuerung, die den Vorteil gegenüber herkömmlichen elektrischen Kontakten hatte, dass die Teile viel weniger abgenutzt wurden. Diese Montage dauerte vier Wochen. Bei der Zimmersuche gab es Schwierigkeiten. Per Zufall fanden Peter und ein Kollege ein Zimmer in einem eben erst im Rohbau erstellten Einfamilienhaus, an dem noch der Aussenverputz fehlte. Es war Spätherbst, und in den Nächten war es bereits empfindlich kalt. Die Zentralheizung funktionierte noch nicht, so dass man zuerst einmal tüchtig strampeln musste, wenn man sich gegen elf Uhr ins Bett legte, weil die Leintücher und das Bettzeug zu kalt waren, als dass man damit hätte einschlafen können. Der Kollege hatte eine Idee. Er kramte aus seinem Koffer eine Spirale Widerstandsdraht hervor, die ungefähr einen Meter lang war, und die man auf zwei Meter Länge ausziehen konnte. An den Enden hatte er kleine Isolatoren angebracht. Dieses Ding hängten sie quer durch das Zimmer auf. Zwar zuckte die Lampe einen Moment, wenn man diese improvisierte Heizung an die Steckdose anschloss, aber die Sicherung hielt aus. Nach einer halben Stunde etwa war wenigstens die Luft im Zimmer temperiert. Die Frau des Hauses meinte zwar, diese Heizung würde sie sehr viel Strom kosten. Sie liess sich jedoch von Peter überzeugen, der ihr den Verbrauch vorrechnete und ihr anbot, zusätzlich zwei Franken die Woche mehr zu bezahlen, womit der Mehrverbrauch gut abgedeckt wäre.

Das Mittagessen nahmen sie in der Kantine ein, wo sie interessante Gespräche mit den Kollegen vom Betrieb führten. Diese waren allem Anschein nach besser organisiert als ihre Kollegen in Münchenstein, hatten aber gleichfalls grosse Probleme.

Als die Gruppe an einem Montag wieder in Münchenstein antrat, bestätigte sich die traurige Nachricht, die sie übers Wochenende bereits gehört hatten. An der Versuchsstrecke der Lokomotiven für Chile war der Tessiner Antonio Derigo tödlich verunglückt, als er die Fahrleitung berührte. Wieso und warum das geschehen konnte, war nicht klar. Es gab keine Zeugen. Dieser tragische Unfall bewegte alle Kollegen tief.

Zwei Wochen danach wurden die Chile-Maschinen fertig. Die Versuchsstrecke dem Kanal entlang wurde abgebrochen und die Maschinen zum Rheinhafen transportiert. Peter nahm wehmütig Abschied von Werner, der, nachdem er sicher war, sich in Chile eine Existenz aufbauen zu können, die Geschichte, Geographie und die Kulturen Mittel- und Südamerikas studiert hatte und auch Spanisch lernte. Oft hatte er in den Znünipausen davon erzählt. Zum Abschied liess er in der Beiz eine Schallplatte mit chilenischen Volksliedern laufen. Als er allen zum letzten Mal die Hand drückte, hatte nicht nur Peter feuchte Augen.

In der Gewerkschaft lief unterdessen nicht alles rund. Politisch war die Arbeiterschaft mehr denn je gespalten. Die Werbung neuer Mitglieder war an und für sich schwierig. Die meisten Arbeiter stammten aus den umliegenden Dörfern, wo die Bevölkerung zumeist katholisch war. Dort hatte traditionell die konservative Partei den grössten politischen Einfluss. Diese Partei aber war gegen die Gewerkschaften eingestellt, weil, wie sie sagten, dort sowieso die Sozi den Ton angeben würden. Sozialismus aber schienen sie dem Weltuntergang gleichzusetzen. Davon, dass die Gewerkschaften und die Sozialisten sehr viel zum Wohl der Arbeiter erreicht hatten, davon redeten sie nicht. Und dass sie selber im entscheidenden Moment auf Seiten der Unternehmer standen, wusste man seit langem.

Es gab in diesen Dörfern stets einige unerschrockene Typen, die für die Sache ihrer Kollegen einstanden. Doch sie hatten es schwer. Zudem gab es noch die Freisinnigen, die scheinbar in Konkurrenz zu den Konservativen standen. Ging es aber bei einer Wahl gegen einen Gewerkschafter oder gar gegen einen Sozi, waren sie sich einig. Viele Einwohner der Dörfer waren ausserdem durch Bürgschaften und Pachtzinsen von diesen Tonangebern direkt abhängig, und das wurde weidlich ausgenutzt. Aus diesen Gründen war es ein steiniger Boden für die Werbung.

Die politische Spaltung der Arbeiterschaft wirkte sich auch in den Gewerkschaften aus. Die einen betonten die Unabhängigkeit von kommunistischem Befehl und Gehorsam und stützten sich dabei auf die Grundsätze der Demokratie. Die anderen erwarteten das Heil von einer proletarischen Revolution nach russischem Muster. Beide schwächten mit ihrer Beharrlichkeit und Rechthaberei die Schlagkraft notwendiger Aktionen. So gab es zum Beispiel schon jahrelang zwei Arbeiterzeitungen, die sich gegenseitig bekämpften, wobei nicht immer ideologische Fragen im Vordergrund standen. Wenn es richtig war, dass über Aktionen auf demokratischer Basis abgestimmt werden musste und man nicht einfach die russische Revolution kopieren konnte, so war andererseits Demokratie nur wirksam und präsent, wenn die ausgehandelten Kompromisse mit den Herrschenden tatsächlich von beiden Seiten Zugeständnisse verlangten. «Demokratie ist sicher richtig, aber man darf sie nicht als Entschuldigung für Verhandlungen um jeden Preis benutzen.» Das hat ein gewöhnlicher Monteur an einer Versammlung gesagt. Wenn er auch kein Universitätsprofessor war, so hatte er doch recht.

Peter hatte sich immer für Geschichte interessiert. Deshalb waren ihm immer wieder die Widersprüche aufgefallen, die darin bestehen, dass man beispielsweise die alten Eidgenossen als Helden darstellt, weil sie sich gegen ihre Unterdrücker und Ausbeuter erhoben haben. Sie haben nicht verhandelt. Sie haben angegriffen und zugeschlagen. Auch heute noch, und noch für lange Zeit gibt es Unterdrückte. Wenn sie aber ihre Forderungen stellen, werden sie von denselben Bürgerlichen verunglimpft, die ansonsten den Freiheitskampf ihrer Vorfahren lobpreisen.

All die Diskussionen machten Peter klar, dass eine wirklich spielende Demokratie in der Schweiz in den wichtigsten Bereichen erst noch erkämpft werden musste. Das konnte nicht mit internen Parteistreitigkeiten vor sich gehen, die nur den Herrschenden etwas nützten. Man sollte auf Gewerkschaftsseite mehr mit klaren, erreichbaren Zielen und mehr Miteinander operieren.

Die russische Revolution war ein leuchtendes Fanal. Die sie in Szene gesetzt hatten, mussten Mut und viele andere positive Eigenschaften haben. «Hätte denn einer unserer Sprüchemacher so etwas fertiggebracht?» fragte ein Kollege bei einer der vielen Diskussionen. Ein anderer doppelte nach: «Bei den dort damals herrschenden Verhältnissen konnte überhaupt nichts anderes passieren. Wir aber haben einen anderen Weg, aber wir müssen ihn auch gehen und nicht vor lauter Wenn und Aber stehenbleiben.»

Vom Sekretär oder einem älteren Mitglied aus dem Vorstand gab es oft gehässige Reaktionen. «Dummes Zeug, was wisst ihr denn schon, ihr habt doch noch gar keine Erfahrung», so tönte es von dort. Die Verdienste der älteren Kollegen anerkannten auch Peter und andere junge Kollegen. Rechthaberei, Arroganz und Überheblichkeit hatten sie alle schon zur Genüge in Betrieb und Militär erlebt. Hier, in der Gewerkschaft erwarteten sie etwas anderes. Unter ihresgleichen sollte Kollegialität, Freundschaft, Menschlichkeit und vor allem Verständnis herrschen. Was sollte bloss sein, wenn es das nicht einmal in diesem Kreis gab?

Als es auf dem Sekretariat krumme Sachen gab, die vertuscht werden sollten, hängte es Peter und noch einigen aus. Zwar ging es nicht um viel Geld dabei, aber das Drum und Dran passte allenfalls zu einem autoritär geführten Privatbetrieb, aber gewiss nicht in eine Gewerkschaft. Peter und seine Kollegen erschienen nicht mehr an den Versammlungen.

Später sagten sie sich zwar, dass das ein Fehler war, aber es gibt Situationen wo man einfach nicht mehr kann.

Zwischendurch war Peter mit Frau und Kind in die Stadt umgezogen. Zwar war die Wohnung in Münchenstein billig gewesen, doch ohne den geringsten Komfort. Hinzu kam, dass sich die Zukunftsaussichten im Lokbau und im Betrieb allgemein zusehends verschlechterten. Unter Kollegen wurde viel darüber gesprochen. Peter stellte sich vor, dass er mit seinem erlernten Schlosserberuf, ergänzt durch die erworbenen Kenntnisse in der Elektrotechnik, in der Stadt einige Chancen haben würde. Die

Fahrt nach Münchenstein zur Arbeit war mit dem Tram nur kurz, und Peter konnte sich besser auf einen Stellenwechsel vorbereiten. Auch Anna war damit sehr einverstanden. Zu alledem war Peter in dieser Stadt geboren worden.

Dunkel konnte er sich noch an einiges erinnern. An die Klybeckstrasse und eine schwarzhaarige alte Frau im Erdgeschoss. Ausserdem erinnerte er sich an eine grosse Aufregung auf der Strasse, weil in der Nacht am Himmel ein Komet zu sehen war und man vom Weltuntergang sprach. Nun wurde diese Stadt wieder zur Heimat für ihn und seine Familie.

Bei der BBC war ein grosser Auftrag der Sowjetunion im Gespräch. Es sollte sich um eine grosse Serie von dieselelektrischen Lokomotiven für die Transsibirische Eisenbahn handeln.

Die Sowjetunion strebte damals eine Mitgliedschaft im Völkerbund an. Einer der Politiker, die das verhindern wollten, war, wie die Russen natürlich sehr gut wussten, der schweizerische Aussenminister Motta. (Tatsächlich hielt dann Motta 1934 in der Völkerbundsversammlung eine Rede gegen die Aufnahme der Sowjetunion, allerdings ohne Erfolg.)

Mit solcherlei Manipulationen erwies man dem teuren Vaterland einen schlechten Dienst, da der in Aussicht gestellte Auftrag für die BBC Münchenstein verloren ging.

Von Motta und einem weiteren seltsamen Eidgenossen, einem christlichen Landesverteidiger im Bundesrat, wusste man, dass sie grosse Sympathien für Mussolini und seinen Diktaturstaat hegten. Dabei gab es in Italien bereits Landkarten, auf denen der Tessin wie selbstverständlich zu Italien gehörte.

Unterdessen wurden zwei Maschinen für die französische Eisenbahn fertiggestellt. Damit waren alle ausländischen Aufträge erledigt und es sah nicht danach aus, als würden neue eintreffen. Auch die SBB-Rangiermaschinen würden bald fertig sein. Es kursierten Nachrichten, dass sich in Deutschland Siemens um Aufträge für elektrische Lokomotiven bemühte. Auch Italien, Frankreich und Schweden, hiess es, würden eigene Konstruktionen anbieten, die, mit Ausnahme Schwedens, im Preis alle günstiger wären. Keine rosigen Aussichten also.

In der Folge fanden wegen des momentanen Auftragsmangels massive Versetzungen in andere Abteilungen statt. Für drei Wochen musste Peter in der Abteilung für Tram-Motoren arbeiten. Danach wurde er als Kranführer in der Speditionshalle eingesetzt. Die ersten Tage hatte Peter mit dem Kran, der von allen in der Firma die schnellste Gangart hatte, noch Mühe. Mehrere Male stiess er sehr unsanft an den seitlichen Enden der Fahrbahn auf die Puffer auf, so dass sich die Männer und Frauen im angrenzenden Büro im ersten Stock erschreckten. Bald klappte es aber so gut, dass er ganz allein vom Führerstand aus mit schaukelnden Bewegungen einen Motor anhängen konnte. Trotz dieser Abwechslungen war Peter nicht wohl dabei. Zu sehr sah es nach einer Krisensituation aus.

Kurze Zeit später gab es einen Auftrag für eine grosse, langdauernde Montage in Bilbao in Spanien. In dortige Lokchassis sollte die komplette elektrische Ausrüstung montiert werden. Man sprach von einer grossen Serie und von zehn bis zwölf Monaten Dauer, weshalb nur unverheiratete Monteure dafür ausgewählt wurden. Arbeitsplatzmässig war das eine grosse Entlastung.

Wieder gab es eine Auswärtsmontage für Peter und einen älteren leitenden Monteur, Hasler, der schon beim Einfahren der ersten elektrischen Gotthard-Maschinen mit dabei gewesen war. Schon in Betrieb stehende Maschinen der SBB sollten eine andere, verbesserte Steuerung des Stufenschalters erhalten. Der erste Einsatz erfolgte in der SBB-Werkstätte in Altstetten, wo soeben einige dieser Lokomotiven in Revision standen. So konnten zusätzliche Demontagearbeiten eingespart werden.

Der Betrieb der Werkstatt in Altstetten war geradezu militärisch organisiert, was schon bei der Ankunft auf dem Areal auffiel, das von einem hohen eisernen Zaun umgeben war. Der einzige Zugang führte an einem uniformierten Pförtner vorbei, der in strammer Haltung und in zackigem Tonfall die Ausweise verlangte. Hasler übergab ihm ein Schreiben der BBC. Der Pförtner setzte sich und studierte mit aller Gründlichkeit das Schriftstück. Erst nachdem er telephoniert und über die Gültigkeit des Schreibens verhandelt hatte, durften sie eintreten. Aus der Werkstätte kam ihnen jemand entgegen und brachte sie in die Garderobe. Nach dem Umkleiden holte sie derselbe Mann wieder ab und brachte sie zu einer der abgedeckten Maschinen, wo er sie dem Meister der Abteilung übergab. Auch Hasler war verwundert über diese Umstände. «Es fehlte nur noch der militärische Gruss und die Achtungstellung», meinte er.

In einem Gasthof in der Nähe fanden sie ein Doppelzimmer. Das Essen und die Bedienung dort waren gut. Bei der Serviertochter sammelten sie schnell Punkte, weil ihr Vater, ein Heimweh-Basler, jahrelang mit Frau und Kind an den Morgenstreich gefahren war. Auch mit den einheimischen Gästen unterhielten sie sich gut. Hasler war ein Weinliebhaber. Während Peter nur einen Zweier verdauen konnte, war Hasler längst beim dritten angelangt und kam ins Fabulieren. Anfangs mochte das noch ganz lustig scheinen, doch bald wiederholte er sich ständig und machte mehr oder weniger deutliche Annäherungsversuche bei der Serviertochter, die dafür kein Verständnis zeigte. Peter war die Situation peinlich, aber er mochte Hasler in seinem weinseligen Zustand nicht allein lassen. Er fühlte sich verpflichtet, den an sich lieben Kollegen dazu zu bringen, mit ihm aufs Zimmer zu verschwinden. Zu guter Letzt gelang es ihm.

Nach drei Wochen waren die Arbeiten an zwei Maschinen beendet, und man trat wieder im Lokbau an. Dort gab die Ankündigung der Direktion zu reden, dass man die Montagezulagen kürzen müsse. Erst auf einen Protest hin, der einen Bericht über die tatsächlichen Auslagen auf Montagen enthielt, wurden sie vorläufig auf der bisherigen Höhe belassen. Die Regelung der Zulagen basierte auf einer vor Jahren geschlossenen Übereinkunft zwischen der BBC Baden und Münchenstein und der Gewerkschaft. Wenn man Glück hatte, deckte diese Entschädigung tatsächlich alle entstehenden Kosten für Unterkunft und Verpflegung ab. Im günstigsten Fall konnten ein oder zwei Franken eingespart werden. Es konnte aber ebensogut umgekehrt sein. Für die Verheirateten war eine Montage zudem schliesslich mit Verzicht auf die Familie verbunden. Immer aber bedeutete eine auswärtige Montage eine Anerkennung und Bestätigung des Monteurs.

Die Anzeichen für ein Ausbleiben neuer Aufträge verschärften sich erneut. In allen Wirtschaftszweigen wuchs die Arbeitslosigkeit. Dazu kam die politische Spannung in Europa. Seit Mussolini in Italien regierte, wurden die faschistischen Italiener auch in der Schweiz immer frecher. Selbst seit langer Zeit in der Schweiz Ansässige und sogar solche, die das schweizerische Bürgerrecht besassen, machten in den neu entstandenen faschistischen Organisationen mit. Sie alle träumten vom grossmächtigen römischen Imperium, das wiederauferstehen sollte. Die Zeitungen der organisierten Arbeiterschaft riefen zur Wachsamkeit auf. Die bürgerlichen Gazetten bagatellisierten mit wenigen Ausnahmen die aufkeimende Gefahr oder zeigten sogar Sympathien für Mussolini und seine Diktatur. Die sich ausbreitende Wirtschaftskrise sorgte für weitere Unsicherheit.

Indessen gingen Hasler und Peter für denselben Auftrag auf Montage ins SBB-Depot Zürich. Durch Haslers Bekanntschaft mit vielen Lokomotivführern und Depothandwerkern kamen er und Peter zu dem besonderen Vergnügen einer Fahrt im Führerstand einer Lokomotive. Bei Tempo neunzig war das ein merkwürdiges Gefühl. Bei jedem Bahnhof sahen sie die sich überschneidenden Weichen direkt vor sich. In den Kurven neigte sich die Maschine sachte zur Seite. Wurde am Kontroller geschaltet, gab es hinten im Maschinenraum ein knallartiges Einrasten des Stufenschalters. Das Geräusch der Räder auf den Schienen, das Summen der grossen Motoren und das Bewusstsein der vielen angehängten Waggons mit all den Reisenden darin liessen in Peter Stolz auf seine Arbeit aufkommen.

Er hatte sich bereits einmal um eine Stelle im Fahrdienst der SBB beworben, da er die berufliche Qualifikation dafür ja vorweisen konnte. Seine Bewerbung war abgelehnt worden. Aber man wusste längst, dass es auf die Herkunft und vor allem auf Referenzen ankam. Er hatte auch erfahren, dass aktive Gewerkschafter nicht gerade erwünscht waren. Fast immer, wenn einer aus dem Betrieb nach kaum einem Jahr Arbeit dort schon eine Stelle bei der Bahn hatte antreten können, war er nie in einer Gewerkschaft gewesen. Er musste nicht einmal beruflich eine Leuchte sein, Hauptsache, er hatte bei Gewerkschaftsfragen höchstens einmal mit den Achseln gezuckt und verstand es, sich nach oben anzupassen. Das war so die Kehrseite der Spielregeln dieser Spitzendemokratie.

Ein einziger, Brossin, der Welsche, hatte hier eine Ausnahme gemacht. Er hatte immer Solidarität geübt und trotzdem in seiner Heimatstadt eine Staatsstelle antreten können.

Solche Erfahrungen gesellten sich für Peter zu den Erlebnissen, die er schon in seinem Dorf und beim Preussendrill in den Wiederholungskursen gemacht hatte, und bestärkten ihn in seiner gewerkschaftlichen und politischen Aktivität.

In Zürich angekommen hatten sich Hasler und Peter beim Depotchef angemeldet und waren auf Zimmersuche gegangen. In der Langstrasse fanden sie eines zu einem eben noch annehmbaren Preis. Nach einem guten Mittagessen ging es zurück ins Depot. Die Arbeit dort war anspruchsvoller als zuvor in Altstetten, weil das Dach und alle damit zusammenhängenden Apparate von ihnen selbst demontiert werden mussten, wofür ihnen nur ein behelfsmässiger Portalkran zur Verfügung stand. Das bedeutete allerhand mehr Arbeit und erhöhte Aufmerksamkeit.

Durch das Ab- und wieder Aufmontieren der Apparate wurde mehr Zeit in Anspruch genommen als vorgesehen. Die Maschinen aber sollten nach einer bestimmten Zeit wieder in den Dienst. Deshalb forderte Hasler von Münchenstein einen weiteren Monteur an. Der Neuankömmling hiess Alfred, ein noch ganz junger Monteur. Nun ging die Arbeit zügig voran. Abends sassen die drei, nach einem Streifzug durch die Stadt, oft noch bei einem Glas Wein in der Hotelbeiz.

Eines Abends gab es eine Sensation in der Stadt. Die Prostitution stand in Zürich in hoher Blüte, wie man nicht nur im Niederdorf, sondern auch in der Langstrasse auf Schritt und Tritt merkte. In der Hotelbeiz hatte einer gemeint: «In dieser Hinsicht brauchen wir Paris gar nichts vorzuhalten. Das gilt auch noch für andere Städte in der Schweiz.» Nun aber hatte der Zürcher Frauenverein beschlossen, eine Aktion gegen dieses alte Gewerbe zu starten.

Auf allen grösseren Plätzen und am Hauptbahnhof wurden Flugblätter verteilt, die auf die skandalösen Zustände hinwiesen und sie attackierten. Gleichzeitig streiften Zweierpatroullien durch die Quartiere und Strassen, die die Aufgabe hatten, die Autonummern der umherfahrenden Freier aufzuschreiben. Es kam zu tumultartigen Szenen, denn die Prostituierten wehrten sich natürlich für ihr Geschäft. Es kam sogar zu Tätlichkeiten. Allem Anschein nach erreichten die Mitglieder des Frauenvereins ihr Ziel zumindest teilweise, denn wenig später erschienen auf Flugblättern die Namen, die zu den Autonummern gehörten.

In der Stadt und der Umgebung verursachte diese Geschichte einen ungeheuren Wirbel. In den Zeitungen erschienen seitenlange Kommentare dafür und dagegen. Sogar Wissenschaftler gaben ihre Weisheiten zu diesem Problem zum Besten. Die einen verdammten solche Zustände als unchristlich und Teufelswerk. Die anderen bezeichneten die Existenz dieses Gewerbes als notwendiges und ausgleichendes Übel. Schon zu Christus' Zeiten hätte es das gegeben, und Christus selbst hätte mit einer der Damen wohlwollend geplaudert. Die Griechen und die Römer hätten das horizontale Gewerbe als wichtige ausgleichende Funktion in einer Gesellschaft anerkannt. Zudem würde niemand dazu gezwungen.

Es gab aber auch Leute, die sagten, in den oberen Schichten und im Mittelstand gäbe es Frauen, die sich nebenbei einen Gigolo hielten, und das sei auch eine Form der Prostitution. Die noblen Damen wollten nicht das Geld missen, das ihr Mann verdiente, zugleich wollten sie aber, dass sich jemand um sie kümmere, wozu der eigene Mann des Geldverdienens wegen nicht mehr käme. So nähmen sie sich halt beides: Das Geld und einen Gigolo.

Für die Dirnen hatte diese Aktion nur eine geringe finanzielle Einbusse zur Folge, liessen sie einem Reporter gegenüber verlauten.

Schlechter sah es in den betroffenen Ehen und Freundschaften aus. Sensationsheftchen und Klatschbasen wussten von Scheidungen und Zerwürfnissen zu berichten. Noch lange gab die Aktion des Frauenvereins Zürich Anlass zu Cabaretnummern und Fasnachtssujets.

Nach sechs Wochen war die Montage im Depot Zürich beendet. Peter war froh, denn die Abwesenheit von Frau und Kind die Woche hindurch war doch für alle drei belastend gewesen.

Da die Montagegruppe «Bilbao» noch immer in Spanien war, mussten vorerst keine weiteren Versetzungen in andere Abteilungen mehr vorgenommen werden. Doch die Aufträge für den Lokbau blieben weiter aus.

Inzwischen hatten sich die faschistischen Umtriebe verstärkt. In der Arbeiterschaft löste die Duldung und kaum verhohlene

Sympathie der bürgerlichen und katholischen Zeitungen diesen Aktionen gegenüber erhöhte Wachsamkeit aus. In Gewerkschaftskreisen hatte man erfahren, dass die Faschisten eine Demonstration durch die Stadt planten. In Windeseile verbreitete sich die Nachricht. Das Gewerkschaftskartell (damals «Arbeiterbund») rief zu einer Gegendemonstration auf. Tausende sammelten sich zu einem Zug. Rote Fahnen und antifaschistische Losungen schufen eine kämpferische Stimmung. Peter war gemeinsam mit einigen Kollegen von der BBC dabei.

Man hatte die Information erhalten, dass die Faschisten, gegen achthundert an der Zahl, in schwarzen Hemden von aussen gegen die Heuwaage marschierten. Die Polizei betätigte sich für sie als Begleitschutz. Erregt über diese Unverschämtheit der bürgerlichen Regierung, rückte der Zug der Arbeiter ebenfalls gegen das Stadtzentrum vor.

Auf der Heuwaage wurde der Zug der Schwarzhemden abgefangen. Kurz stellten die Arbeiter ultimativ ihre Bedingungen: Sofortiger Rückzug oder Angriff auf die Faschisten.

Die Schwarzhemden hatten ohne Zweifel auch unter dem Schutz der Polizei nicht die geringste Chance. Es war ihr Glück, dass sie sofort verschwanden. Dieser Vorfall trug nicht wenig zur stärkeren Polarisierung der Politik in der Stadt bei.

Man leistete sich so allerhand im lieben Vaterland. Eine kantonale Regierung unterstützte indirekt den Faschismus, obwohl dieser jede demokratische Spielregel verdammt und sein nationales Machtstreben ganz offen auf andere Länder ausdehnte. Einige Bundesräte, die in diesem traurigen Spiel mitmischten, verstärkten die Gewissheit noch, dass weitherum im Bürgertum einiges faul sein müsse. Hinter dieser bürgerlichen Begeisterung für die Faschisten stand natürlich der Wunsch, die politischen und gewerkschaftlichen Organisationen der Arbeiterschaft ebenso zu liquidieren, wie dies in Italien geschehen war. Umso notwendiger wäre für die demokratischen Gegenkräfte ein enger Zusammenschluss über alle ideologischen Grenzen hinweg gewesen.

Zu alldem bahnte sich in Deutschland etwas an, was sich als noch grössere Gefahr herausstellen sollte. Seit langem hatten sich dort nationalistische Cliquen und Verbände bemerkbar gemacht. Die einen waren offensichtlich von den ewigen Militaristen gesteuert und nannten sich «Stahlhelm». Die anderen täuschten ein sozialistisches Parteiprogramm vor und nannten sich Nationalsozialisten. Beide Gruppen wurden hintenherum von vielen Finanzgewaltigen in Industrie und Banken unterstützt. Die Verpflichtungen des Versailler Friedensvertrages von 1919 wurden als Gründe für die Notwendigkeit einer «nationalen Erneuerung» angegeben. So hiess es in den Parolen. Ein tausendjähriges Reich sollte erstehen. Rassenreine germanische Zucht sollte den Grundstock für die neue Herrenrasse bilden. Gewerkschafter, Sozialisten, Kommunisten, Homosexuelle, Zigeuner, Behinderte und in erster Linie die Juden wurden als «Volksschädlinge» bezeichnet und mussten der Rassenideologie zufolge ausgerottet werden. Vorerst hatten diese Sprüche noch keinen allzu grossen Erfolg, aber sie sorgten für Unruhe und forderten vor allem von den Arbeitern volle Wachsamkeit.

Die Wirtschaftskrise breitete sich weiter aus, und auch was die Zukunftsaussichten bei der BBC-Münchenstein anging, sah es düster aus.

Hasler hatte gekündigt. Er hatte eine Stelle bei einer Elektrogenossenschaft angenommen. Bei der BBC wartete man sehnlichst auf neue Aufträge, die aber nicht kommen wollten. Die Akkorde wurden in allen Abteilungen reduziert. Man machte sich daran, die Auswärtszulagen zu kürzen. Es war sogar die Rede davon, dass bei künftigen auswärtigen Montagen überhaupt keine Zulagen mehr gezahlt werden sollten. Fürs erste hatte man noch an den auf den Geleisen stehenden Maschinen zu tun. Es war äusserst unsicher, wie lange es noch so weiter gehen würde.

Die wirtschaftliche Lage verschlechterte sich ständig. In allen Gesprächen unter Kollegen spürte man die Sorge um die Zukunft. In der Stadt stieg die Zahl der Arbeitslosen weiter an. Auch im Baugewerbe war Flaute. Immer wieder traten die politischen Spannungen innerhalb der Arbeiterschaft hervor. Gerade das bereitete Peter und anderen grosse Sorgen, denn der Faschismus zog weite Kreise.

Als Monate später der Chef tatsächlich drei Monteuren das Angebot machte, eine Montage bei den Rhätischen Bahnen ohne Zulage auszuführen, wollte niemand darauf eintreten, weil das einen zünftigen Lohnabbau bedeutet hätte. Der Chef meinte nur:

«Natürlich ist das keine gute Offerte, aber wir haben nichts anderes. Versetzungen sind auch bald nicht mehr möglich.»

Das gab für Peter das Signal, sich nun wohl oder übel eine andere Stelle zu suchen. Stellenangebote für die gängigen Berufe gab es so gut wie gar keine. Die Ungelernten waren am schlimmsten dran.

Nach vielem Suchen in den Zeitungen und nach Gesprächen mit Gewerkschaftern entdeckte er eine mögliche Marktlücke: Für grosse Gebäude und Fabrikanlagen brauchte es beim Neubau und bei Erweiterungen entsprechende Schaltanlagen. Für deren Bau gab es keine speziell ausgebildeten Monteure. Es brauchte elektrotechnische Kenntnisse und zugleich eine Ausbildung auf einem Metallberuf. Hier ergab sich möglicherweise eine Chance.

Tatsächlich entdeckte Peter nach geraumer Zeit ein Inserat, in dem jemand mit diesen Qualifikationen gesucht wurde. Bei der Vorstellung war man an allem interessiert, was Peter vorweisen konnte. Besonderes Interesse zeigte der Chef für die Aufgaben, die Peter im Lokbau bei der BBC erfüllt hatte. Auch vom derzeitigen Rückgang der Bestellungen wollte er alles wissen. Peter erzählte er, dass sein Betrieb eine der grössten Elektroinstallationsfirmen am Platze sei. Trotz der gegenwärtigen Flaute hätte man interessante Aufträge und Projekte in Sicht. Natürlich hätte er viele andere Offerten für diesen Posten erhalten, aber Peter böte, so wie er sich ausgewiesen hätte, die besten Voraussetzungen dafür. Man einigte sich, dass Peter in einigen Tagen den endgültigen Bericht mit dem Lohnangebot und den üblichen Konditionen erhalten sollte. Anschliessend könne er es sich noch überlegen und, falls es ihm zusage, am darauffolgenden Tag wieder vorbeikommen.

Peter war froh, dass alles so glatt lief, denn das war bei weitem nicht selbstverständlich. Zwar ging er nicht gern vom Lokbau fort, denn trotz allem war die Arbeit an den Lokomotiven sehr interessant gewesen. Ebenso die Montagen auswärts, die Gespräche mit den vielen Kollegen und, trotz einiger Enttäuschungen auch die Gewerkschaftsversammlungen. Aber er musste Abschied nehmen, denn die Zukunft sah finster aus.

Wie vereinbart erhielt Peter den definitiven Bericht. Der Lohn bewegte sich, alles eingerechnet, ungefähr auf der gleichen Höhe wie bei der BBC. Ausserdem existierte bei dieser Firma ein Gesamtarbeitsvertrag womit sie, nach Peters Erkundigungen, als führend in der Stadt galt. Man einigte sich auf den nächstmöglichen Eintritt, doch zunächst musste Peter bei der BBC kündigen. Die neue Firma machte auf Peter keinen schlechten Eindruck, wenn ihm auch die Atmosphäre, verglichen mit der BBC, ziemlich kleinkariert vorkam.

Was nützte einem aber eine grosse Firma, wenn sie von der Krise betroffen war. Die BBC gehörte zu den exportabhängigen Unternehmen, deren Lage sich zusehends verschlechterte.

Im Lokbau selbst löste Peters Kündigung beim Abteilungschef und den Kollegen Überraschung aus. Man bedauerte seinen Weggang wegen der guten Kameradschaft und seinem gewerkschaftlichen Engagement.

Es kam der endgültige Abschied von Münchenstein. Man sass ein letztes Mal in der Beiz beim Bahnhof zusammen. Erinnerungen wurden ausgetauscht. Man lachte über Vergangenes auf der Bude und auf Montage. Einer der Gewerkschaftskollegen meinte: «Es ist nicht nur schade, dass du weggehst, es ist mehr als das. Wir alle wissen das. Aber wir wissen ja auch, dass es sein muss.» Sechs Jahre hatte Peter in der BBC gearbeitet, hatte einiges erlebt und sehr viel dazugelernt und eine Menge Menschen kennengelernt. Die Arbeit in der Gewerkschaft war anspruchsvoll und anregend, wenn auch manches Mal enttäuschend gewesen. Ein grosses Plus war die Selbstbildung mit Hilfe der politischen Literatur vom Sekretariat und das dadurch gewonnene Selbstbewusstsein. Positiv war auch die Grosszügigkeit gewesen, die in der Firma den Umgang mit den Vorgesetzten bestimmte, und dass er selbständig hatte arbeiten können. Wer weiss, wie das in der neuen Firma sein würde.

Peter machte sich auf den letzten Heimweg von Münchenstein aus.

Die Ereignisse um den Faschismus im Süden und Norden machten wieder Schlagzeilen, und die Sympathisantengruppen in der Schweiz machten von sich reden. In Deutschland unterstützten mittlerweile die Schwerindustrie und die nationalistischen Verbände Hitler. Die Leitartikel und Kommentare führender bürgerlicher Zeitungen verrieten wohlwollende Billigung und Unterstützung der braunen und schwarzen Erneuerer. Es sah ganz danach aus, als würde sich diese Haltung bald genug auszahlen.

In der Arbeiterpresse gab es Aufrufe zu Versammlungen, die Abwehr und Widerstand artikulieren sollten. Noch immer aber gab es keinen endgültigen Zusammenschluss und keine Einheit. Noch nicht einmal in Deutschland war man sich in der Abwehr des Faschismus einig geworden. In Italien war längst ein erfolgversprechender Widerstand gegen Mussolinis Diktatur aussichtslos geworden.

Die Arbeit in der neuen Stelle brachte für Peter manchen neuen Aspekt. Für die Schaltanlagen wurde hauptsächlich Marmor als Isoliermaterial verwandt. Für die Bearbeitung des Marmors, beim Bohren für die Sicherungselemente, brauchte es eine äusserst subtile Behandlung und eine spezielle Technik, eine ungewohnte Tourenzahl und einen anderen Bohrerschliff. In punkto Elektrotechnik war ebenfalls einiges anders. Die Fernkurse, die Peter gemacht hatte, erleichterten ihm nun die Arbeit mit der neuen Technik.

Die neue Firma hatte an die hundert Mitarbeiter. Es wurden Grossanlagen in neu erstellten Gebäuden von Industrie und städtischer Verwaltung erstellt. Dazu brauchte es die entsprechenden Schaltanlagen, für deren Bau der bisherige Monteur und Peter verantwortlich waren. Ihre direkten Vorgesetzten waren der geschäftsführende Ingenieur und gelegentlich der für die entsprechende Anlage zuständige Chefmonteur. Anweisungen für die Erstellung der Schaltanlagen gab es nur in Form von Schemas und Installationsplänen. Der Bau der Anlagen selbst, die Anfertigung der notwendigen Eisenkonstruktionen, der Kupferverbindungen und Anschlüsse waren ausnahmslos selbständige Arbeit von Peter und seinem seit einigen Jahren hier beschäftigten Kollegen. Peter kam sehr gut mit ihm aus. Seine Arbeit war durchaus abwechslungsreich, denn neben der Montage von Schaltanlagen gab es auch Installationen für grosse Motoren mit Steuerungen.

Peter begann die Möglichkeiten zur Weiterbildung zu nutzen, die in der Stadt geboten wurden. Ein Professor hatte ihn darauf gebracht, mit dem er gesprochen hatte, als er im Physikgebäude der Universität zu tun hatte. Wenige Wochen darauf besuchte Peter Vortragsabende über Psychologie am Bernoullianum. Per Zufall kam Peter wieder einmal mit diesem Professor ins Gespräch. Als er ihm von den Vorträgen erzählte, meinte der Professor: «Das ist ja grandios, da haben Sie aber schnell geschaltet. Aber denken Sie daran: Wissen ist schön und interessant, aber es verpflichtet zu entsprechendem Handeln!»

Später musste Peter manchmal an diesen Satz zurückdenken. Er selbst bemühte sich zwar, diese Spielregel einzuhalten, aber er musste häufig feststellen, dass gerade tonangebende Leute in einflussreichen Positionen sich in dieser Beziehung sehr egoistisch verhielten, um ihre Macht bewahren oder ausbauen zu können.

Am Bernoullianum gab es Vorträge über den Rassismus, den die Nazi in Deutschland vehement predigten. Professor Hirschfeld war Jude und kam aus Berlin. Lange vor Hitlers Aufstieg war er ein anerkannter Fachmann für dieses Gebiet. Überzeugend vertrat er die These, dass es keine Beweise für die Überlegenheit irgendeiner Rasse gebe. Er brachte Beispiele dafür von seinen vielen Reisen auf allen Kontinenten. Mit Nachdruck stellte er fest, dass, wo es noch vor hundert Jahren Menschenfresser gegeben hätte, er neben vielen Studenten auch einem einheimischen Professor begegnet sei. «Aber», fuhr er, jedes Wort betonend, fort, «es ist gut möglich, dass die hochgebildeten Nachfahren der Nibelungen zu grausamen Massenmördern werden können.» Für diese Erklärung, die angesichts der Stimmung im politischen Umfeld Deutschlands ein grosses Risiko für den Professor bedeutete, erhielt er stürmischen Beifall.

Die Arbeit für die neue Firma erwies sich als durchaus nicht ungefährlich. Beim Ersetzen von alten Schaltanlagen durch neue, was fast immer ohne Abschalten der angeschlossenen Anlagen erfolgen sollte, standen die Umschaltungen unter hoher Spannung. Sie konnten nicht jedesmal so verfahren, weil es oft zu riskant war. Aber manchmal wagte man es doch, wobei es hin und wieder zu einem Kurzschluss kam und es zwangsläufig einen Unterbruch gab. Notstromaggregate gab es damals noch nicht.

Peter und sein Kollege, Heini, sprachen sich gründlich darüber ab, wie sie diese gefährlichen Sachen bewerkstelligen sollten. Viele dieser Operationen mussten in den späten Nachtstunden durchgeführt werden, damit bei einem eventuellen Stromausfall möglichst wenig Schaden entstand. Wenn sie nach der Arbeit in den ersten Morgenstunden auf ihren Velos müde und doch froh, dass alles gut abgelaufen war, heimwärts trampten, war in den Strassen und Gassen völlige Stille. Die Stadt schlief. Allenfalls tauchte an einer Ecke ein Wächter der Securitas auf und wunderte sich, wohin die beiden um diese Zeit wohl unterwegs sein mochten.

Anna hatte inzwischen eine stundenweise Aushilfe in einem sogenannten besseren Haushalt angenommen, wo die Dame des Hauses, überanstrengt von ihren gesellschaftlichen Verpflichtungen, zu erschöpft war, den Haushalt selber zu führen. Annas und Peters Sohn entwickelte sich gut.

In einem grossen, theaterähnlichen Varieté musste die Schaltanlage hinter der Bühne geändert werden. Bislang wurde die Anlage mit Gleichstrom betrieben, was den Nachteil hatte, dass das Licht im Saal und auf der Bühne nicht im gleichen Moment gelöscht werden konnte, wie es für bestimmte Effekte notwendig gewesen wäre. Selbst mit einem noch so grossen Schalter ging das nicht, weil bei Gleichstrom im Schaltmoment der Funke stehen bleibt und ein totales Verbrennen der Trennmesser befürchtet werden musste. Für eine saubere Lösung war Wechselstrom notwendig, wie er längst überall sonst in der Stadt eingeführt war.

Nach langem Hin und Her wurde vom E-Werk ein neues Kabel herangeführt. Während dieser Arbeiten liefen die Programme trotzdem über die Bühne, und tagsüber, wenn an den Schaltanlagen gearbeitet wurde, probten gleichzeitig die Schauspieler, Zauberer und Balletteusen. Für die zwei Monteure gab es zwischendurch allerhand zu beobachten. Vieles sah anders aus, als vom Publikum aus gesehen. Für die Auftretenden war es harte Arbeit.

Bald darauf gab es einen Auftrag für ein neues Gaswerk mit entsprechend grossen Schaltanlagen. Hin und wieder tauchten Probleme mit neuen Techniken auf oder es gab Neuerungen bei den Steuerungssystemen.

Heini und Peter ergänzten sich gut. Einmal erkundigte sich Peter bei ihm nach der zuständigen Gewerkschaft. Doch der Kollege winkte ab. Wie er sagte, sei die Situation diesbezüglich in der

Stadt derart zerfahren, dass er es aufgegeben hätte. Die zwei sich bekämpfenden Richtungen wären nicht imstande einzusehen, dass man auf diese Weise nie etwas erreichen würde. Peter hörte auch von anderen davon und hatte ja selber in Münchenstein ähnliche Erfahrungen gemacht. Die Existenz zweier Arbeiterzeitungen gab beredtes Beispiel von der zerstrittenen Lage. Die Faschisten profitierten natürlich von diesen Zuständen.

Am 9. November 1932 schoss das Militär in Genève in eine demonstrierende Menschenmenge.

Die Stadt am Rhôneknie hatte seit langem eine der höchsten Arbeitslosenzahlen von allen Schweizer Städten. Für viele war die Situation hoffnungslos. Das rücksichtslose Vorgehen gegen Mieter, die den Zins nicht mehr bezahlen konnten, schuf eine explosive Stimmung. Es bildeten sich Selbsthilfe- und Verteidigungskomitees. Die Polizei schritt brutal ein. Im Bauwesen hatte es Missstände gegeben, gegen die Gewerkschafter sich handgreiflich zur Wehr setzten, woraufhin sie im Gefängnis landeten. Namhafte Bürgerliche waren in Skandale verwickelt. Die Bank von Genève machte Pleite. Zwanzig sogenannte Angesehene wurden angeklagt. Darunter der freisinnige Regierungsrat Moriaud, der in einer Person ausserdem noch Ständerat, Richter und Verwaltungsrat in der Nationalbank war.

Die wichtigste Opposition war die sozialistische Partei unter Führung von Léon Nicole. Er steuerte einen bewussten Linkskurs, der selbst den nationalen Parteiinstanzen zu extrem war. Andererseits wäre Leisetreterei angesichts der Arroganz der Vertreter des Bürgertums eine unmögliche Zumutung gewesen. Nicole war es, der die Misswirtschaft der Banque de Genève aufgedeckt hatte. Er war einer der Männer, die beim Generalstreik 1918 ins Gefängnis gekommen waren. Später war er Nationalrat und Redaktor des «Le Travail» geworden. Unter seiner Führung konnte sich die Genfer sozialistische Partei von siebenundzwanzig auf fünfundvierzig Sitze verbessern. Nicole war ein harter, unerbittlicher Kämpfer. Er hatte auch allen Grund dazu. Gelegentlich schoss er übers Ziel hinaus, aber seine politischen Gegner kannten schon vorher keine Rücksicht. Ihr Hass wandte sich auch gegen Nicoles Freund Jacques Dicker. Dicker war gebürtiger Russe und Jude, was in dieser doppelten Kombination offensichtlich eine Herausforderung für die Finanz- und Bankenhyänen bedeutete, ihn in Verruf zu bringen und Nicole mit ihm.

Der blinde Hass dieser Kreise gegen alles Sozialistische hatte zu ihrer Annäherung an die faschistische Partei «Ordre Politique National» unter der Führung von Georges Oltramare geführt. Oltramare plante ein öffentliches Tribunal gegen Nicole und Dicker. Die Sozialisten forderten die Regierung auf, diese Veranstaltung zu verbieten. Die Arbeiterschaft würde keine faschistischen Kundgebungen dulden. Die Regierung lehnte ab.

Das Tribunal fand schliesslich in einem Saal statt. Alle Strassen ringsum wurden von der Polizei abgesperrt. An diesen Sperren versammelte sich eine grosse Menschenmenge, die die Veranstaltung der Faschisten durch Lärmmachen zu stören versuchte. Das war am 9. November 1932.

Schon am Morgen hatte der verantwortliche Regierungsrat Martin eine auswärtige Rekrutenschule nach Genf verlegen lassen. Nun forderte er diese Truppe zur Verstärkung der Polizei an.

Ausgerüstet mit Karabinern, Maschinengewehren und scharfer Munition rückte eine Kompanie an. Statt auf Umwegen sich den Sperren zu nähern, befahlen die Offiziere, die Strassen zu räumen. Daraufhin entwaffnete die aufgebrachte Menge einige Rekruten. Als nun der Rückzug befohlen wurde, umringten aufgeregte Menschen die Soldaten und überschütteten sie mit Schmährufen. In einer Panikstimmung gab der Kommandant der Kompanie den Schiessbefehl.

In wenigen Sekunden starben auf dem Platz zehn Menschen. Fünfundsechzig weitere wurden schwer verletzt, drei davon starben in der Folge.

Diese Tragödie hatte schwerwiegende Folgen. Die militärische wie auch die gerichtliche Untersuchung hatten einzig zum Ziel, die Schuld Nicoles und der Sozialisten am Geschehen zu beweisen. Die Bürgerlichen waren sich mit den Faschisten in der ganzen Schweiz einig, dass die Kommunisten die Unruhen provoziert hätten und dass Nicole dazugehöre. Jede Diskussion über eine Verantwortung des Militärs, der Faschisten oder der Regierung wurde sowohl vom Bundesgericht als auch vom eidgenössischen Parlament abgelehnt. Innerhalb der Arbeiterschaft prallten die gegensätzlichsten Meinungen hierzu aufeinander.

Den Nutzen davon hatten die Unternehmer, die Finanzgewaltigen und natürlich die Faschisten aller Schattierungen. Das

Drama von Genève gab nicht nur Peter zu denken. Jetzt mussten auch die nachdenklich werden, die ansonsten Demokratie «um jeden Preis» bewahrt wissen wollten. Nun wäre es an der Zeit gewesen zu fragen: Wohin Kollegen? und zu erkennen, dass sie alle nur einen Gegner hatten.

In Deutschland bereiteten sich die Nazi auf die Machtübernahme vor. Noch hätte eine gemeinsame Abwehrfront von Sozialisten, Kommunisten und Gewerkschaftern das Schlimmste verhüten können.

Aber es sollte nicht sein. Dieser Schreihals Hitler wurde zum Reichskanzler berufen. Unter dem Vorwand, den Bolschewismus zu bekämpfen, herrschte in Deutschland faschistischer Terror, Gewalt und rassistische Überheblichkeit gewürzt mit nationalem Grössenwahn. Der Brand des Reichstages gab das Signal für die Liquidation jedwelcher Opposition. Und das Volk stand in seiner grossen Mehrheit am Strassenrand und hob die Hand zum Hitlergruss.

Als Peter und Heini am Morgen des 28. Februar 1933 durch den frisch gefallenen Schnee dem Gaswerk zu stapften, lasen sie erstaunt in einem Extrablatt vom Reichstagsbrand. Ihre erste Reaktion war: Das konnten nur die Hitlerschergen selbst gewesen sein.

Als später der Reichstagsprozess im Radio übertragen wurde, fanden sie ihre Annahme bestätigt, denn entgegen Hitlers Plänen verlief dieser Prozess für ihn nicht wunschgemäss. Unter anderem stand der kommunistische Agitator Dimitroff als Angeklagter vor Gericht. Er hatte in der Untersuchungshaft sein Deutsch derart verbessert, dass er den Hauptzeugen der Anklage, Göring, durch gezielte Fragen in deutliche Widersprüche verwickelte. Bei einem von Dimitroff geforderten Augenschein entdeckte man sogar einen unterirdischen Gang vom Reichstag zu Görings Villa. Nun stand die Sache für die Nazi brenzlig. Durch Drogeneinfluss brachten sie den Holländer Van der Lubbe zu einem nicht überzeugenden Geständnis.

Dimitroff hatte sich überraschend gut geschlagen, so dass er und zwei weitere Bulgaren freigesprochen werden mussten. Der Prozess war mit Spannung in den umliegenden Ländern verfolgt worden. Mancher, der noch gezweifelt hatte, gewann dabei Klarheit über die wahren Absichten der Nazi.

In Deutschland war die Demokratie endgültig gestorben. Der Wahnsinn nahm seinen Fortgang. Aber noch immer gab es Schweizer Zeitungen, die es besser wussten und Hitlers Vorgehen als reine Vorsichtsmassnahmen beschrieben. Man setzte weiter auf die deutsche Karte. Wann würde man endlich in den Gewerkschaften und den Linksparteien die Konsequenzen ziehen?

Mitte März flatterte die verhasste Hakenkreuzfahne auf dem Badischen Bahnhof in Basel. Kaum war sie oben, holten Arbeiter sie herunter. Die Polizei verhaftete sie und die Fahne wurde wieder gehisst.

Es fand deswegen eine Protestdemonstration statt, die von der Ordnungspolizei brutal auseinandergetrieben wurde, ganz nach dem Willen der hitlerhörigen Kantone und der Bundesregierung. So schrieb man im Lande Tells und Winkelrieds neue ruhmreiche Episoden ins Buch der Schweizer Geschichte.

Die nachfolgende Protestversammlung im grossen Saal des Volkshauses war voller Spannung. Der Saal war überfüllt. Peter war auf dem Balkon, in der Nähe des Rednerpults. Als der Polizeidirektor Ludwig die Bühne betrat gab es Pfui und Schmährufe. Langsam legte sich der Sturm. Es wurde still. Auf dem Gesicht des Regierungsrates lag Angst und Unsicherheit. Das Papier in seiner Hand zitterte, als er erklärte, dass es der Bundesrat war, der das Areal des Badischen Bahnhofs als exterritoriales Gebiet erklärt hatte, weshalb die Fahne wieder gehisst werden musste. Es folgten ein paar verlegene Entschuldigungen wegen dem, wie er es nannte, «forschen Eingreifen der Polizei».

Diese Erklärungen wurden mit Hohn und Spott und geballten Fäusten beantwortet. Nachdem einer der Organisatoren klargemacht hatte, das Basels Arbeiterschaft die ganze Angelegenheit so nicht akzeptiere und auf weitere Naziprovokationen rasch reagieren werde, löste sich die Versammlung unter Absingen der Internationale auf.

Auf dem Heimweg hatte Peter eine riesige Wut im Bauch. Alles kam ihm wieder in den Sinn: Die Schule, der Pfarrer, das Gitterli, die Rekrutenschule und der Wiederholungskurs mit dem «Preussen»-Offizier. All das konnte doch niemals Demokratie sein. Er ging in eine Beiz, um ein Bier zu trinken. Die Dinge gingen ihm nicht mehr aus dem Kopf. Wie könnte man das endlich ändern? Zu viele waren uninteressiert und liessen einfach alles laufen. Waren die nur einfach dumm, waren sie eingeschüchtert oder dachten sie nur an ihr eigenes Fortkommen? Es gab keine gültige Antwort. Ernüchtert ging Peter nach Hause.

Die Mustermesse brachte Abwechslung in den Schalttafelbau. Es gab dort Stände mit bis zu dreissig Werkzeugmaschinen, die installiert und angeschlossen werden mussten. Das Leidige an der Sache war, dass alle in den letzten Tagen vor der Eröffnung ihre Maschinen aufstellten, weil sie auf diese Weise Spesen für ihre Angestellten sparen konnten. Dafür arbeiteten Peter und seine Kollegen nächtelang durch, und am Ende waren sie total auf dem Rumpf. Am Eröffnungstag klangen die Festfreude und die schwülstigen Reden in ihren Ohren wie dummes Geschwafel. Der eine oder andere Redner glaubte, denen im Überkleid offen oder verpackt eine Moralpredigt servieren zu müssen. Die Monteure aus den verschiedenen Maschinenfabriken aber reagierten dementsprechend.

Abends, wenn man in der Beiz beisammensass, brach gelegentlich auch die Stimmung gegen den Faschismus jedwelcher Sorte durch. Dabei interessierten sich die Monteure besonders für die Situation in dieser Grenzstadt am Rhein. Manche wussten auch von Sympathien ihrer Chefs für Hitler und Mussolini zu berichten.

Ein älterer Monteur meinte: «Die Deutschschweizer Crème, auch in der Armee, war immer schon angefressen vom Strammstehen der Preussen. Das haben wir ja schon 1912 als Soldaten bei den verfluchten Kaisermanövern erlebt. Alle Zeitungen schwafelten nur noch von diesem Kaiserblödsinn. So mancher von uns konnte diesen Zirkus nicht mit den Sprüchen aus der Schweizer Geschichte in Einklang bringen. Es gab dann deshalb den berüchtigten Graben zwischen Deutsch und Welsch. Kein Wunder allerdings. Zugegeben, auch die Welschen haben ihren Fimmel mit dem Napoleon. Aber wenn man die Geschichte kennt, weiss man auch, dass dieser deutsche Kaiser gegenüber einem Napoleon nicht aufkommt. Stimmt's, oder habe ich recht?»

«Ja», sagte Peter, «da kommt mir etwas in den Sinn. Ich war damals um die acht Jahre alt, als Grossvater mich nach Liestal zum Coiffeur mitnahm. Wie immer warteten dort so um die zehn Männer bis sie an die Reihe kamen. Einer las aus einer Zeitung den neuesten Bericht von den Kaisermanövern vor. Die andern hörten aufmerksam zu. Neben dem Coiffeurmeister und einem Gehilfen war noch ein welscher Lehrling an der Arbeit. Als dann nach dem Vorlesen noch in lobenden und zustimmenden Worten über den Bericht geredet wurde und auch der Meister beifällig nickte, hielt der Lehrling in seiner Arbeit inne. Offenbar war er betroffen von dem Gerede. Als die Schwärmerei dann noch einmal weiterging, platzte ihm der Kragen. Er drehte sich gegen die da sitzenden Männer und schrie sie an: ‹Sales Boches! Ihr seid die Sklav von dieser Empereur, aber nicht Schweizer!› Dann schmetterte er mit Wucht sein Rasiergeschirr an die Wand, riss die weisse Schürze ab und stürmte fluchend aus dem Lokal. Alle waren sprachlos und sahen einander an. Der Meister lief hinaus. Dann kam er kopfschüttelnd zurück. ‹So etwas!› brüllte er seine Frau an. Niemand sonst sagte ein Wort. Der Lehrling tauchte auch nicht mehr auf. Die Frau las die Schaumflecken von der Wand. Es war auffallend still geworden im Lokal. Auf dem Heimweg sagte dann der Grossvater: ‹Siehst du, nicht allen Leuten gefallen diese Kaisermanöver.› Aber dann wurde nicht mehr davon gesprochen. – Ich habe dann erst viel später begriffen, um was es da eigentlich ging. Für mich wurde das einer der Gründe, warum ich in Sachen Militärzirkus hellhörig geworden bin.» Peters Erzählung hatte allgemeines Interesse und Zustimmung gefunden.

Die wirtschaftliche Situation indessen hatte sich weiter verschlimmert. Es gab nun auf fast allen Berufen Männer und Frauen, die schon seit mehr als einem Jahr arbeitslos waren. Das bedeutete, dass sie ausgesteuert wurden und auf die Fürsorge angewiesen waren. Immer mehr weitete sich die Krise aus. Am schlimmsten dran waren die ohne gelernten Beruf. Mutlosigkeit und Verzweiflung kamen auf.

Peter hatte mit seinem Stellenwechsel grosses Glück gehabt. Dem Bericht eines Kollegen aus Münchenstein zufolge war dort totale Flaute, und die Abteilung Lokbau war so gut wie aufgelöst. Die kapitalistische Gesellschaftsordnung war am Ende ihrer Weisheit.

Wenn man mit einem der Ausgesteuerten redete und in seinen Worten und Reaktionen die persönliche Tragödie spürte, dann schämte man sich, dass es einem selbst besser ging und man eine Stelle hatte.

Sprüche von Religion oder Demokratie konnten hier nicht mehr helfen. Peter dachte an Karl Marx und seine Zielsetzung. So falsch, wie viele antönten, konnten diese Theorien nicht sein. Die Spaltung der Arbeiterschaft führte ganz sicher nicht zu einer Lösung.

Es gab viele, die ähnlich dachten, ohne sich irgendwo zu engagieren. Zwar gab es gemeinsame Versammlungen gegen die faschistische Gefahr, aber auch diese litten unter den Meinungsverschiedenheiten.

Währenddem hatten Peter und Heini alle Hände voll zu tun mit den Schaltanlagen für den Neubau des Gaswerks. Es war für Peters Firma einer der seltenen Grossaufträge. Zeitweise waren allein mit den elektrischen Installationen bis zu vierzig Monteure beschäftigt. Für viele arbeitslose Kollegen bedeutete diese Arbeit einen grossen Glücksfall. Die Arbeit im Hauptschaltraum bewältigten Peter und Heini reibungslos alleine. Die grossen Maschinen und Förderanlagen wurden allesamt von einer deutschen Spezialfirma aus dem Ruhrgebiet geliefert. Da gab es mit den deutschen Kollegen interessante Gespräche über die politische Entwicklung in Deutschland. Auch diese Männer, die in der Mehrzahl Gewerkschafter waren, sahen schwarz. Und mehrere Male hörten Peter und Heini sie sagen: «Wir möchten am liebsten gar nicht mehr nach Hause zurück.»

Angesichts des Faschismus wuchs die Sorge um die Entwicklung der Gesellschaftsordnung und über eine mögliche Kriegsgefahr. Peter schien es, als machte man sich unter den Politikern Gedanken über ein mögliches Zusammengehen mit Deutschland und würde nur noch auf die günstigste Gelegenheit warten.

Überraschend errangen jedoch die Linksparteien bei den Wahlen zum Regierungsrat und zum Grossen Rat in beiden Gremien die Mehrheit. Von sieben Regierungsräten waren nun vier Sozialdemokraten. Im Grossen Rat gab es zweiundsechzig Vertreter der Sozialdemokraten und Kommunisten gegenüber achtundfünfzig Vertretern der bürgerlichen Parteien.

Am Wahlabend hatte sich eine grosse Menschenmenge auf dem Marktplatz vor dem Gebäude der Nationalzeitung versammelt. Voller Spannung erwartete man die ersten Teilresultate im Schaufenster. Endlich war es so weit. Ein Ergebnis nach dem anderen erschien und löste einen unbeschreiblichen Jubel aus. In allen Arbeiterquartieren hatten die Linken grosse Mehrheiten. In ganz wenigen, typisch bürgerlichen Quartieren gab es knappe Mehrheiten der Konservativen. Augenfällig war die Stimmenzahl der Linken insgesamt grösser. Ein Freudentaumel ergriff die Menge. Einige jubelten. Andere tanzten. Manche sagten gar nichts, so ergriffen waren sie. Peter wischte sich die Freudentränen aus den Augen.

Die Hoffnungslosigkeit hatte sich in einer Revolution mit dem Stimmzettel aufgelöst. In den Herzen kam Hoffnung auf. Langsam schritt Peter mit einem Bekannten seinem Quartier zu. Keiner von beiden sprach viel. Nur einmal meinte der andere im Gehen: «Nein, so etwas. Ich hatte schon nicht mehr daran geglaubt.»

Diese rote Regierung und die Mehrheit im Grossen Rat stand vor einer verantwortungsvollen und schwierigen Aufgabe. Vorerst gab es in der Regierung und auf wichtigen Posten in der Verwaltung Umbesetzungen. Vorsteher des Polizeidepartements wurde ein Sozialdemokrat, der erstmals die Polizei auf ihre Verantwortung dem Volk gegenüber hinwies und sie entsprechend beeinflusste. Man war sich der Verpflichtung dem Wähler gegenüber voll bewusst und begann nach Lösungen zur Milderung der Wirtschaftskrise zu suchen.

In den Kassen der staatlichen Verwaltung fehlte jedoch das Geld für Massnahmen, die mit staatlichen Aufträgen die Wirtschaft hätte beleben können. Die privaten Banken waren nicht bereit ausgerechnet dem politischen Gegner durch Kredite zu helfen. Dieser Umstand gab denen recht, die seit langem behaupteten, dass Wahlsiege allein höchstens ein Teilerfolg wären, mit dem man längerfristig nicht ans Ziel gelangen würde. Für eine wirkliche Änderung der Verhältnisse wäre vielmehr die Überführung der kapitalistischen in eine sozialistische Gesellschaftsordnung notwendig.

Selbst eine bürgerliche Zeitung machte darauf aufmerksam, dass die starre Haltung der Banken letztlich zu einer Enteignung führen könnte.

Unterdessen war Peter mit Mitgliedern der zuständigen Gewerkschaft ins Gespräch gekommen. Dort suchte man die Agitation wieder anzukurbeln. Man wollte unbedingt einen besseren Arbeitsvertrag erreichen. Es wurde auch von einer ungewöhnlichen Aktion gesprochen, die zur Arbeitsbeschaffung führen sollte. Nachdem Peter eine Gruppenversammlung der Elektriker in Augenschein genommen hatte, nahm Peter die Gewerkschaftsarbeit wieder auf.

Peter hatte vorher von seiner Mitarbeit bei der Sektion Münchenstein erzählt und von den teils enttäuschenden Erfahrungen, die er dort gemacht hatte. Man wusste also, wen man vor sich hatte, als Peter zum Vertrauensmann in seiner Firma bestimmt wurde. Gerade dort war der Organisationsgrad sehr schlecht. Die Firma setzte gezielt Angelernte ohne Berufslehre für bestimmte Arbeiten auf den Bauten ein und gab ihnen ein weniges mehr an Lohn als ein Hilfsmonteur sonst erhielt. Dadurch fühlten sie sich bevorzugt und sahen sich als Konkurrenz für die gelernten Monteure. So konnte man sie in der Regel gegen die Gelernten ausspielen. Gleichzeitig waren sie umso mehr von der Firma abhängig und lehnten darum jeden Beitritt zur Gewerkschaft von vornherein ab.

Es war ein steiniger Boden für die Agitation. Es gab zwar einige Monteure, die schon etliche Jahre in der Gewerkschaft waren, sich jedoch nicht aktiv engagierten. Auch daran trug zum Teil die Spaltung der Arbeiter die Schuld. Jetzt aber, in der neuen politischen Situation sollte ein neuer Anfang möglich sein, wie nicht nur Peter glaubte. Heini aber wollte von der neuen Hoffnung nichts wissen. So gut sie auch zusammenarbeiteten, in manchen Dingen war Heini ein Sonderling. Von sich aus sprach er nie über ein privates Thema. Er sagte ja und nein, kaum mehr. Es war direkt ein Wunder, wenn er bei der Vorbereitung einer Umschaltung auf eine neue Schaltanlage seine Meinung sagte.

Gemeinsam hatten sie eben erst eine Erweiterung der Schaltanlage in der Hauptpost fertiggestellt, die für die Stromversorgung der automatischen Telephonzentrale sorgte. Sie hatte nur noch mit Kupferschienen an die bestehende Anlage angeschlossen werden müssen, natürlich ohne diese abzuschalten, da sie ja Tag und Nacht dauernd in Betrieb stand. Alle Vorsichtsmassnahmen waren getroffen. Der Platz hinter der Schaltwand war sehr begrenzt, weshalb sie die Rückwand und jede eventuelle Berührungsmöglichkeit mit Brettern auskleideten. In den frühen Morgenstunden machten sie sich an die heikle Arbeit.

Zwei Kupferschienen waren bereits eingefahren und festgeschraubt. Heini schob gerade die dritte ein, als es irgendwo klemmte. Als Peter den Grund dafür entdeckt hatte und Heini die Schiene daraufhin ein wenig zu ruckartig verschob, prallte sie zu weit vor und berührte das Blechgehäuse. Ein Knall und ein Blitz zeigten den Kurzschluss an. Eine der grossen Hauptsicherungen war durchgebrannt.

Durch den Blitz geblendet, waren beide für einen Moment verwirrt. Gespürt hatten sie nichts. Das Licht im Schaltraum brannte noch. Sie überprüften die Hauptsicherungen und wechselten die defekte Sicherung gegen eine neue aus, die sie vorsorglich breitgelegt hatten. Der Umformer, der automatisch abgeschaltet worden war, begann zu laufen. Die Anlage war wieder voll in Betrieb.

Was die beiden nicht wussten, war, dass die Zentrale und damit alle laufenden Gespräche gleichfalls unterbrochen worden waren. Der Telephondirektor rief deshalb Peter und Heini zu sich ins Büro und machte ihnen in gebrochenem Deutsch schwere Vorwürfe. Sie aber machten sich nicht allzu viel daraus. Sprüche machen ist keine Kunst, selbermachen ist da schon etwas ganz anderes. Ausserdem hatten sie inzwischen so manche Anlage in Betrieb gesetzt, ohne dass es einen Zwischenfall gegeben hätte. Nun war es halt wieder einmal passiert.

Kein Zweifel, die Schaltanlagen, die sie erstellten, waren in jeder Beziehung Qualitätsarbeit. Bei grossen Bauten konnte es vorkommen, dass bei Übergabe an die Bauherrschaft der Architekt und die führenden Leute der beteiligten Firmen eine Vorstellung der Bauten und Anlagen veranlassten. Es kam auch vor, dass bei einem anschliessenden Essen für alle beteiligten Arbeiter der Architekt ihre Arbeit würdigte. Die eigene Firma aber hatte noch nie ein Lob oder eine Anerkennung für Peter und Heini gefunden.

Beim Gaswerkbau schüttelte bei der Übergabe der zukünftige technische Leiter des Werkes Peter und Heini spontan die Hände vor allen Anwesenden und lobte ihre gute, schweizerische Qualitätsarbeit. Der gleiche, noch junge Ingenieur hatte vorher einmal in einem Gespräch mit den beiden bemerkt: «Für mich ist jemand, der das WC reinigt, wichtiger als irgendein Angeber mit Kragen und Krawatte. Wenn nämlich der die Toilette nicht ordentlich reinigt, kann es passieren, dass ich den Tripper einfange.»

Inzwischen war der hohe Gaskessel des Werks fertiggestellt und aufgerichtet worden. Eine Treppe mit endlosen Stufen wand sich rund um den Turm hinauf. In dem Kessel bewegte sich unter dem Druck des einströmenden Gases ein Deckel, der exakt den Wänden des Kessels angepasst und abgedichtet war, auf und ab. Von oben her musste von Zeit zu Zeit das Funktionieren dieser Technik überprüft werden. Damit der Kontrolleur, nachdem er diese vielen Stufen hinaufgeklettert war, sich nach unten verständigen konnte, sollte oben ein Telephon angebracht werden. Da ja alles aus Eisen war, wurde diese Aufgabe den beiden Schlossern, Heini und Peter übertragen. Mit einfachsten Mitteln und auf dem direktesten Wege montierten sie ein Kabel hinaus. Oben wurde auf das gewölbte Blechdach ein Rohr verlegt und mit Briden und Schrauben befestigt.

Ein paar Tage, nachdem das Telephon fertig in Betrieb war, kam durch das Radio die Meldung, dass bei einem ebensolchen Gaskessel im Ruhrgebiet eine schlimme Explosion passiert wäre, während zwei Monteure damit beschäftigt gewesen seien, ein Telephonkabel zu montieren. Der Bohrer hätte beim Durchstossen des Blechdachs vermutlich einen Funken geschlagen und damit die Explosion ausgelöst. Blechdach und Deckel wären kilometerweit durch die Luft geflogen. Beide Monteure wären dabei umgekommen, und die herabfallenden Blechteile hätten in einer Wohnsiedlung grossen Schaden angerichtet. Peter und Heini schienen riesiges Glück gehabt zu haben, dass ihnen nicht das gleiche passiert war.

Die Zeit verging. Rundherum hatte die Wirtschaftskrise noch zugenommen. In der Stadt hatte sie nur wenig gemildert werden können. Dann aber, ein Jahr nach den Wahlen, gab es einen sensationellen Entwurf zur Bekämpfung der Arbeitslosigkeit, den ein Professor Salin von der Universität ausgearbeitet hatte.

Dieser Entwurf war unter Mitwirkung des Sekretärs Bollinger von der Sektion Metallarbeiter zustande gekommen. Stark daran interessiert zeigten sich zwei Wirtschaftsleute, nämlich der Präsident des Volkswirtschaftsbundes Bohni und Koechlin, ein Exponent der Handelskammer. In einer Versammlung des Gewerkschaftsbundes am 17. März 1936 hielt Christoph Bollinger einen ersten Vortrag über diesen Entwurf.

Die wichtigsten Punkte darin waren folgende: Von jedem Lohnfranken sollte ein Rappen abgezogen werden. Und zwar von jedem Arbeitnehmer ob Mann oder Frau, egal wo sie in der Stadt in Arbeit standen, auf der Bank, in der Werkstatt, in der Industrie, auf dem Büro, wo auch immer. Jeder, vom Arbeiter bis zum Direktor, sollte damit seinen Beitrag leisten zur Bekämpfung der Krise. Dieses Geld sollte für die Finanzierung grosser öffentlicher Bauten und für die Förderung des Wohnungsbaus eingesetzt werden.

Man erhoffte sich davon eine spürbare Verminderung der Arbeitslosenzahlen, einen Stop des Lohnabbaus und eine Garantie für den Bestand der Gesamtarbeitsverträge und der darin festgelegten Mindestlöhne. Zur Umsetzung dieses Vorhabens sollte eine Arbeitsrappenkommission eingesetzt werden. Fachleute aus Banken und Wirtschaft würden als Ergänzung dazu eine Anleihekommission bilden. Die Verhandlungen darüber waren bereits im Gange. Von den Arbeitgebern war, wenn auch mit Schwierigkeiten, eine Neuordnung der Gesamtarbeitsverträge zugesagt worden.

Am 11. September 1936 nahm der Grosse Rat das Gesetz mit 88 gegen 17 Stimmen an. Entsprechende Gegenanträge wurden abgelehnt. Ein Referendum wurde angekündigt.

In den kleineren Gremien wie Vorstandssitzungen, Gruppen- und Sektionsversammlungen wurde aufreibende Orientierungsarbeit geleistet. Vornehmlich in den Gewerkschaften wurde die Schlacht geschlagen. Peter war voll im Einsatz. Es wurden harte Diskussionen geführt, denn die Parole der Gegner des Gesetzes: «Ja, sollen wir denn die Objekte, die wir mit unseren Händen schaffen, erst noch selber bezahlen?» war nicht mit ein paar faulen Sprüchen zu widerlegen. Andere waren der Meinung, dass mit diesem Arbeitsrappen der Kapitalismus verewigt werden würde, und vertraten radikalere Vorgehensweisen. Auch Peter war anfangs skeptisch. Je mehr er sich aber mit dem Problem beschäftigte und je mehr bei den Verhandlungen über die Gesamtarbeitsverträge für die Arbeiter herausschaute, je mehr kam er zur Überzeugung, dass dieses Unternehmen auf die Bewältigung der Arbeitslosigkeit und die Sicherung der Löhne sich nur positiv auswirken könne. Deshalb stand er dafür ein.

Dass damit aber eine neue Aera der endgültigen Verständigung zwischen Arbeitnehmer und Arbeitgeber, zwischen Kapital und Arbeit eingeläutet werden würde, nein, das glaubte Peter nicht. Dazu hatte er zu viele Erfahrungen gesammelt, die dagegen sprachen.

Ende September kam die Volksabstimmung über das Gesetz. Die Abwertung des Schweizer Franken vom 26. September schien kein gutes Omen zu sein. Die Gegner des Gesetzes waren in der Zwischenzeit auch nicht untätig gewesen. Und dann kam es aus: 13 659 Ja-Stimmen gegen 12 057 Nein-Stimmen. Man atmete auf.

Die Universität, bisher bei selbstbewussten Arbeitern nicht besonders gut angeschrieben, war durch Professor Salins Entwurf in diesen Kreisen zu besserer Geltung gelangt.

Überall in der Schweiz schaute man mit Interesse auf die Rheinstadt und ihr einzigartiges Wagnis. Grosse staatliche Bauten wurden in Angriff genommen. Baufachleute zeichneten und planten. Ein Hallenbad, die Mubabauten, das Kunstmuseum, die Subventionen für Wohnungsbau und vieles andere mehr kam in Aktion. Immer mehr Arbeitslose kamen weg vom Stempeln. Ein wohltuender Optimismus breitete sich aus. Auch die Dienstleistungsbetriebe profitierten von der neuen Situation. Die Löhne und Preise wurden eingefroren. Die Gesamtarbeitsverträge wurden auf ihre Einhaltung kontrolliert. Das Gewerbe profitierte enorm von den neuen Aufträgen. Auch die Löhne wurden unter die Lupe genommen, ob sie gemäss Berufsausbildung nach dem neuen Vertrag auch stimmten. Viele vormalige Gegner kamen nun zu der Überzeugung, dass dieses Gesetz eine gute Sache war.

Der Bau von Schaltanlagen kam natürlich dadurch ebenfalls enorm zum Zuge. Die Löhne von Peter und Heini hatten sich gemäss einer höheren Einstufung im Gesamtarbeitsvertrag noch verbessert. Heini hatte sich schon vor Jahren um eine Stelle beim E-Werk beworben, war aber wie viele andere auf später vertröstet worden. Jetzt brauchte man dort wieder mehr Leute, und er nahm von seinen Kollegen Abschied. Statt seiner wurden Peter nun Lehrlinge zur Unterstützung bei der Arbeit zugeteilt. Einen annähernd gleichwertigen Monteur hätte man nach Angabe der Geschäftsleitung selbst nach Wochen noch nicht gefunden.

Unterdessen waren die Nazi in Deutschland immer frecher geworden. Unter Verletzung des Versailler Vertrags hatte man das Rheinland besetzt. Die ehemaligen Alliierten reagierten nicht.

Schon vorher hatten die italienischen Faschisten, mit dem Segen des Papstes versehen, als Vergeltung für eine Niederlage um 1896, wie Mussolini betonte, Abessinien angegriffen.

Von Marokko aus stürzte General Franco, unterstützt von der Kirche, den Grossgrundbesitzern und Offizieren der Armee, die junge spanische Republik in einen blutigen Bürgerkrieg. Angeheuerte Fremdenlegionäre bildeten seine ersten Stosstrupps. Mussolini unterstützte Franco mit Panzern und Truppen. Hitler schickte die Legion Condor. Deutsche Flugzeuge bombardierten Madrid und machten Guernica zur Steinwüste. Auf beiden Seiten kämpften Freiwillige.

In Spanien probten Italien und Deutschland den Krieg. Scheussliche Zukunftsaussichten.

Aus der Schweiz waren auf seiten der Republikaner etwa 800 Freiwillige im Einsatz, darunter auch Frauen. Es gab Aufrufe, Kundgebungen, Geldsammlungen. Wie erwartet standen die Finanzkreise, die katholische Kirche und die Bundesräte Etter und Motta zu Franco. Nur von den Russen und, allerdings nur zögernd, von den Franzosen erhielt die republikanische Armee Unterstützung. Die ungenügende Versorgung mit modernen Waffen schwächte die Aktionen der Republikaner. Trotz heldenhafter Verteidigung musste Madrid kapitulieren. 1939 war die Niederlage besiegelt. Eine wichtige Bastion der Freiheit war vom Faschismus überrannt worden. Für Hitler und Mussolini war die Vorübung für den Zweiten Weltkrieg erfolgreich verlaufen.

Von den Schweizer Freiwilligen waren 300 gefallen. Die übrigen Heimkehrer wurden mit monatelangen Haftstrafen belegt und mit jahrelangem Verlust der bürgerlichen Ehrenrechte bedacht.

Aber das Trauerspiel stand erst an seinem Anfang. Am Karfreitag 1939 erfolgte ohne Kriegserklärung der Angriff und die Besetzung Albaniens durch die Armee Mussolinis. Wiederum hatte der Papst, um das Mass übervoll zu machen, die ausrückenden Truppen gesegnet.

Bei allen freiheitsliebenden Menschen machten sich Trauer und Verzweiflung breit. Die Stimmung vieler engagierter Gegner des Faschismus verwandelte sich in offenen Hass. Auch Peter ging es nicht anders. Vorher schon waren die Nazi-Divisionen in Österreich einmarschiert. Die Wochenschau im Kino zeigte Bilder, auf denen die Wiener in grossen Scharen lebhaft Beifall klatschten. Hitler schien tatsächlich auf dem Weg zu einem Grossdeutschland.

Beim Einmarsch in die Tschechoslowakei sah man Bilder von Menschen mit wutverzerrten Gesichtern voller Tränen.

Das Unheil wurde von niemandem aufgehalten. In westlichen Regierungs- und Finanzkreisen waren viele der Ansicht, dass sich Hitler letzten Endes nur gegen den verhassten Bolschewismus, gegen die Sowjetunion wenden würde. Vorher abgeschlossene Bündnisverträge wurden nicht eingehalten. Im Gegenteil, im Münchner Abkommen zwischen Hitler, Chamberlain, Daladier und Mussolini wurde unter der Kriegsdrohung Hitlers der Eingliederung des deutschsprachigen Sudetengebiets nach Deutschland zugestimmt. Daladier aus Frankreich war zwar skeptisch, aber Chamberlain plagierte bei seiner Rückkehr nach England, dass der Frieden gerettet worden wäre.

Die rote Mehrheit in der Rheinstadt funktionierte in diesen folgenschweren Jahren gut. Das Arbeitsrappengesetz hatte sich eingespielt, und eine spürbare Besserung war die Folge. Basel hatte für die Schweiz ein Musterbeispiel gesetzt. Peter hatte alle Hände voll zu tun. Kaum war eine Anlage fertiggestellt, ging es an die nächste. Zwischenhinein knallte es beim Umschalten dann und wann, aber es wahr wenigstens noch kein Kanonendonner.

Peters Familie hatte sich in der Stadt gut akklimatisiert. Anna war einem Frauenchor beigetreten, wo sie dem Singen, ihrer liebsten Freizeitbeschäftigung, wieder nachgehen konnte. Peter war manchen Abend engagiert. Gewerkschaft und Beruf verlangten ihm viel Zeit ab. Es gab neue Steuerungssysteme, erweiterte Vorschriften des E-Werks und eine grundlegende Neuanpassung der Schaltanlagen. Wenn er auch bislang noch keiner Partei beigetreten war, verlangte ihm die Politik doch einige Aufmerksamkeit ab.

Bei der Landi in Zürich waren die Anzeichen für einen zu erwartenden Weltkrieg deutlich für aller Augen zu sehen. Wie

1914 bummelten bereits aufgebotene Grenzschutzsoldaten in ihren freien Stunden durch die Strassen. Auf der Landi 1939 hatte man, sich wohl der Gefahr bewusst, die in der Luft lag, einige Anstrengungen unternommen, die gesellschaftlichen Zusammenhänge, die zu dieser Entwicklung geführt hatten, nicht zu vernebeln.

Eines Samstag nachmittags traf Peter Heini in der Innerstadt. Sie gingen auf ein Bier in die nächste Beiz. Peter musste erzählen, wie es in der Firma gegangen war. Er hatte noch immer keinen brauchbaren Kollegen als Mitarbeiter. Wahrscheinlich glaubte man, dass es auch so ginge. Peter berichtete, dass er manchmal zeitlich einfach überfordert wäre. Auf längere Sicht wäre es eine unhaltbare Situation, wegen der Terminzwänge öfters selbst Samstag morgens antreten zu müssen.

Peter nahm es wunder, was für eine Rolle Heini nun beim E-Werk spielte. Nur zögernd erzählte Heini von seinem Wirkungskreis. Die Arbeit wäre nicht so interessant wie auf der alten Stelle. Es gäbe viel routinemässige Büroarbeit, und Selbständigkeit wäre kleingeschrieben. Die sichere Stelle hatte also ihren Preis. Unter den Angestellten und Vorarbeitern gäbe es eine Unzahl versteckter und offener Querelen.

«Das alles, du weisst es ja, Peter hatten wir doch nicht, als ich noch bei euch wahr. Gewiss, ich musste jeden Samstag das Auto des Patrons waschen. Ich habe es dir ja einmal erzählt. Und es war manchmal sehr unangenehm, wenn der noble Herr die winzigsten Stäubchen entdeckte, die gerade vorher noch von irgendwoher geflogen kamen. Und du weisst ja, man sah ihn nie in der Bude, ausser wenn er in der Muba-Beiz beim Jassen verloren hatte. Dann kam er vor Feierabend noch schnell vorbei, und in der Regel nörgelte er dann an irgend etwas Unmöglichem herum. Man erzählte ja so hintenherum, dass das Jassen mit Geldeinsätzen zu tun hätte. Nun, er ist ja auch ein mehrfacher Millionär. Den Betrieb aber halten die Angestellten und der Geschäftsführer in Schwung. Er jedenfalls nicht. So ist es doch, oder nicht, Peter?» – «Natürlich», meinte dieser zustimmend.

Heini hatte noch nie so viel am Strich geredet. Es machte den Anschein, als ob er sich in seiner neuen Stelle nicht allzu glücklich fühlen würde, als wollte er sagen: Es gibt eben überall auch Unangenehmes.

Als eine Pause im Gespräch eintrat, erinnerte Peter Heini an ihr grossartigstes gemeinsames Erlebnis: «Weisst du noch die Tour auf den Salbitschyn, 3000 m hoch in den Urner Alpen? Du hast doch damals so ausgezeichnet den Bergführer gespielt. Markus und ich hatten überhaupt keine Erfahrung im Hochgebirge. Von Göschenen aus sind wir am Samstagnachmittag bis auf eine Alp in der Nähe des Berges aufgestiegen. Dort haben wir beim Senn in der Hütte das Nachtessen eingenommen. Dann gingen wir schnell einmal über die Leiter ins Heu, weil wir von Aufstieg und Anmarsch ziemlich müde waren. Es war auch notwendig, weil wir um vier Uhr wieder aufstehen wollten. Deine Begründung war doch, dass, wenn die Sonne schon an den Gipfel scheint, man mit Steinschlag rechnen muss. Das mussten wir dann trotzdem erfahren, weil keiner von uns zur vorgegebenen Zeit erwachte. Je höher wir aufstiegen, je mehr machte sich die Sonne am Gipfel bemerkbar. Unterwegs machtest du uns auf die Gefahren des Steinschlags aufmerksam. Wenn man die Sprünge eines solchen Brockens im Auge behielte, könnte man ihnen besser ausweichen. Das Wegrennen aber könnte direkt in seine Bahn führen, und das wäre schlimm. Und dann kündigten sich die faustgrosen Dinger mit leisem Pfeifen an. Wir Neulinge staunten ob dem Schauspiel, und wir begriffen, was da passieren konnte, wenn man sich falsch verhalten würde. Wir sahen auch ein paar aufgescheuchte Gemsen in einiger Entfernung mit Riesensprüngen über die zerklüfteten Hänge setzen. Auch sie blieben immer wieder stehen und sahen den herabsausenden Steinen entgegen. Langsam kamen wir an die schwierigste, sehr steile Partie des Berges heran. Wir seilten uns an, jeder auf den anderen angewiesen.

Du gingst voraus, immer wieder sichernd, wir zogen nach. In den Schrunden und versteckten Klüften lag verwehter Schnee. Die Sonne strahlte mit Kraft. Am Himmel schoben sich Wolkenfetzen einmal dahin, einmal dorthin. Hin und wieder blieben wir einen Moment stehen. Dann, nach den letzten Klippen, waren wir endlich oben auf dem Gipfel, Rundum ein grandioses Alpenpanorama. An einem der Hänge gegenüber donnerte mit dumpfem Getöse ein grosses Schneebrett hinunter. Wir setzen uns und packten die Zwischenverpflegung aus.» Heini hatte mit keinem Wort Peters Redefluss unterbrochen. Er hatte sich in seinem Stuhl weit zurückgelehnt. Zuweilen schloss er die Augen und gab sich der Erinnerung hin. Manchmal nickte er leicht als Zustimmung.

«Dass du das alles noch so genau weisst!» meinte er. «Ja», sagte Peter, «das ist keine Kunst. Der Eindruck auf mich war so überwältigend, dass ich all das nie vergessen könnte. Weisst du noch, wir sahen weit weit unten bei einer Hütte einige Menschen wie Ameisen sich bewegen. So wenig bedeuteten sie in dieser Allgewalt der Natur. Es ging mir ans Innerste. Wir sassen schweigend und staunten. Dann aber schoben sich langsam immer mehr Wolken zusammen, und nicht weit von uns baute sich eine dunkle Wand auf. Also Zeit zum Aufbrechen. In einer Felsspalte, gut überdeckt von einem grossen Felsbrock, lag in einer Blechkassette das Gipfelbuch, in das wir stolz unsere Namen schrieben. Ja, und dann machten wir uns nach ein paar tiefen Atemzügen bereit zum Abstieg.»

Bis hierher hatte Heini aufmerksam zugehört, aber nun begann er zu erzählen: «Ja, es ging so weit gut. Weiter unten kamen wir an ein riesiges, leicht abfallendes Schneefeld. Weisst du noch, wie wir auf dem Hintern mit angehobenen Beinen hintereinander am Seil abwärts sausten? Wie drei kleine Schneepflüge sah es aus. Ja, und unten mussten wir uns dann auf den Bauch legen, um das nasse Hinterteil von der wieder hervorbrechenden Sonne trocknen zu lassen. Zum Umfallen müde dampften wir dann mit der Bahn nach Hause. Wir redeten nicht viel. Man kann ja auch nach so einem Erlebnis nicht über den blöden Alltag schwafeln, denn der grosse Eindruck wirkt doch nach.» – «Ja, da hast du recht, Heini. Siehst du, jetzt haben wir das alles nochmal durchlebt.» Doch der Zauber schien gebrochen. Heini winkte ab: «Es war schon interessant; interessanter als ein Film im noch so modernen Kino. Aber wir müssen ja doch wieder nach Hause.» So brachen sie denn auf und verabschiedeten sich mit festem Händedruck an der nächsten Tramhaltestelle.

Am 2. September 1939 kam die Mobilmachung in der Schweiz. Am Tag zuvor hatten Hitlers Armeen Polen angegriffen. In der Stadt herrschte grosse Aufregung. Die Ewiggleichgültigen waren überrascht von dieser Entwicklung, die wache Geister seit langem erwartet hatten.

Die Deutschen schwelgten in einem patriotischen Rausch. Die Nazi und die faschistischen Gruppierungen in der Schweiz und ihre Sympathisanten in Politik und Wirtschaft sahen eine rosige Zukunft vor sich.

Peter hatte seinen Sack gepackt und war zu seinem Telephonzug IR 21 eingerückt nach Liestal. Dort, wo er einst in die Bezirksschule ging. Dort, wo er seine Schlosserlehre absolviert hatte.

Zuerst hörte man nur gelegentlich ein wenig Kanonendonner vom Elsass her. «Drôle de guerre» nannte man diese Zeit des Abwartens. Frankreich und England hatten endlich, ihren Verpflichtungen gemäss, Hitler den Krieg erklärt. Merkwürdigerweise hatten die Russen mit Nazideutschland einen Nichtangriffspakt geschlossen. Es gab Sachverständige, die glaubten, die Russen wären rüstungsmässig noch gar nicht in der Lage, wirksam Widerstand zu leisten und hätten darum diesen Vertrag geschlossen. Vom Westen hiess es noch immer, dass man dort glaubte, Hitler würde sich letzten Endes nur gegen die Sowjetunion wenden. Erst als Polen besiegt war, änderte sich die Situation im Westen.

Der Überfall auf Luxemburg, Holland und Belgien, die alle neutral waren, löste in der Schweiz einen Schock aus. Damit hatte keiner gerechnet. Das war eine verbrecherische Verletzung der Haager Konvention. Die Maginotlinie in Nordfrankreich war damit umgangen. In der Folge kapitulierte Frankreich. Die Engländer zogen sich über den Kanal zurück.

Die Stimmung in der Schweiz war begreiflicherweise sehr gedrückt, denn man musste damit rechnen, dass die deutsche Armee auf die schweizerische Neutralität ebensowenig Rücksicht nehmen würde wie auf die der Beneluxstaaten. Es wurden erhöhte Anstrengungen im Bunkerbau unternommen. Im eigenen Vaterland zeigten schweizerische Sympathisanten der Nazi unverhohlene Schadenfreude über die aufgeschreckten Aktivitäten und die wiederholten Aufrufe von General Guisan an die Bevölkerung. Bürgerliche Gazetten zeigten unverhohlene Bewunderung für die Erfolge der Deutschen. Überall, im Dienst wie zu Hause, war verstärkte Wachsamkeit befohlen.

Peter machte Notizen.*

* Paul Tschudin: Notizen eines simplen Soldaten 1939/45   Z-Verlag, Basel 1977

Noch vor der Kapitulation Frankreichs hatte Italien diesem Land den Krieg erklärt. Damit war die Achse Rom – Berlin geschaffen.

Nach dem deutschen Überfall auf Dänemark und Norwegen kam in England Churchill an die Spitze der Regierung. Dieser, ein kompromissloser, harter Staatsmann, organisierte einen beispiellosen Widerstand, der sogar Görings Bombengeschwader zur endgültigen Heimkehr zwingen sollte. In England wurde damals das Radar zur Fliegerabwehr entwickelt.

Von London aus organisierte General de Gaulle das Maquis. Frankreich kämpfte im Untergrund weiter.

In der Schweiz war seit einiger Zeit die Rationierung eingeführt worden. Jetzt wurde eine Anbauschlacht, der Plan Wahlen, in Szene gesetzt. Auf jedem Fleckchen öffentlichen oder privaten Grüns wurden Kartoffeln und Getreide angebaut. Es war eine gute, tolle Sache.

Unter den Soldaten und einigen Offizieren gab es eine erfreuliche Solidarität und den Willen zum unbedingten Widerstand. Auch viele Frauen waren, in Abwesenheit ihrer Männer, voll im Einsatz. Traurig war nur das Verhalten prominenter Angeber den verhassten Nazi gegenüber. Dabei brachten diese Nibelungen und Altrömer doch unvorstellbares Leid über die Menschen. Einige Male glaubten die Soldaten, dass auch für sie das Unvermeidliche bevorstehe. Misstrauisch und wortkarg hockten sie dann in den Bunkern mit Handgranaten und scharfer Munition versehen. Müde und zerschlagen kehrte man nach einer solchen Nacht in die Quartiere zurück.

Als die Nazi Sowjetrussland angriffen, begann sich die Lage zu ändern. Die Russen mussten zwar zurückweichen, und die Deutschen besetzten einen grossen Teil Weissrusslands. Aber das änderte sich, als der Winter kam. Der Vormarsch der Nazi kam zum Stillstand. Auch in Afrika rissen ihre Erfolge ab. Hoffnung kam auf. Gleichzeitig hatte sich durch den Eintritt Japans und Nordamerikas in das Kriegsgeschehen die Tragödie weltweit ausgebreitet.

Während Peter im Dienst war, beschäftigte sich Anna vielseitig in allen möglichen Sparten, so dass man sich trotz der spärlichen sieben Franken Lohnausgleich einigermassen über die Runden brachte. Manchmal war es gar nicht leicht, mit den kärglichen Rationen ein halbwegs währschaftes Essen herzurichten. Es gab Ausweichmöglichkeiten, aber man durfte nicht zu bequem sein, neue Gerichte auszuprobieren. Es war eine schwere Zeit, auch für verantwortungsbewusste Frauen. Man konnte unter aussergewöhnlichen Verhältnissen mehr verkraften, als man selber jemals geglaubt hätte. Das war eine der positiven Erfahrungen in dieser schlimmen Zeit.

Inzwischen hatte sich an fast allen Fronten die Situation entscheidend verändert. Mit Hilfe des Radars hatten die englischen Spitfires die deutschen Bombengeschwader nach Hause gejagt. Englische und amerikanische Geschwader bombardierten jetzt im Gegenzug deutsche Städte. In Afrika gab es Siege für die Alliierten. Die russische Front kam in Bewegung. Überall mussten die Nazi und Faschisten schwere Schlappen einstecken. Dann kam die Schlacht um Stalingrad. Die Landung alliierter Divisionen in Italien. Die Invasion grosser alliierter Verbände im Westen Frankreichs. Der unaufhaltsame Vormarsch der Russen nach Berlin beschleunigte die totale Niederlage der Armeen Hitlers. Ein Aufatmen ging durch die Schweiz. Die Faschistenfreunde, die zuvor so lautstark ihre Meinung kundgetan hatten, schwiegen. Nach dem Atomschlag der Amerikaner musste zuletzt auch Japan kapitulieren.

Peters Notizen waren nach und nach zu einem kleinen Stichwörterbüchlein geworden. Er bildete sich jedoch nicht ein, damit etwas anfangen zu können. Denn Geschichte wird ja immer nur von ganz Gescheiten geschrieben und nicht von einem simplen Soldaten. Also legte er die Notizen vorerst zuhinterst in eine Schublade.

Was viele befürchet hatten, dass auf diese beispiellose Tragödie eine Wirtschaftskrise folgen würde, traf nicht ein. Im Gegenteil, allerorten begann der Wiederaufbau, sogar im besetzten Deutschland. Die Verhältnisse begannen sich zu normalisieren. Die Folgen des Krieges jedoch waren noch lange zu spüren. Die über 55 Millionen Toten und all die damit verbundenen Leiden konnten nicht so einfach vergessen werden. Ob man aus dieser beispiellosen Tragödie wohl jemals lernen wird?

Peter war wieder voll im Einsatz. Nachträglich waren nun noch viele Aufträge, zu erledigen, die liegengeblieben waren. Das Arbeitsrappengesetz war immer noch in Kraft. Auch die Chemie brauchte neue Anlagen, und der Betrieb der Mustermesse kam ebenfalls wieder in Gang. Die Bautätigkeit kam wieder in Schwung, und in den Gewerkschaften wurden neue, verbesserte Gesamtarbeitsverträge diskutiert. Im Bau der Schaltanlagen gab es Neuerungen. Der Marmor wurde durch Kunststoffisolierplatten ersetzt. Bald darauf wechselte man endgültig auf Blechwände über, und dementsprechend musste mit anderen Sicherungselementen gearbeitet werden. Für hohe Motorenleistungen gab es neue, ölgekühlte Schalter und ferngesteuerte Schützen. Viel technisch Neues gab es da zu bewältigen, und Peter, der immer noch allein für das Funktionieren der erstellten Anlagen verantwortlich war, musste in macher Hinsicht umdenken lernen. Gewerkschaftlich hatte er sich inzwischen immer stärker engagiert und hatte damit einige Verantwortung übernommen.

Früher, um 1938 herum, hatten sie einen interessanten Präsidenten in der Gruppe Elektriker gehabt. Als Mitglied der Anthroposophen hielt er vor Beginn der Gewerkschaftsversammlungen stets einen kleinen Vortrag über Geisteswissenschaften. Die Thesen, die er dabei vertrat, waren an sich interessant. Aber das Ganze verzögerte zu oft den Beginn der Behandlungen der gewerkschaftlichen Traktanden. Auf zahlreiche Reklamationen hin trat der Präsident zurück. Dadurch erhielt Peter im Vorstand neue Aufgaben. Eines der grössten Probleme war nach wie vor die Werbung neuer Mitglieder. An einer Aktion «Schweizerspende» für das kriegsgeschädigte Elsass war Peter beteiligt. Mit einem Unterschriftenbogen sammelte er an die 600 Franken. Später kamen bei einer Sammlung für den Schwarzwald nur 110 Franken zusammen.

Durch Vermittlung eines Kollegen konnte Peter zum ersten Mal mit Frau und Sohn in die Ferien fahren. In Prêles ob Ligerz am Bielersee brauchte man für ein Basler Mädchenferienheim einen Handwerker, der zugleich einen Schutz für alle Fälle darstellen sollte. Peters Familie genoss die zwei Wochen auf der Sonnenterrasse in luftiger Höhe sehr. Das Wetter hielt sich gut, und allein schon der Blick auf die Alpenkette war ein Traum. Die Wanderungen in der freien Natur, ohne Hast und Hetze begleitet von jungen hoffnungsvollen Menschen, waren wunderbar.

Nach diesem kurzen Urlaub nahm Peter seine gewohnte Arbeit wieder auf. Für die Mustermesse musste er die ausgestellten Apparate und Maschinen installieren, die wie üblich erst in den letzten Tagen vor der Eröffnung eintrafen. Im Bereich der Holzbearbeitungsmaschinen wurde erst am vorletzten Morgen vor der Eröffnung ein langes breites Ungetüm aufgestellt. Peter erhielt den Auftrag, für Zuleitung, Anschluss und Inbetriebsetzung besorgt zu sein. Noch nie hatte jemand eine derart riesige Maschine vorher gesehen. Der anwesende Monteur der Herstellungsfirma wies lediglich auf die sechs Motoren hin, die, irgendwo versteckt, das Monstrum in Gang setzen sollten. Wie er sagte, sei das eine neu konstruierte Hochleistungs-Hobelmaschine. An den Motoren fehlte jedwelcher Leistungshinweis, und auch der Monteur vermochte darüber keinen Aufschluss zu geben. Halbwegs unter der Maschine entdeckte Peter eine Umformergruppe, doch auch dort waren keine Leistungsschilder angebracht. Peter musste alles selbst ausknobeln, und dabei musste er noch pressieren, denn es gab noch allerhand Arbeit sonst. Am Abend vor der Eröffnung endlich war es so weit. Trotz aller Zweifel klappte es auf Anhieb. Die Drehrichtung der Motoren stimmte.

Als der Vorführmonteur die ersten Hölzer einschob, flogen die Späne und die Maschine heulte auf wie ein startendes Flugzeug. Das Wunder bestand darin, dass rohe Flächen in Türgrösse und mehr allseitig, also Flächen und Seiten, genau auf den Zehntelmillimeter gefräst und gehobelt am anderen Ende herauskamen. Der Lärm, den die mit abnorm hohen Tourenzahlen laufenden Motoren machten, erregte die Aufmerksamkeit aller Anwesenden, und es gab sofort ein Gedränge um den Stand. Zufrieden meinte der Firmenchef leichthin zu Peter: «Nun, Sie haben es immerhin gut geschafft.» So einfach war das.

Spät in der Nacht, bevor Peter sich auf den Heimweg machte, schlenderte er noch ein wenig durch die Hallen. Dabei kam er am Stand von «Caran d'Ache», der welschen Firma für Schreibwerkzeug, vorbei. Diese hatte jedes Jahr einen Stand, an dem sich lustige mechanische Zwerge bewegten, die viele Besucher anzogen. Jetzt, da Peter davorstand, war die Anlage offenbar schon abgeschaltet. Doch dann sah Peter, dass man aufgeregt nach etwas suchte.

Irgend jemand musste die Chefin auf Peter aufmerksam gemacht haben, denn sie kam auf ihn zu und erzählte, dass die Anlage nicht mehr funktionieren würde. Der firmeneigene Monteur wäre bereits abgereist, und am nächsten Morgen wäre die Eröffnung; ob er nicht einmal nachsehen könnte? Peter ging darauf ein, obwohl er keine Vorstellung hatte, wie diese Anlage funktionierte.

Die Sicherungen waren in Ordnung, also konnte es nur am Mechanischen liegen. Er zwängte sich unter das Podium, unter dem die Antriebe zu finden sein mussten. Nach kurzer Zeit hatte er den Fehler gefunden. Vom Motor her gab es eine Übersetzung mittels zweier Keilriemen. Der Motor lief einwandfrei, aber einer der Riemen war abgesprungen, offenbar weil der Riemenspanner nicht richtig eingestellt worden war. Peter hatte den Schaden schnell behoben, und schon konnten die Zwerge in Aktion treten.

Die Chefin und ihre Gehilfin waren hocherfreut. Begeistert gaben sie Peter einen Kuss auf die Wange. Sie boten ihm auch Geld an, aber er lehnte ab. Doch zu einem Glas Wein in der nächsten Beiz liess er sich überreden. Dort kam ein währschafter Salamiteller hinzu, und es gab anschliessend einen recht gemütlichen Hock mit den Welschen. Müde von der Arbeit und ein wenig angesäuselt radelte er zufrieden nach Hause.

Nebenbei besuchte Peter zum zweitenmal einen Psychologiekurs am Bernoullianum. Einiges war neu und interessant für ihn, anderes hatte er schon beim vorigen Mal erfahren. In der Stadt gab es viele Möglichkeiten zur Weiterbildung, wenn man ernsthaft daran interessiert war und sich die Mühe machte, sich danach umzuschauen.

Im Beruf zeigte es sich, dass die Belastung für Peter, nun da er keinen zweiten Monteur mehr hatte, der ihm zur Seite stand, zu hoch war. Hinzu kam noch, dass er immer wieder anderes anpacken musste. So musste er zum Beispiel eine Zeitlang als Ersatz für einen erkrankten Abwart im Stadtcasino eintreten. Dabei machte er bei Symphoniekonzerten, die dort aufgeführt wurden, zum ersten Mal Bekanntschaft mit verschiedener klassischer Musik. Je nach Dirigent konnte sie auf ihn aufwühlend oder beglückend wirken. Musiker, Solisten und meistens auch der Dirigent machten ihm grossen Eindruck. Das Publikum dagegen gefiel ihm weitaus weniger. Ein Teil der Leute kam nur zum Angeben an diese Konzerte. Die Besucher präsentierten ihre Garderobe oder versuchten in den Gesprächen mit anderen Eindruck zu erwecken. Meistens kam beides zusammen.

Gelegentlich kam Peter mit einem Techniker des E-Werks auf diese Dinge zu sprechen, der sich in der Musik sehr gut auskannte. Er spielte selbst Klavier und war ein begeisterter Zuhörer bei vielen Konzerten. Eigentlich hatte er Musiker werden wollen, aber man hatte ihm davon abgeraten. Als Peter ihm von seinen Eindrücken erzählte und erwähnte, dass ihn Musik und Tanz derart erregen konnten, dass er sich dauernd das Wasser aus den Augen wischen müsse, meinte der Techniker: «Ja, wer spürt denn überhaupt noch dieses tiefe Gefühl, das Mitschwingen der Seele? – Mir geht es immer wieder so. Darum sitze ich nie in der Masse des Publikums. Immer bin ich auf dem Balkon, je nachdem ganz vorne oder ganz hinten. Dann lehne ich mich zurück und schliesse die Augen. Ich spüre die Ausstrahlung der Musik und die Gefühle, die der Komponist mitteilen wollte. Es ist immer ein grosses Erlebnis, genauso wie Sie gesagt haben.» Vor dem Auseinandergehen sagte er etwas, das Peter tief bewegte: «Sehen Sie, auch die Elektrizität ist ja irgendwie etwas Tiefgründiges. Man kann sie nicht sehen. Nur spüren manchmal, und das ist doch das gewisse Etwas, das Geheimnisvolle.»

Nach einer Gruppenversammlung in der Gewerkschaft hatte Peter ein eingehendes Gespräch mit einem Kollegen, der in nächster Zukunft seine Stelle wechseln wollte. Jetzt arbeitete er in einem mittleren Elektrogeschäft als der bauleitende Monteur und angehende Chefmonteur. Er war ziemlich genau im Bild über Peters Qualifikationen und erkundigte sich, ob Peter nicht seine Stelle übernehmen wollte. Sein jetziger Chef hatte ihn darum gebeten, ihm einen möglichst guten Ersatzmann zu besorgen.

Für Peter kam dieses Angebot zwar überraschend aber keineswegs ungelegen. In seiner Firma war er im Verhältnis zu dem, was er leistete, unterbezahlt. Früher oder später müsste er eine Forderung nach höherem Lohn stellen, wenn er vor sich selbst bestehen wollte. Nun einigte er sich mit dem Kollegen, dass er demnächst mit einer entsprechenden Forderung an seinen Chef herantreten würde und, wenn sie abgelehnt oder auf später verschoben werden sollte, sofort auf das Angebot seines Kollegen eintreten würde.

Nach ein paar Tagen war es entschieden. Der Chefingenieur wäre bereit gewesen, Peters Stundenlohn merklich zu erhöhen, musste aber die Einwilligung des Patrons haben. Dieser wollte die Lohnerhöhung jedoch auf später verschieben, weil es immer mehr Spezialfirmen gäbe, die sich auf den Bau von Schaltanlagen verlegten, so dass beim einzelnen Betrieb die Nachfrage sinken würde. Das war zwar so weit richtig, doch Peter wurde ja auch für andere Spezialaufträge eingesetzt, wo man gar nicht jeden anderen brauchen konnte.

Also entschied er sich für diese Chance und ging zu einer Vorbesprechung mit dem neuen Chef. Es gab ein sehr positives Frage- und Antwortspiel. Der Chef erzählte von seinen Studienjahren als Elektroingenieur und vom Betrieb in seinem Geschäft, und Peter musste von seinen Erfahrungen bei der BBC und in der bisherigen Firma berichten. Er erwähnte auch sein gewerkschaftliches Engagement ohne auf Ablehnung zu stossen. Alles in allem sah es gar nicht schlecht aus.

In der alten Firma gab es erstaunte Gesichter als Peter kündigte. Der leitende Chef sagte: «Muss das ein? Wir haben eine lange Zeit gut zusammengearbeitet, oder nicht?» – «Ja», sagte Peter, «aber Sie wissen ja, warum ich gehe.» Peter wusste, dass der Patron es nie hatte leiden können, dass Peter aktiver Gewerkschafter war. Er hatte es nie geradeheraus gesagt, aber einige seiner Bemerkungen hatten es deutlich erkennen lassen. Dieses Engagement aber hätte Peter sich nie verbieten lassen. Darüber gab es überhaupt keine Diskussion für ihn. Er war der Meinung, dass er entweder in einer Demokratie lebe, wo es ihm keiner verbieten könne, Mitglied der Gewerkschaft zu sein, oder dass sich anderenfalls alles als billiger Schwindel entpuppen müsste. Die Einstellung des Patrons liess Peter den Abschied leichtfallen.

Vier Wochen später hatte er sich einigermassen im neuen Wirkungskreis eingearbeitet. Bei einer Bauabnahme mit dem Kontrolleur des E-Werks war er Heini begegnet, der nicht schlecht staunte, als er Peter in seiner neuen Funktion antraf. Heini konnte Peters Schritt gut verstehen: «Wenn dir die neue Stelle gefällt, dann hattest du recht. Weisst du, der Patron damals war ja manchmal auch ein unmöglicher Mensch. Gottseidank haben wir ihn nur selten gesehen. Und er zahlte mir nicht einmal den gesetzlichen Zuschlag auf die Stunden am Samstag vormittag, wenn ich ihm das Auto waschen und nachsehen musste.»

In der nächsten Zeit im neuen Betrieb musste Peter sich auf einige neue Aktivitäten umstellen. Er hatte Einrichtungsanzeigen an das E-Werk zu bearbeiten, Beratungen über Beleuchtungen mit Kunden zu führen, Offerten für Installationen zu berechnen und Projekte und Abrechnungen zu erstellen. Auch die fachliche Betreuung von Monteuren und Lehrlingen fiel in seinen Aufgabenbereich. Vieles davon hatte er in der Schule gelernt, anderes wusste er aus technischen Kursen, und so war er schnell mit den neuen Aufgaben vertraut. Auf dem Büro waren ausser ihm die Frau des Chefs und eine Angestellte, beide unkomplizierte, freundliche Menschen. Es herrschte eine wohltuende Atmosphäre.

Hin und wieder gab es kurzfristige Termine für das Abliefern einer umfangreichen Offerte oder bei einer Umschaltung. Dann gab es halt notwendigerweise Überstunden. Der Chef aber liess ihm in allem freie Hand und völlige Selbständigkeit. Es gab gewiss auch Probleme, wo sie miteinander reden mussten. Das geschah aber stets in gegenseitiger Anerkennung. Peter hatte bald heraus, dass der Chef ein strenggläubiger Christ war. Aber er handelte auch danach, und das schätzte Peter sehr.

Anna hatte indessen beim Frauenchor liebe Freundinnen gefunden. Der Dirigent des Chors war eine bekannte Persönlichkeit, und es gab in Zusammenarbeit mit einem Orchester und anderen Chören beachtliche Konzerte. Zwischendurch veranstalteten die Frauen Unterhaltungsabende mit Tanzmusik, an denen Peter und Anna wie ehedem in der Haltestelle das Tanzbein schwangen. Manches Mal schwelgten sie dabei in Erinnerungen an die unbeschwerte Vergangenheit. Beide zog es immer wieder ins Dorf, wo sie aufgewachsen waren, zu den alten Häusern und Gassen, zu der Ergolz, zu den weiten Feldern und Wäldern. Vieles hatte sich dort geändert, aber landschaftlich war es doch die Heimat, der sie sich verbunden fühlten.

In der Gewerkschaft gab es in der Fachgruppe und auf den Delegiertenversammlungen häufig Diskussionen über Taktik und Ziele der Gewerkschaften, an denen sich Peter beteiligte. Wie schon in Münchenstein gingen die Meinungen in manchen Fragen auseinander. Die politische Spaltung in der Stadt war bei weitem nicht überwunden, aber mittlerweile in den Gewerkschaften doch weniger spürbar. Vermutlich hatte die Aktion «Arbeitsrappen» vermittelnd gewirkt. Auf Verbandsebene gab es oft übers Wochenende Bildungsveranstaltungen im verbandseigenen Ferienheim in Vitznau, an denen Peter vielfach beteiligt war. Seiner Ansicht nach, mit der er nicht alleine dastand, waren die Referate und Richtlinien manchmal allzusehr auf Partnerschaft, Friedensabkommen und dergleichen abgestimmt. Man liess den Teilnehmern zu wenig Spielraum, andere Ansichten in die Diskussion einzubringen. Eine der aktuellsten Forderungen, die nicht einfach von höchster Ebene aus dirigiert werden konnte, war die Altersvorsorge (AHV). Peter war der Meinung, dass sie auf demokratischer Basis von unten nach oben diskutiert und umgesetzt werden musste, da sie jedermann anging. Der Einwand, der oft dagegen vorgebracht wurde, dass man natürlich zuerst etwas davon verstehen müsse, bevor man mitreden könnte, war nur eine blosse Ausrede. Weder in diesem Punkt noch bei anderen durfte es einen Kuhhandel auf der obersten Ebene geben. Die Fragen, die damit zusammenhängen, waren schliesslich gar nicht so kompliziert, als dass man sie nicht den Mitgliedern hätte vermitteln können. In der Hauptsache ging es um die Finanzierung, um Beiträge von Unternehmerseite und von den Arbeitnehmern. Mit Wissenschaft hatte das alles gar nichts zu tun. Und wenn die andere Seite sich dagegen sträubte, durfte man auf gewerkschaftlicher und politischer Ebene nicht noch zusätzlich mit Leisetreterei operieren. Die Altersvorsorge ist eine legitime Forderung der arbeitenden Menschen in dieser kapitalistischen Gesellschaftsordnung. Genauso wie das Recht auf Arbeit, auf Wohnung und Ferien. Auch der Lohn sollte sich nach dem Ertrag der Arbeit richten und nicht ins Gutdünken der Unternehmer und Finanzgewaltigen gestellt sein. Diese Grundsätze, die zu den Menschenrechten gehören, hätten in den Versammlungen und bei der Werbung viel mehr in den Vordergrund gestellt werden müssen.

Partnerschaft und Friedensabkommen sind recht, solange diese Dinge einwandfrei funktionieren und auch in den ständig wiederkehrenden Wirtschaftskrisen, die zu der sogenannten Marktwirtschaft dazugehören, Bestand haben. Aber alle

Anstrengungen zum Wohlergehen der Menschen sind fruchtlos, wenn wir nicht fähig sind, den Frieden zu sichern.

Diese Punkte wurden an einer Gruppenversammlung in die Diskussion eingebracht. Peter war einer der Initianten dieser Aussprache gewesen. Hintenherum hörte er später, dass der Gewerkschaftssekretär sich andernorts dahingehend geäussert hatte, dass all diese Gedanken nur blödes Geschwafel gewesen wären. Das war nun nicht eben ermutigend und löste bei Peter entsprechenden Ärger aus. Alles konnte man sich nicht bieten lassen. Schliesslich und endlich war auch der schweizerische Gewerkschaftsbund Mitglied eines internationalen Verbandes, der nicht zuletzt auch diese Ziele anstrebte. Natürlich würden solche Ideen nur schwer durchsetzbar sein. Aber man müsste wenigstens ernsthaft darangehen und vor allen Dingen den Glauben und den Willen dazu bewahren.

Weltweit gibt es noch ungeheuer viel zu tun, um Menschenrechten und Menschenwürde Geltung zu verschaffen. Viele interessierten sich gar nicht dafür, weil sie das Gefühl für Solidarität überhaupt nicht kennen und nur ihren eigenen Vorteil suchen. Sie haben noch nicht erkannt, dass das letzten Endes keine Lösung sein kann. Und eben deshalb müsste man auch in der Gewerkschaft davon reden.

Peter hatte sich ein nagelneues Motorrad, eine BMW 350 gekauft. Damit fuhren Anna und Peter nach Vitznau in die Ferien. Die Maschine summte leise bei gutem Tempo. Spielend nahm sie die Steigungen. Es war ein lustvolles Spiel, wie sie sich sachte in die Kurven eines Passes neigte. Unterwegs dachte Peter zurück an die vielen Velotouren, die er mit Anna gemacht hatte. Und 1937 war er alleine mit seinem neuen englischen Velo ins Tessin gefahren. Der lange Tippel am Gotthard hatte ihn arg ins Schwitzen gebracht, und als es dunkelte, hatte er in einem Gasthof in Biasca übernachtet. Am anderen Morgen war er im Schuss über den Ceneri nach Gandrai hinuntergeradelt. Damals war es Anfang Herbst, und die Sonne hatte die schöne Landschaft vergoldet. Zwei Tage war er dort unten geblieben. Am ersten Abend war auf der Terrasse des Gasthofs, die der Seeseite zu lag, Tanz nach Ticinesi-Art gewesen. Von allen Seiten waren Boote gefahren gekommen mit Lampions und fröhlichen Leuten. Anderntags war es über den Ceneri nach Locarno-Ascona zurückgegangen. Auf dem Gepäckträger hatte Peter immer einen Salami, Wein und Brot gehabt. Wo es ihm gerade gefiel, hatte er Rast gemacht und einen Schluck Wein getrunken. Nach zwei weiteren Tagen war er zurück über den Gotthard und der Rheinstadt zu getrampt. Jetzt allerdings, mit dem Motorrad, ging so etwas viel schneller und leichter, und Anna konnte auch mithalten.

Nach dem Urlaub besuchte Peter wieder interessante Vorträge im Bernoullianum und anderswo. Einer hatte das Thema: ‹Wie finde ich meine Identität?› Ein anderer befasste sich mit der Beurteilung von Menschen aufgrund ihrer Gesichtsform. Ein anderes Mal nahm Peter an einem Kurs für Portraitzeichnen teil, der über drei Abende ging. Immer konzentrierte er seine gesamte Aufmerksamkeit auf das Gebotene. Manches Mal gab es hinterher unter den Teilnehmern interessante Unterhaltungen.

Aufgrund solcher Erfahrungen verfocht Peter in der Gewerkschaft die Notwendigkeit von Weiterbildungsmöglichkeiten. Lange Zeit hatte man dort über das Problem diskutiert, wie man rednerisch wirkungsvoll und zugleich allgemein verständlich ein Votum oder eine Ansprache vorbringen könnte. Es war auch von Redekursen gesprochen worden. Bisher jedoch waren solche Kurse nie in Angriff genommen worden, weil man einesteils ein zu geringes Interesse dafür befürchtete und es anderenteils Prominente gab, die in ihrem eigenen Interesse die Notwendigkeit dieser Schulungen bezweifelten. Jemand hatte gemeint, das sei ja ganz verständlich, denn sonst erhielten diese Oberen möglicherweise unliebsame Konkurrenz.

Unbestritten aber war, dass bei vielen wichtigen Versammlungen, an Konferenzen und selbst an Sitzungen im kleinen Kreis sich so mancher Teilnehmer überhaupt nie zu Wort meldete, oder wenn doch, dann in so vorsichtigen Formulierungen, dass letzten Endes niemand recht wusste, was er überhaupt hatte sagen wollen. Zum Teil waren Hemmungen die Ursache, zum anderen die Furcht, mit einer offen geäusserten eigenen Meinung auf Missfallen zu stossen.

Peter hatte zwar eine offene und freie Sprache schon in der Bezirksschule gelernt, aber er wusste um die Möglichkeit einer noch besseren Wirkung beim Reden. Schliesslich war eine freie

Aussprache eine der Vorbedingungen für das Funktionieren einer Demokratie und von daher in ihrer Wichtigkeit nicht zu unterschätzen.

Als Beispiel, wie eine gute, eindrucksvolle Rede wirken kann, wurde ein Vortragsabend veranstaltet. Ein Schauspieler aus Berlin, in mittleren Jahren, breitschultrig, trug an einem Abend in der Woche im grossen Volkshaussaal Reden berühmter Männer vor. Zuvor gab er eine Einführung, in der er erklärte, dass die Wirkung einer Rede zuallererst durch ihren Inhalt bestimmt werde. Der Aufbau der Rede, die Rhetorik und Dynamik und begleitende Gesten könnten dem Inhalt jedoch zusätzlich zu Wirkung verhelfen.

Daraufhin unterstrich er seine Ausführungen, indem er eine Rede Dantons vorführte, des berühmten Anführers der französichen Revolution. Die Rede war dem Original gemäss übersetzt worden. Es war eindrucksvoll, wie dieser Mann die Rede gestaltete, voller Spannung. Seine Stimme liess er bald flüstern, bald donnern. Er machte wirkungsvolle Pausen. Seine Gesten untermalten das Gesagte noch, je nachdem spärlich oder weit ausholend. Im Saal war vollkommene Stille. So etwas hatte wohl selten einer der Anwesenden gehört. Man hätte eine Fliege summen hören können.

Gegen Ende der Rede steigerte sich der Schauspieler bis zum letzten Satz, den er erst nach einer sekundenlangen Pause in den Saal donnerte. Für einen Moment waren alle betroffen. Dann brauste Beifall auf. Der Mann auf der Bühne im Scheinwerferlicht wischte sich den Schweiss aus dem Gesicht, verneigte sich zweimal, trank ein Glas Wasser, und dann ging es weiter.

Reden von Liebknecht, Bebel und anderen deutschen Politikern wurden vorgetragen. Den Schluss machte eine leidenschaftliche Ansprache Lenins.

Peter hatte schon einige Schauspiele im Theater gesehen. Aber das hier war mehr, schon vom Inhalt her. Er merkte sich diese Lektion, und sie gab den Anstoss dafür, dass er auf der nächsten Delegiertenversammlung den Vorschlag machte, einen Rednerkurs durchzuführen.

Auf Peters verbindlichen Antrag an die Versammlung hin meldete sich zunächst niemand zu Wort, so dass der Sekretär sagte: «Peter hat an sich wohl recht mit seinem Antrag. Man hat mit Rednerkursen ja schon in anderen Sektionen in der Schweiz Versuche gemacht. Die Beteiligung allerdings liess zu wünschen übrig.» Nun setzten sich zögernd doch einige Kollegen für den Antrag ein, und schliesslich wurde er sogar einstimmig angenommen.

Wochen vergingen bis es so weit war, das man einen erfahrenen Leiter gefunden hatte, der allerdings für die nächste Zeit ausgebucht war. Die Hauptsache für Peter aber war, dass die Sache ins Rollen kam.

Wenige Zeit später starteten Peter und Anna auf ihrem BMW über Belfort, Besançon, Lyon und Marseille in die Ferien an die Côte d'Azur. Sie übernachteten teils im mitgeführten Zelt oder dann in einem Hotel. Mehr als einmal hörten sie die misstrauische Frage: «Etes-vous des allemands?» Nachdem sie jedoch erzählten, dass sie Schweizer wären, kam es jeweils rasch zu einem freundschaftlichen Kontakt. Die Wunden, die die Deutschen im vergangenen Weltkrieg den Völkern Europas geschlagen hatten, waren noch lange nicht verheilt.

In Marseille nisteten sie sich für einige Tage in einer einfachen Pension im höchsten Quartier ein, von wo aus man über alle Dächer hinweg aufs weite Meer blicken konnte. Die Madame, eine lebhafte, charmante Frau, die ihren Mann während des Krieges im Maquis verloren hatte, liess keine Zweifel darüber aufkommen, wie sie zu den Deutschen stand. Für Peter und Anna aber tat sie alles, um ihnen den Aufenthalt so angenehm wie möglich zu machen. Le vieux port und die Insel Chateau d'If waren interessante Besuchsziele, und nach einem gefühlvollen Abschied von der Madame ging die Reise weiter.

In St. Tropez und St. Raphael hatten sie einige erholsame Tage am Meer, wenn auch einmal der Mistral hineinfunkte, so dass Peter mitten in der Nacht kleine Gräben um das Zelt schaufeln musste, damit das Wasser schneller ablief. Dann kamen sie nach Cannes und nach Nice. «Man sagt nicht Nizza», wurden sie belehrt. Zwischen Nice und Monaco schlugen sie ihr Zelt in Ezé, einem kleinen Felsendorf auf der Höhenstrasse, auf. Von dort oben hatten sie eine herrliche Rundsicht auf die vorgelagerten Inseln unter dem weiten südlichen Horizont. Hier schrieb Peter ein Gedicht, so sehr beeindruckte ihn die Landschaft:

Côte d'Azur
Du machst mich träumen,
mit deinen Felsen rot.
Wo blaue Wellen schäumen
ist jeder Kummer tot.
Ich denk an dich und an die Sonne,
an Nächte mit Sternenglanz,
auch an den Mistral, oh Wonne,
an deine Freiheit, sie war so ganz.

Und weiter ging's über Monaco, Digne, Systeron via Alpes-Maritimes auf die Heimreise in Richtung Schweiz. Unterwegs trafen sie auf viele Denkmäler, die an den letzten Krieg mahnten. Auf einem Pass stand ein schlichtes Denkmal vom Maquis, dem französischen Widerstand. «Pour les soldats sans uniformes» war darauf eingraviert. Ein Strauss verwelkter Rosen lag auf dem Sockel. Nachdenklich und schweigend betrachteten Peter und Anna dieses Angedenken.

Dann kamen schon Grenoble und Genève. Sie hatten eine wundervolle Ferientour hinter sich.

Kaum waren die Ferien vorbei, gab es für Peter wieder Pflichtvorträge am E-Werk, die er nach Feierabend besuchen musste, um sich über die neuesten Entwicklungen bei den Steuerungssystemen informieren zu lassen. Ständig gab es technische Fortschritte. Man musste dabei sein beim Fortschritt. – Was denn sonst?

Auf einer anderen Ebene gab es einen wirklichen Fortschritt. Die AHV wurde Tatsache. Kaum einer hätte damals, drei Jahre nach dem Krieg, daran geglaubt, dass diese Forderung so schnell Wirklichkeit werden sollte. Peter erinnerte sich noch lebhaft an seine Aktion «Aussprache über Probleme der Nachkriegszeit», auf der er unter anderem eine gesetzliche Altersvorsorge gefordert hatte. Es war gegen Ende des Aktivdienstes gewesen, als der Oberst diese Aussprache bewilligt hatte. Anschliessend hatte einer, der zu den Habenden gehörte, ihm vorgehalten: «Das mit deiner Idee über die Altersvorsorge kannst du ruhig vergessen, wer sollte das wohl bezahlen, heh?» – «Wir werden ja sehen», hatte Peter geantwortet.

Und nun war der Anfang da. Jahre der Diskussionen, Versammlungen und Vorstösse auf allen Ebenen waren diesem

Resultat vorausgegangen. Viele Kollegen waren unermüdlich im Einsatz gewesen. Auch führende Köpfe in den Gewerkschaften und den Parteien hatten ihr Bestes für diesen und andere Fortschritte getan.

Indessen gab es für Peter neue Aufgaben im Beruf. Seine Firma hatte sich mit elektrischen Installationen in einer der Chemiefirmen engagiert, und er war mit einer Gruppe Monteure für diese Sache verantwortlich. Die «Chemischen» waren für ihn nichts Neues, hatte er doch schon in seiner vorigen Firma bei verschiedenen dieser Betriebe Schaltanlagen erstellt. Jetzt war er ausserdem für Offerten, Projekte und Abrechnungen verantwortlich. Er wusste, dass unter den verschiedenen Elektro-Firmen, die sich daran beteiligten, nicht immer alle die ausgemachten Verbandspreise offerierten. In dieser Beziehung konnte es allerhand Überraschungen geben.

Zu dieser Zeit schlug ein Vorstandsmitglied auf einer Delegiertenversammlung der Gewerkschaft vor, über Ostern eine Reise nach Paris zu unternehmen, die allen Sektionsmitgliedern und ihren Angehörigen offen stehen sollte. Man würde die Stadt selbst und Versailles besichtigen. Dieser Vorschlag wurde von allen Seiten lebhaft unterstützt. Viele der Mitglieder hatten in der Schule französisch gelernt, und für Peter hatte diese Sprache etwas ganz Besonderes.

Er dachte zurück an Tante Sophie. An Paulette und an Fribourg. Und dann erinnerte er sich an seinen ersten, nur kurzen Besuch in dieser Stadt. Es war 1938. Die Weltausstellung war eben erst zu Ende gegangen. Sie hatte damals ganz unter dem Eindruck der kommenden europäischen Katastrophe gestanden. Auf dem Ausstellungspavillon von Hitler-Deutschland hatte die verhasste Hakenkreuzfahne geflattert.

Peter war durch seinen Sohn zu seiner ersten Reise in die Weltstadt gekommen. Sein Junior hatte sich in einem Handharmonikaklub betätigt und dabei einiges Talent entwickelt, so dass ihn der Leiter der Klubschule für ein «Concours d'Accordéon International» angemeldet und Peter eingeladen hatte, ihn zu begleiten.

In Paris waren die Konkurrenten auf der Treppe der Kirche Sacré Cœur aufgetreten, wo Radioaufnahmen gemacht wurden. Die Ausscheidung hatte im grossen Saal auf der Moulin de Galette in Anwesenheit eines grossen Publikums stattgefunden. Typisch französisch war, dass zur festgesetzten Zeit des Beginns der Veranstaltung weit und breit noch niemand zu sehen gewesen war. Nicht einmal der Billetschalter war besetzt. Nur ein einsamer Polizist in Pelerine war gelangweilt die Strasse auf- und abgeschlendert. Auf Peters verwirrte Frage, wieso denn noch keine Leute hineingehen würden, hatte er völlig ruhig geantwortet, dass die schon noch kommen würden. So hatte die Veranstaltung erst gut eine halbe Stunde nach der angegebenen Zeit begonnen, als sich der grosse Saal mit begeisterten Zuhörern gefüllt hatte.

Jung-Peter in seiner Schweizer Tracht hatte mit einem modernen Foxtrott grossen Beifall geerntet und sogar noch eine Zugabe geben müssen. Viele waren beim Klatschen aufgestanden. Männer hatten begeistert ihre Berets in die Luft geworfen. Peter junior war von dem Wirbel so überrascht gewesen, dass er fluchtartig die Bühne verlassen hatte.

Zum Schluss der Veranstaltung hatte die Madame Professeur dem Jungen mit einem Kuss auf die Wange ein Diplom als zweiten Preis überreicht, woraufhin der Beifall von neuem angeschwollen war. Wiederum war der Junge so verlegen geworden, dass er so bald es ging wieder verschwunden war.

Am Abend hatten der Klubchef und Peter am Bal de Nuit teilnehmen müssen, obwohl Peter nur sein Sportkleid aus so gar nicht feinem Stoff präsentieren konnte. Aber der Monsieur Professeur hatte gemeint, das spielte überhaupt keine Rolle: «Nous ne sommes pas difficile.» Die Damen aus Paris und Toulouse waren in grosser Toilette erschienen. Gleich zum ersten Tanz hatte die Madame Professeur den Klubchef mit einer Verbeugung zum Mitmachen aufgefordert. Wegen eines Beinleidens hatte dieser abgelehnt, und Peter war für ihn eingesprungen. Wahrscheinlich aufgrund der Beobachtungen, die die anderen Frauen während diesem ersten Tanz gemacht hatten, war Peter in der Folge zu einigen Tänzen gekommen, für die er seinen Namen in das jeweilige Heft hatte eintragen müssen. Es war ein amüsanter, unkomplizierter Tanzabend geworden, voll französischen Charmes. Peters Französisch hatte zwar einiges zu wünschen übrig gelassen, aber es war dennoch gegangen. Alle anwesenden Franzosen waren

liebe Menschen gewesen, aber deutsch reden, nein, so etwas . . .
Die drei Tage waren rasch verflogen. Von Paris hatten Peter und
sein Junior nur wenig zu sehen bekommen, aber einen Hauch der
Atmosphäre dieser Stadt hatten sie trotzdem verspürt.

In Peters neuem Wirkungskreis, dem chemischen Betrieb, gab
es einige für ihn ungewohnte Installationen zu erledigen und neuartige Apparate und Maschinen anzuschliessen. Neben Schwei-
zern waren auch ein Elsässer, ein Franzose und zwei Deutsche als
Grenzgänger in Peters Montagegruppe. Wenn sie auch teilweise
unterschiedliche Gewohnheiten und eine andere Ausbildung hatten, kam Peter doch gut mit ihnen zurecht. Über den vergangenen
Krieg sprach man nur wenig, und dabei zeigte sich, dass man den
jungen Deutschen wenig oder nichts über diese Tragödie und ihre
Ursachen erzählt hatte zu Hause. Anders war es bei dem Elsässer,
dessen Vater im Maquis gewesen war, und der Franzose war ebenfalls gut über die jüngste Vergangenheit orientiert.
Sie installierten ganze Bauten mit allem elektrischen Drum
und Dran. Oft waren interessante Laboreinrichtungen dabei.
Vielfach waren es bestehende Bauten, die nach modernen Anforderungen umfunktioniert wurden. Vorerst ging die Arbeit ohne
verpflichtende Offerte über die Bühne. Die Verrechnung sollte
nach der Fertigstellung erfolgen.
Mit den Jahren änderte sich diese Verfahrensweise. Bestehende
Bauten wurden abgerissen und vollständig neu und weit höher
wieder aufgebaut. Neue Fremdfirmen tauchten als Konkurrenten
auf. Die Chemiebetriebe galten als sichere Zahler, während es mit
der Belebung der Konjunktur vorkam, dass bei privaten Bauher-
ren die Zahlungen eingestellt wurden oder nur schwer und unter
Verlusten hereinzubringen waren.
Der chemische Betrieb nutzte die schärfere Konkurrenz aus,
indem man die Neuinstallationen vom eigenen technischen Büro
grob berechnen liess und von den Fremdfirmen Offerten mit
Rabattangabe verlangte, was bald zu grotesken Angeboten
führte. Am Anfang dieser neuen Prozedur hatte sich alles noch
einigermassen im Rahmen gehalten. Rabatte von einigen Prozenten waren bei Aufträgen von Fr. 50 000.– an aufwärts von jeher
die Norm gewesen. Jetzt aber steigerten sich die Rabatte der Konkurrenz immer mehr.

Als Verhandlungen über die Erneuerung des Gesamtarbeitsvertrages im Metallgewerbe stattfanden, gab es wie jedesmal zähe Kontroversen. Teuerungsausgleich, mehr Ferien und Auswärtszulagen waren die strittigen Punkte. Peter war von der Gewerkschaft aus mit dabei. Neben dem Sekretär und einem ebenso aktiven Kollegen setzte er sich vehement für die Forderungen ein.

Die Gegenseite sprach davon, dass selbst die grossen chemischen Betriebe nicht mehr die Tarifpreise zu zahlen bereit wären. Peter riss der Geduldsfaden. Es war der Moment gekommen, wo er den Herren reinen Wein einschenken musste.

Er machte deutlich, dass man nicht einfach an den Löhnen einsparen könnte, was man den reichen Chemischen an Rabatten gewährte. Dafür hätten die Verbandsfirmen und nicht ihre Vertragspartner gerade zu stehen. Das hatte auf der Gegenseite grosse Augen und einen Unterbruch der Verhandlungen zur Folge. Zur Unterstützung seiner Stellungnahme hatte Peter den offiziellen Erfolgsbericht aus der National-Zeitung vorgelesen, in dem der betreffende Chemiebetrieb eine zehnprozentige Erhöhung seines Gewinns gegenüber dem Vorjahr bekanntgab. In der Verhandlungspause machte er seine Kollegen noch auf die wieder einmal erfolgte Erhöhung der Medikamentenpreise aufmerksam, weshalb die Krankenkassen bereits schon eine Prämienerhöhung angekündigt hatten. Aus diesen Gründen wäre es nicht noch nötig, ausgerechnet diesen Betrieben höhere Rabatte zu gewähren.

Nach der Wiederaufnahme der Verhandlungen ging das Feilschen um den Teuerungsausgleich von vorne an. Es fielen auf seiten der Unternehmer hässige Bemerkungen und falsche Auslegungen über die Höhe der Teuerung. Der Gewerkschaftssekretär, Peter und seine Kollegen reagierten entsprechend. Nach langem Hin und Her wurde der volle Teuerungsausgleich bewilligt. Für die Erhöhung der Auswärtszulagen legte der Sekretär einige Preise für bescheidene Mittagessen in Restaurants der weiteren Umgebung auf den Tisch, woraufhin auch dieses Begehren mit Murren und viel Wenn und Aber bewilligt wurde.

Die Forderung aber nach mehr Ferien ging nicht durch. Es hiess, man wollte zuerst noch einmal in den einzelnen Verbänden darüber reden, was nichts anderes bedeutete, als dass man es auf die lange Bank schieben wollte. Damit war die Verhandlung beendet. Jetzt musste das Resultat vor die Gruppenversammlungen, und dann würde es in einer zusammengefassten Entschliessung angenommen oder abgelehnt werden.

Mit Bedenken und Kritik wurde das Resultat schliesslich genehmigt. Die Forderung nach verlängerten Ferien wurde nicht abgeschrieben. Da wollte man abwarten, was die Gegenseite dazu noch sagen würde. In den Gruppenversammlungen wurde darauf hingewiesen, dass in jedem Fall die Mehrleistungen der Unternehmer den Kunden verrechnet werden. In aller Regel werden darüberhinaus noch die Preise für das Material angehoben. Es gibt eben verschiedene Wege, wie man als Unternehmer zu seinem Geld kommt.

Peter war also nicht nur beruflich gefordert, sondern auch gewerkschaftlich voll engagiert. Sein Chef unterstützte ihn schon im eigenen Interesse in seinem Kampf gegen das Rabattunwesen.

Es war Ostern geworden, und über hundert Teilnehmer versammelten sich auf der Elsässer Seite des Bahnhofs, um die vom SMUV organisierte Reise nach Paris anzutreten.

Gelöst und guter Laune erreichte die Schar über Mühlhausen und Troyes die Seine-Stadt. Vom Nordbahnhof war es nicht weit bis zum Hotel und zum guten, typisch französischen Mittagessen, das sie dort einnahmen. Der Nachmittag war frei, und so bummelte man je nach Lust und Laune durch die Stadt. Peter und Anna tippelten mit einigen Kollegen und ihren Frauen los. Einer der Kollegen war in Montreux aufgewachsen und sprach ein vollendetes Französisch. Peters Sprachkenntnisse waren auch noch einigermassen gut, so dass sie hoffen durften sich verständigen zu können. Unterwegs wurde die Gruppe von einem Mann im mittleren Alter angesprochen, der sich als Führer durch die Stadt anbot. Er sagte, dass er ihren Gesprächen erst eine Weile zugehört hätte, bevor er sie ansprach, weil er hatte sichergehen wollen, dass er es nicht mir Deutschen zu tun hatte, denn die hätten ihm gar nicht gepasst.

Unter seiner Führung besuchten sie den Jardin du Luxembourg und den Dôme des Invalides, wo Napoleon aufgebahrt ist. Ein Aufseher mahnte Peter, sein Beret vom Kopf zu nehmen, angesichts von Frankreichs grösstem Toten. Tatsächlich hatte Peter übersehen, dass alle den Hut gezogen hatten.

Danach spazierte man über die Champs Elysées zum Arc de Triomphe. Die Sehenswürdigkeiten, aber auch der dichte Verkehr machten einen starken Eindruck auf sie. Bei der kundigen Führung hatten sie einiges gesehen, wenn es auch ein anstrengender Tippel gewesen war. Unweit vom Hotel kehrten sie in einer der vielen Strassenbeizen ein. Ihr Führer verabschiedete sich und dankte für das gute Trinkgeld in Schweizer Währung. Man genoss noch ein wenig die Atmosphäre an der Strasse bei einem guten Dôle und kehrte darauf befriedigt ins Hotel zurück.

Am anderen Morgen stieg man nach einem reichlichen Frühstück in die wartenden Autobusse vor dem Hotel. Sie fuhren nach Versailles zu den Königsschlössern inmitten der grosszügigen Parkanlagen mit kunstvollen Springbrunnen. Sie hatten Pariser Gewerkschaftssekretäre mit guten deutschen Sprachkenntnissen als Führer. Die Erklärungen waren sehr kritisch, durchaus keine Lobhudeleien auf den ehemaligen Königshof. Damals hatte man schliesslich das ganze Geld, das man mit Abgaben und Steuern dem Volk abgezwackt hatte, für den eigenen Luxus verschwendet. Dass ein Graf oder Baron, ganz zu schweigen von einem König, Mitgefühl oder Verantwortung für seine Untergebenen gezeigt hätte, das war höchstens einmal eine einsame Seltenheit. Auch die Kirche hatte dabei kräftig mitgespielt, was allerdings nicht weiter verwunderlich war. Nun, einmal hatte all das ein Ende. Das Volk hatte rebelliert und in einem grossartigen Sturm auf die Bastille die ganze faule Gesellschaft hinweggefegt. «Aber das muss ich euch Gewerkschaftern ja nicht erzählen. Das habt ihr sicher in der Schule schon gelernt», meinte abschliessend der französische Kollege, der die Gesellschaft aus der Rheinstadt ausgezeichnet geführt hatte.

Am Abend, bei Gesprächen nach dem Nachtessen, meinte einer: «Meistens werden bei solchen Führungen durch Schlösser und Prunksäle die geschichtlichen ‹Heldentaten› der Adligen erklärt und das Ganze als schöne alte Zeit verzaubert. Wir haben in unserer so vorbildlichen Demokratie auch noch einige von diesen Angebern.» – «Das ‹Von› vor ihrem Namen ist doch ihr Aushängeschild», sagte Peter. «Sie würden es um alles in der Welt nicht weglassen, und es gibt immer wieder Schweizer, denen das Eindruck macht. Dabei weiss man doch schon lange, woher deren Reichtum stammt. Nicht zuletzt nämlich von diesen Königen, deren Bilder in Versailles hängen. Man sollte sie öfters einmal unter die Lupe nehmen, diese Wachsfiguren. Sie geben ja nicht selten noch den Ton an in der Industrie oder bei den Banken.»

Anderntags gab es am Abend eine Galavorstellung in den Folies Bergères mit Varieté und Tanzvorführungen. Josephine Baker schwebte splitternackt in einem Storchennest von der Decke herunter auf die Bühne. Es war eine verrückte Sache, sie singen und tanzen zu sehen. Peter hatte sie in Basel schon einmal bewundern können. Das Schönste für Anna und Peter aber war ein Paar, das einen einmalig schönen Tango zu einer traumhaften Musik aufführte. Peter war insbesondere von der raffinierten Beleuchtungs- und Bühnentechnik noch fasziniert, die auf diesem Gebiet Spitze war.

Müde und zerschlagen von dem Trubel kam man endlich zum Schlafen. Am nächsten Tag, dem letzten vor der Heimreise, fand noch eine Exkursion zum Schlösschen Trianon statt.

Nach dieser interessanten Abwechslung begann wieder der Alltag.

In der Gewerkschaftsarbeit trat Peter mit anderen Kollegen in Aktion, um die Mitgliederwerbung nach einem Plan, den sie gemeinsam ausgearbeitet hatten, voranzubringen. Sie machten Besuche bei Nichtmitgliedern, gingen von Haus zu Haus und versuchten sie zu überzeugen. Aber es harzte. Wer in einer Firma arbeitete, die dem Gesamtarbeitsvertrag angeschlossen war, und nicht Mitglied war, der musste nach der neuesten Regelung einen Solidaritätsbeitrag zahlen, da er ja vom Vertrag profitierte. Nun gab es welche, die der Meinung waren, damit ihre Pflicht erfüllt zu haben, was natürlich nur eine windige Ausrede war, mehr nicht. Andere brachten andere Ausreden, und die auswärts Wohnenden zeigten überhaupt kaum je Interesse. Die Grenzgänger waren sowieso ein Sonderfall, da sie mit der Stadt nicht so sehr verbunden sind und sich ihrer Stelle nie recht sicher fühlten. Die Gewerkschaft aber brauchte Mitglieder, um überhaupt ernst genommen zu werden.

Nach vielen Anstrengungen war das Resultat dennoch mager. Die Wirtschaftslage hatte sich merklich verbessert, und vielen schien es wohl, dass es nun auch ohne Gewerkschaft ginge. Offenbar konnten nur Zeiten von Krise und Not die Menschen zum Nachdenken bringen.

Auch die Lehrlingsausbildung war sehr verbesserungsbedürftig, wie die weit unter dem Durchschnitt liegenden Resultate zeigten. Man beschloss deshalb in der Gruppe Elektromonteure, einen Beitrag zur Ausbildung zu leisten, indem man einen zusätzlichen Kurs für die im letzten Lehrjahr stehenden einrichtete. Die Schwachstellen in der Lehre waren der Einbau von Zähler und Verteilanlagen, das Biegen der Rohre, das Spleissen der Kabel und die Metallbearbeitung einschliesslich des Werkzeugschleifens. Durch den Kurs zeigte sich, dass die Lehrlingsausbildung insgesamt einmal gründlich unter die Lupe genommen werden müsste, da diese Fertigkeiten den allermeisten Lehrlingen noch nicht einmal im vierten, dem letzten Lehrjahr vor der Prüfung auch nur gezeigt worden waren, geschweige denn, dass sie eingeübt worden wären. Es ging ja nun aber schlechterdings nicht an, Lehrlinge einzustellen, wenn man nicht fähig oder willens war, ihnen eine angemessene Ausbildung zu vermitteln.

Peter hatte in diesem Kurs die Sparte Metallbearbeitung am Schraubstock und an den Werkzeugmaschinen übernommen, weil er dafür von seinem erlernten Beruf her die besten Voraussetzungen mitbrachte.

Der Kurs war ein voller Erfolg. Die Lehrlinge waren eifrig dabei, denn nur wenige hatten bisher erlebt, dass ihnen etwas so gründlich vorgezeigt und erklärt wurde. Peter und seine Kollegen erlebten, wie man junge Leute begeistern kann, wenn man ihnen Vertrauen entgegen bringt und sie spüren, dass man ihnen aufrichtig zu helfen versucht. Zugleich war diese Sache eine gute Reklame für die unlängst gebildete Lehrlingsgruppe in der Sektion.

Im Sommer verbrachten Anna und Peter zwei erholsame Wochen in Vitznau am Vierwaldstättersee. Kollegen aus Herisau, die mit ihren Frauen zur gleichen Zeit dort waren, wurden bald zu guten Freunden. Man prostete sich am gleichen Tisch zu und unternahm gemeinsame Ausflüge. Es gab Abende, an denen man vor Wirtschaftsschluss nicht ins Bett kam, und das Tanzbein wurde geschwungen wie schon lange nicht mehr. Die Appenzeller hatten einen ganz besonderen, einmaligen Witz. Zwischendurch gaben sie manchesmal einen Jodlervortrag zum besten. Zufrieden und gut erholt dampften sie anschliessend wieder nach Hause.

Im Chemiebetrieb gab es einige interessante Aufträge für Peters Montagegruppe. So hatten sie die Installation für eine Elektrolysenanlage, die mit Gleichstrom und niederer Spannung betrieben wurde, zu bewerkstelligen. Es brauchte dazu ab Generator überdimensionierte Querschnitte für Kabel und Kupferschienen. Für die Elektromonteure war hauptsächlich das Biegen der achtmal hundert Millimeter breiten Kupferschienen um alle Ecken und das Ausrüsten des mächtigen Pol-Umschalters damit eine ungewohnte und sehr anspruchsvolle Arbeit. Dank Peters Erfahrung vom erlernten Schlosserberuf und vom Lokomotivbau her ging es zügig voran. Auch einer der deutschen Grenzgänger hatte noch aus seiner Lehre gute Kenntnisse auf diesem Gebiet.

Der Abteilungschef, ein Elektroingenieur und Dr. der Chemie, war sehr beeindruckt von der Arbeit der Monteure. In seinem Büro fanden immer wieder Besprechungen über das weitere Vorgehen bei der Montage statt. An diesem Mann war etwas, das ganz und gar aus dem üblichen Rahmen fiel. Er zeigte nicht eine Spur von Überheblichkeit und erkannte die Arbeit der Monteure voll und ganz an. In technischer Hinsicht schien er ein Genie zu sein. Peter beriet sich mit ihm nicht nur über die anfallenden Arbeiten, sondern sie führten auch Gespräche über den Chemiebetrieb und aktuelle, durchaus heikle und problematische Fragen.

Es konnte vorkommen, dass er Peter fragte: «Aber was denken denn Sie über das Problem Chemie und Natur?» Oder: «Wie sehen Sie auf weite Sicht die Folgen des grossen technischen Fortschritts?»

Einmal, als Peter die Bemerkung machte: «Ihre Leute müssen ja auch ganz schön dran», meinte er: «Ja, da haben Sie recht. Ich sehe es deshalb aber auch als selbstverständlich an, dass ich mich für sie einsetze. Das wird zwar oben gar nicht gerne gesehen, aber das ist mir egal. Denn wenn ich unsere Arbeit mit der anderer Abteilungen vergleiche, leisten wir einiges mehr. Diese Elektrolyse zum Beispiel ist ein völlig neuer Versuch, und deshalb ist man misstrauisch, ob sie sich auszahlen wird. Aber ich habe die Anlage bei mir zu Hause im Keller im Kleinformat aufgebaut und ausprobiert und den Erfolg damit bereits vorprogrammiert.»

Ein andermal sagte Peter, dass, der spezialisierten Arbeit seiner Monteure entsprechend, die aufgewendete Arbeitszeit eigentlich nach dem nächsthöheren Tarif berechnet werden müsste. Der Dr. der Chemie stimmte ihm ohne Ausflüchte zu. Bei einer anschliessenden Besprechung im Beisein des betriebseigenen Elektroingenieurs und seines Stellvertreters wurde Peter für seine Gruppe der Stundenlohn eines Schaltanlagenmonteurs, der um dreissig Rappen höher lag, bewilligt. In der Abrechnung ergab das um die dreitausend Franken mehr und war ein kleiner Trost für seinen Chef, angesichts der ständig steigenden Rabatte der Konkurrenz.

In der Gewerkschaft hatte der Gruppenpräsident der Elektriker sein Amt niedergelegt. Der zusätzliche Arbeitsaufwand war ihm zuviel geworden. Peter, als sein Vize, musste wohl oder übel bis zu einer Neuwahl einspringen. Probleme hatte er nicht deswegen, aber er hatte doch mehr Verpflichtungen und mehr Verantwortung damit übertragen erhalten als bisher.

Unterdessen war der Redekurs angelaufen. Von der über viertausend Mitglieder zählenden Sektion hatten sich zwischen vierzig und fünfzig Kollegen angemeldet. Ein Dr. Thommen und seine Frau waren die Instruktoren. Er war Psychologe und seine Frau Schauspielerin.

Nach der Einführung wurden vom Kursleiter Themen ausgeteilt, wobei auch eigene Themen von den Teilnehmern vorgeschlagen werden konnten. Es wurde aufgezeigt, welches der günstigste Ort in einer Versammlung für einen Redner ist. Es wurden Übungen gemacht zur Überwindung des Lampenfiebers. Tiefes Ein- und Ausatmen vermag dabei die erste Nervosität zu nehmen. Den Teilnehmern wurde nachdrücklich erklärt, wie wichtig das Lesen guter Bücher ist. Auf diese einfache Art kann man sich Redewendungen aneignen und seinen Sprachschatz erweitern.

Insgesamt gesehen war der Redekurs etwas völlig neues für die Kollegen und ihnen allen ungewohnt, aber sehr sehr notwendig. Das wurde mit jeder Kursstunde deutlicher. Peter und andere Kollegen kamen sogar zu der Überzeugung, es müsste ein Schulfach geben, das diese Fertigkeit vermittelt, denn eine Demokratie brauchte die Meinungsbildung auf allen Ebenen und die kann nur spielen, wenn man seine Ansichten auch zur Geltung bringen kann. Es war merkwürdig, dass dieser Bildungsmöglichkeit nicht mehr Beachtung geschenkt wurde. In der Bezirksschule hatte Peter nur einen winzigen Teil davon mitbekommen. Immerhin hatten sie im Geschichtsunterricht als Hausaufgabe einen Abschnitt im Lehrbuch durchlesen und in der Schule in freier, selbstgewählter Form vortragen müssen.

Das Mitmachen in diesem Redekurs brauchte allerhand Interesse und Aufmerksamkeit, um ihn nach der täglichen Anstrengung von der Arbeit noch mit Gewinn für sich zu besuchen. Ein wenig wurde es ihnen von den beiden Kursleitern erleichtert, die es verstanden, das Selbstvertrauen der Teilnehmer zu wecken und zu fördern.

Immer wieder wurden Aufbau und Gestaltung einer Rede wirkungsvoll anhand von Beispielen vorgeführt, so dass es einfach überzeugen musste. Unerlässliche Regeln waren dabei zu beachten:

Man muss etwas zu sagen haben.

Es soll eine Einleitung, einen Hauptteil und einen Schluss geben.

Bei mehr als zehn Zuhörern sollte man zum Reden immer aufstehen.

Eine wichtige, längere Rede muss geplant sein. Die Einleitung soll, wenn irgend möglich, auswendig vorgetragen werden. Unnötiges sollte man weglassen. Fremdwörter sollten weggelassen werden.

Modewörter sind kein Beweis von Intelligenz. Man soll nie aus der Mitte einer Versammlung heraus reden. Zuhörer, denen man den Rücken zuwendet, verlieren eher das Interesse.

Vor Beginn einer Rede sollte man ein paarmal tief durchatmen.

Man sollte eine ruhige und vor allem gelöste Haltung einnehmen.

Wichtig ist, zu informieren, zu belehren und zu begeistern. Zum Schluss sollte man, um seine Zuhörer zu überzeugen, das Gesagte noch einmal knapp zusammenfassen und in einer Steigerung, auch des Tonfalls, enden.

Bei den darauf folgenden Redeversuchen war das Lampenfieber für den einen oder anderen ein grosses Problem. Es gab vor lauter Aufregung Verwechslungen in der Anrede oder es wusste gar einer plötzlich nicht mehr weiter. Sie lernten, dass es darüber keinen Grund zu lachen gab, denn kaum war der nächste dran, konnte ihm dasselbe passieren.

Peter hatte im Ganzen gesehen, wie einige andere auch, keine Schwierigkeiten. Aufbau und Rhetorik einer Rede hatte er schnell begriffen. In der Aussprache musste er wie alle anderen ebenfalls einiges dazulernen.

Am Schluss des Kurses hatten alle sehr viel gelernt und profitiert. Vor allem aber hatten sie an Selbstvertrauen gewonnen.

Als stellvertretender Präsident der Gruppe Elektriker war Peter nun mehr engagiert. Sein eben erworbenes Redetalent konnte er bei verschiedenen Gelegenheiten einsetzen. Zusätzlich wurden ihm andere wichtige Funktionen übertragen. Der Einsatz im Sektionsvorstand kam hinzu, und er wurde Mitglied der paritätischen Berufskommission. Über die Wochenenden gab es Bildungskurse in Vitznau, die jedoch seiner Meinung nach nicht viel einbrachten. Ende des Jahres wurde er einstimmig zum Gruppenpräsidenten gewählt.

Auf der Arbeit, bei seiner Monteurgruppe in der Chemie, machte er eines Tages eine Entdeckung. In einem Archiv sollte in den schmalen hohen Gängen eine bessere Beleuchtung angebracht werden. Peter machte verschiedene Versuche, wie er den Raum am besten ausleuchten könnte, indem er die Lampen höher oder tiefer hängte und sie hin und her verschob. Dabei fiel eines der verstaubten Bücher aus einem Gestell. Als er es aufhob, klappte das Buch auseinander, und Peter begann flüchtig darin zu lesen.

Was er da las, war äusserst informativ. Es waren Berichte von Expeditionen, die in Nord- und Südamerika bei den dortigen Ureinwohnern, den Indios und Indianern, darauf aus waren, deren Heilkräuter und Heilmethoden kennenzulernen. Dem Buch zufolge hatten diese Expeditionen den Zweck, den Medizinmännern ihre Kenntnisse zu stehlen. Danach wurden die Kräuter in den europäischen Labors untersucht und zum Nutzen der Chemie-Aktionäre ausgewertet. Was dann als Forschung und Erfindung der Pharmaindustrie ausgegeben wurde, war demnach schlechterdings nur gestohlen.

Nicht genug damit, dass man ihnen das Land gestohlen und die geschlossenen Verträge mit ihnen nie eingehalten hat, nein, man trieb bei den verachteten «Wilden» auch noch Werksspionage.

An einem Samstagnachmittag hörten Anna und Peter zufällig eine interessante Reportage am Radio von dem bekannten Journalisten Tilgenkamp. Er berichtete hauptsächlich über heikle religiöse und gesellschaftliche Fragen. Diesmal war er zu Gast bei einem Zigeunertreffen in der Camargue in Südfrankreich. Viele Zigeuner waren ja vor dem Faschismus aus den Balkanstaaten geflüchtet. Hunderttausende waren unter Hitlers Regime ermordet worden.

Über all dies unterhielt sich der Reporter mit der Frau eines Stammesvorsitzenden. Unter anderem sprachen sie über die Abstammung der Zigeuner und ihr Bestreben nach einer ihnen eigenen gemeinsamen Sprache und Schrift. Auch über die Schwierigkeiten, die Zigeuner an allen Orten und zu allen Zeiten gemacht wurden und noch werden, wurde geredet. So gibt es auf dieser Welt noch so manches Unrecht gegen das es sich gemeinsam zu wehren gilt. Mit Mundhalten lässt sich nichts verändern und durch Verschweigen ist noch kein Unrecht aus der Welt geschafft worden.

In einer Gruppenversammlung berichtete Peter aus einer Veröffentlichung über die nunmehr bekannten Folgen des vergangenen Weltkriegs. Den Anlass dazu hatte die Frage eines engagierten Kollegen gegeben, der sich erkundigte, was man gewerkschaftlicherseits unternähme, damit sich eine solche Tragödie nie wiederholen könne. Leider musste Peter bestätigen, dass es in dieser Richtung nicht viele Aktivitäten gebe.

Am Beispiel einer Reise, die er vor kurzem nach Holland gemacht hatte, konnte Peter aber immerhin aufzeigen, dass die Wunden aus dem letzten Krieg nicht so schnell vernarbten, wie es sich gewisse Kreise in ihrem Interesse erhofften.

Siebenundzwanzig Personen hatten sich zur Abreise auf dem Bahnhof eingefunden. Weil die offiziellen Reiseleiter der Popularis-Reisegesellschaft mit Kapitän Stolpp in Amsterdam nicht gut auskamen, war Peter im letzten Moment als Reiseleiter für die Hin- und Rückreise aufgerufen worden. Vermutlich hatte man seinen Namen vom SMUV her gekannt. Kurzerhand war ihm die Liste der Teilnehmer, ein Kollektiv-Pass und ein Kollektiv-Billet in die Hände gedrückt worden.

An der Grenze hatte es Probleme gegeben wegen einer Krankenschwester in Peters Reisegruppe, die nur einen Nansen-Pass vorweisen konnte. Die Zollbeamten, die einen solchen Ausweis noch nie gesehen hatten, hatten einander hilflos angesehen. Peter hatte den Beamten erklären müssen, dass dieser Pass nach dem Ersten Weltkrieg von Fritjof Nansen angeregt und eingeführt worden war. Das Rote Kreuz führte diesen Pass, der internationale Gültigkeit hatte, offenbar noch immer weiter. Schliesslich war es das Rote Kreuz, das im Pass eingedruckt war, gewesen, dass die Zollbeamten ihn als Dokument akzeptieren liess.

In Amsterdam war die Gesellschaft von Kapitän Stolpp am Bahnhof abgeholt und zu seinem Boot geleitet worden, der von da an die weitere Reiseführung selber übernehmen würde. Auf Stolpps Schiff war die Gesellschaft kreuz und quer durch Holland gereist. Sie hatten die Zuidersee besucht, die Insel Marken, den Käsemarkt in Alkmar, Den Haag mit seinen Sehenswürdigkeiten und vieles mehr. Zurück in Amsterdam war man den Grachten entlang spaziert. Peter hatte das Gefühl, hier lebten die Menschen unbeschwerter und nicht so ernst wie in der Schweiz. Einzig die Erinnerungen an den Krieg, die in Gesprächen häufig angesprochen worden waren, hatten manchmal die gelöste Atmosphäre überschattet.

Bei einem Denkmal in Amsterdam, das an die Zeit der Besetzung erinnerte, hatte Kapitän Stolpp ein trauriges Ereignis aus dieser Zeit erzählt. Ein deutscher Oberst, der in einem Restaurant beleidigende Äusserungen gegen das holländische Volk getan hatte, war deswegen in der Dunkelheit erschossen worden. Aus Rache für diesen Anschlag waren noch in derselben Nacht eine Anzahl führender Männer der Stadt verhaftet und auf einen grossen öffentlichen Platz am Hafen geführt worden, wo sie vor den Augen der Bewohner der umliegenden Häuser, die man zu diesem Zweck aus ihren Wohnungen getrieben hatte, erschossen worden waren.

Stolpp hatte auch die zum Teil todbringenden Fahrten in den hohen Norden geschildert. Es war in den letzten Kriegsjahren gewesen, als Schiffe mit Hilfsgütern für die Russen in Murmansk aufgebrochen waren. Viele dieser Schiffe waren von deutschen U-Booten versenkt worden.

Am anderen Tag war es wieder heimwärts gegangen. Diesmal hatte an der Grenze alles reibungslos funktioniert, und Peter war

sehr froh darüber gewesen. Alle waren mit der Reise zufrieden
gewesen, und man hatte manches über die Einstellung der Holländer zu den Deutschen erfahren.

In der paritätischen Berufskommission hatte Peter mittlerweile einige Sitzungen hinter sich. Sie befasste sich in erster Linie
mit Fragen der beruflichen Bildung und der Einhaltung des
Gesamtarbeitsvertrages. Die Kasse, gespeist aus den Solidaritäts-
beiträgen der Unorganisierten, wurde von einem Sekretär des
SMUV verwaltet. In der letzten Sitzung hatte ein Mitglied der
Unternehmer über eine USA-Reise referiert, und dabei insbesondere über seine Beobachtungen in Sachen Elektroinstallationen
berichtet. Er hatte die Vorzüge der Arbeitsteilung, wie sie in den
grossen Städten der USA gehandhabt wurde, hervorgehoben. In
den Neubauten wäre die Arbeit so organisiert, dass eine Gruppe
nichts anderes machte als Rohre zu verlegen, während eine zweite
Gruppe nur Abzweigdosen und Unterputzkästchen setzen
würde. Wieder andere würden nur den Draht einziehen, und zum
Schluss kämen die, die alles nur noch anzuschliessen brauchten.
«Die kommen mit Kragen und Krawatte», hatte der Unternehmer abschliessend beeindruckt gemeint und noch einmal hinzugefügt: «Es ist alles spezialisiert und klappt reibungslos, richtig
amerikanisch.»
Peter hatte daraufhin gemeint: «Ja, dann kann man doch die
holen, wenn man schon Ausländer haben muss, oder nicht?»
Damals war eine grosse Nachfrage nach Arbeitskräften im Baugewerbe, auch bei den Elektrikern. «Nein», hatte der Referent
erwidert, «das geht nicht. Die können wir hier nicht brauchen.
Wir müssen gelernte Leute haben, die die ganze Arbeit und das
Technische beherrschen.» – «Also doch», hatte Peter gesagt,
«man hört ja so allerhand in letzter Zeit vom Land der unbe-
grenzten Möglichkeiten. Dementsprechend soll aber auch die
Qualität der Arbeit da drüben sein. Es kann ja nicht sein, dass
etwas rechtes entsteht, wenn jeder selber wurstelt, ohne eine
Ahnung von der Materie zu haben.»
Monate später erschien in einer Fachzeitschrift des Elektroin-
stallationsgewerbes eine Abhandlung über die Erfahrungen eines
Ingenieurs aus der Ostschweiz auf einer Studienreise quer durch
die USA. Dieser Mann kam zu dem Schluss, dass es dort über-

haupt keine eigentliche Berufsausbildung gäbe. Man hätte sich ganz darauf eingestellt, alles wenn möglich selbst zu basteln. Man sagt dort ja auch nicht Arbeit, sondern «Job», was alleine schon ein Ausdruck dafür ist, dass man keine innere Beziehung zur Arbeit hat und auch nicht haben will.

Inzwischen hatte Peter sich auch politisch voll engagiert. Schon lange war er darauf aufmerksam gemacht worden, dass man ihn gerne in der Partei sehen würde. Bislang hatte ihn die Spaltung der orgnisierten Arbeiterschaft von diesem Schritt abgehalten. Er war sich im klaren darüber, dass diese Zerrissenheit nur dem Gegner nützen konnte. Er hatte sich erst selber eine Meinung bilden wollen über Weg und Ziel der Arbeiterbewegung. Das Vergangene liess doch einigermassen erkennen, welche Fehler man nicht wiederholen sollte. Letzten Endes hatte er eingesehen, dass man sich wirksam engagieren muss, wenn man mitbestimmen will. Also war er der Sozialdemokratischen Partei (SP) beigetreten, weil es für ihn der logischste Schritt war. Bei den kommenden Wahlen war er nun auch für die Partei in Aktion.

Alles zusammen musste er in seiner Freizeit bewältigen. Wenn er sich umsah, hatte Peter immer wieder festgestellt, dass viele Männer und Frauen sich für gar nichts interessierten. Für die Männer spielte in ihrer Freizeit vielfach der Sport eine grosse Rolle, oder vielmehr das, was sie so bezeichneten, das Zuschauen nämlich. Gymnastik betrieb Peter im SATUS ja selber, aber aktiven Sport machten die meisten in der Regel nicht mit. Sie schwärmten für den Fussballmatch und für den Spitzensport, wo Sportler sich häufig nur für gutes Geld wirklich einsetzten. Diese Sportunterhaltung hat als Ablenkung von heiklen politischen und wirtschaftlichen Problemen durchaus eine politische Dimension.

Wie hatte ein römischer Kaiser gesagt?

– Gebt dem Volk Brot und Spiele!

Er hätte hinzufügen sollen: Dann sind sie zufrieden und kümmern sich nicht um unsere Schlemmereien.

Auch die Werbung und Propaganda der SP stiess in der Öffentlichkeit nicht auf überwältigendes Interesse. Man profitierte wie selbstverständlich von den Fortschritten, die auf gewerkschaftlicher und politischer Ebene erstritten und ausgehandelt worden waren. Wenn man aber mit so jemandem ins Gespräch kam, hiess es nur: «Ja, das ist doch heute selbstverständlich.» Manchmal fragte Peter sich dann, wozu er sich eigentlich so viel Mühe machte. Dazu gesellten sich noch Enttäuschungen in den eigenen Reihen angesichts von so manchem selbstherrlichen Funktionär oder einem egoistischen Streber, der nur auf sein Mandat bedacht war.

Im Sektionsvorstand der Gewerkschaft gab es Aktionen, Anregungen und Beschlüsse, die durchaus den Zielen einer Gewerkschaft entsprachen. Es gab aber auch anderes. Die Sekretäre zum Beispiel wurden von den Sektionen gewählt, aber aus der Kasse der Landeszentrale bezahlt. Alle wichtigen Aktivitäten in bezug auf die Gesamtarbeitsverträge wurden zuerst auf Konferenzen der Sekretäre abgesprochen. Entsprechend von oben herab war manchmal das Verhalten dieser Sekretäre den Sektionsmitgliedern gegenüber. Manchmal musste ihnen die demokratische Zuständigkeit klargemacht werden. Darüber schieden sich die Geister häufig schon im Sektionsvorstand oder auf einer Delegiertenversammlung.

An einer der Wochenendveranstaltungen für Vertrauensleute in Vitznau kam unter anderem das Problem des Friedensabkommens zwischen Gewerkschaften und Unternehmern zur Sprache. Dass «um jeden Preis» immer erst verhandelt werden sollte, passte so manchem nicht in den Kram. Von den Sekretären der Zentrale wurde an Beispielen dargelegt, dass man nur auf diese Weise überhaupt Fortschritte erreichen könne und dass Streiks auf die Dauer wenig oder gar nichts einbrächten. Das Thema war weiss Gott nicht neu, doch wurde es nicht nur von «Stürmis» ständig neu aufgebracht. Derjenige, der es diesmal in die Diskussion gebracht hatte, war schon an manchen Verhandlungen beteiligt gewesen, wie man an seinen Ausführungen, seinen Begründungen und Fragen leicht merken konnte.

Der Kollege argumentierte folgendermassen: «Die Argumente für ein Friedensabkommen, wie Abhängigkeit von Rohstoffen und Export, sind sicher zu berücksichtigen. Ebensogut aber kann es Fälle geben, in denen man zu härteren Massnahmen greifen müsste. Richtiger als eine unbedingte Friedenspflicht wäre in diesen Fällen eine relative, den jeweiligen Verhältnissen angepasste.

Es ist doch unbestritten, dass sich die Unternehmer für alles und jedes, das sie in Verhandlungen zugestehen, ganz sicher auf irgendeine Art schadlos halten. Kürzere Arbeitszeiten werden durch raffiniertere Arbeitsteilungen mit mehr Stress für den Einzelnen oder durch Rationalisierungen wieder ausgeglichen. Mehr Ferien und teuerungsbedingte Lohnerhöhungen werden über die Preise wieder hereingebracht. Stets aber jammern sie, dies oder jenes nicht bieten zu können, weil sonst die Bude geschlossen werden müsste. Stattdessen machen sie in vielen Fällen trotzdem noch höhere Gewinne, und die Dividenden steigen.

Zugegeben, es gibt Sachzwänge von den Rohstoffen und vom Weltmarkt her. Es gibt aber ebensogut Fehler in der Unternehmensführung. Die Wirtschaftskrisen, die sich nach einer Hochkonjunktur automatisch einstellen, sind nicht bloss zufällig. Sie sind Fehler eines nur auf Eigennutz gegründeten Gesellschaftssystems. Weltweit müsste da etwas geändert werden. Ein typisches Beispiel bietet die Uhrenindustrie.

Längst werden in allen möglichen Ländern Uhren in Massen fabriziert und angeboten. Die Schweiz hat selbst dazu beigetragen, dass weltweit ein grosses Überangebot besteht. Trotzdem wird die Fabrikation mehr und mehr ausgeweitet, obwohl selbst der Dümmste wissen muss, dass man keinem vernünftigen Menschen drei oder vier Uhren verkaufen kann. Mit vielen anderen Erzeugnissen geht es ebenso.

Umgekehrt fehlen in den Entwicklungsländern die primitivsten Selbstverständlichkeiten. Man kann auch noch ein bisschen weiter denken und fragen, wozu nach der grössten Tragödie der Weltgeschichte nun schon wieder Waffen fabriziert werden. Wie schon erwähnt: Es gäbe genug zu tun, wenn man dort ansetzen würde, wo sich die Schalthebel der Macht befinden. Da man aber auf diese Weise weiter wurstelt, wollen wir nicht immer alles ausfressen müssen, was da falsch läuft. Und deshalb müssen wir uns ernsthaft darüber Gedanken machen, ob wir nicht in Sachen Friedensabkommen etwas zu unseren Gunsten ändern müssen.»

Das Votum dieses Kollegen hatte einigen Eindruck gemacht. In der Zentrale war man offenbar trotzdem anderer Ansicht. Doch wenn man tatsächlich in einer Demokratie lebte, müsste die Entscheidung über diesen Punkt von der Basis her erarbeitet werden.

In der Mittagspause gab es mit Kollegen aus der Region Zürich einen erregten Meinungsaustausch über die Waffenfabrikation, an dem sich auch Peter beteiligte. Die in den entsprechenden

Betrieben Beschäftigten führten als Argumente für die Waffenproduktion die Arbeitsplätze, die eigene Landesverteidigung und den Export an. «Da kann man nicht einfach die Rüstung abbauen», meinten sie.

«Ja, dass das nicht einfach ist, wissen wir auch. Aber auf der anderen Seite steht doch für jeden einsichtigen Menschen fest, dass wir alles tun müssen, um einen weiteren Krieg zu verhindern, stimmt's nicht? Dass man heute schon nicht mehr an die ca. fünfundfünfzig Millionen Toten von 39/45 denkt, ist einfach unglaublich!» Peter hatte an sein Glas geschlagen, um sich allseits Gehör zu verschaffen. Er hatte es sagen müssen, mit aller Deutlichkeit. Und er war aufgestanden dazu.

Er fuhr fort: «Jemand hat gesagt, dass es Krieg immer wieder geben wird. Gut denn; aber kann man denn darauf warten, dass es wieder losgeht? Für was haben wir denn dann noch Schulen und Kirchen? Dem gegenüber kann ich nur sagen: Nie wieder Krieg, weg mit den Waffen! Und ich hoffe, es werden immer mehr, die das sagen und fordern.» Einige jüngere Kollegen klatschten Beifall. Andere zuckten mit den Achseln. Einige sahen betroffen aus. Einer meinte: «Du hast ganz recht, man sollte schon mehr darüber nachdenken.» Doch die angesprochenen Fragen blieben in der Luft hängen, da man nun aufstand und zum Mittagessen ging.

Seit einigen Monaten hatte Peter in seiner Montagegruppe im Chemiewerk einen italienischen Hilfsmonteur. Rinaldo war ein gut aussehender Südländer. Er war gelernter Mechaniker und hatte schon in Frankreich, Österreich und der Bundesrepublik auf seinem Beruf gearbeitet. Stolz hatte er Peter seine Zeugnisse vorgezeigt. Er war sehr wissbegierig und wollte noch mehr über Elektroinstallationen lernen. Alles, was man ihm zu tun anwies, erledigte er gewissenhaft. Ab und zu unterhielt Peter sich mit ihm über seine Pläne. Sein Deutsch war recht gut.

Nach einiger Zeit wünschte Rinaldo, angeblich aus familiären Gründen, einen unbezahlten sechswöchigen Urlaub. Peter wies ihn an den Chef, der dafür zuständig war. Dem Chef waren die sechs Wochen zu lang, und er löste darum das Arbeitsverhältnis mit Rinaldo auf, was Peter sehr bedauerte. Zwei Wochen lang arbeitete Rinaldo noch in seiner Gruppe weiter.

Bevor er sich endgültig verabschiedete, erklärte er Peter in einer Beiz bei einem Glas Wein den tatsächlichen Grund für seinen Urlaubswunsch. Er war aktives Mitglied der Kommunistischen Partei in Italien. Zweimal schon war er an sechswöchigen Kursen der Parteischule in Rom gewesen, wo man Funktionäre und Propagandaleute ausbildete. Es wurden Lerneifer, Selbstdisziplin und Verständnis und Vertrauen in das kommunistische Programm erwartet. Nicht alle hielten die hohen Anforderungen durch, und einige gingen wieder weg. Er, Rinaldo, wollte es wissen. Es war ein anspruchsvolles Bildungsprogramm. Vorträge und Kurse in Politik, Wirtschaftsfragen und Geschichte gehörten ebenso dazu wie Sprachkurse in Deutsch und Französisch und eine ausgiebige Rednerschulung. Auch die Auslandsaufenthalte seien Teil des Schulprogrammes. Es wurde gewünscht, dass man sich einstweilen privat nicht binden sollte.

Damit war auch Rinaldos Äusserung erklärt, der einmal gesagt hatte: «Ich gehe sehr gerne hie und da in ein Dancing und habe auch schnell Anschluss. Aber ich möchte mich halt nicht weiter einlassen mit Frauen.» Dabei war er mit seinem schwarzen Kraushaar ganz der Typ, der bei Frauen grosse Chancen haben musste.

Peter war überrascht, als er den wahren Grund für Rinaldos Abschied hörte. Wenn er sich mit ihm unterhalten hatte, hatten Rinaldos Äusserungen Sachkenntnis und Intelligenz spüren lassen. So indiskutabel konnten also die Ansichten und Ziele der Kommunisten gar nicht sein. Vielfach wurde über kommunistische Parteien sehr abschätzig geurteilt. Manchmal spürte Peter hinter diesen Urteilen nur Überheblichkeit ohne dass der Betreffende hätte sagen können, wie es besser zu machen wäre. Peter war der Ansicht, dass man es sich in seinem Urteil nicht zu leicht machen sollte. Die kommunistische Partei spielte in Italien als Arbeiterpartei immerhin die grösste Rolle. Sie unterwarf sich auch keinen Direktiven aus Moskau. Wenn sie zustimmte, geschah es aus Überzeugung. Ihre schärfsten Konkurrenten waren und sind die Christdemokratische Partei und die katholische Kirche. Peter dachte lange darüber nach, was ihm Rinaldo erzählt hatte, und gelangte zu der Einsicht, dass die Parteischule in Rom und die kommunistischen Ideale eine ernstzunehmende Angelegenheit waren.

In den letzten Jahren schien sich die Schmutzkonkurrenz, die den Chemischen überhöhte Rabatte anbot, gemildert zu haben. Jetzt aber sah es so aus, als sollte dieses Schmierentheater wieder in Szene gesetzt werden. Alles deutete darauf hin, dass die beiden Angestellten im Betriebsbüro von bestimmten Unternehmern in irgendeiner Form bestochen worden waren. Ein Chefmonteur aus der Branche meinte zu Peter: «Die spielen auf zwei Geigen. Einmal machen sie Punkte bei ihrer eigenen Firma wegen der billigen Offerten, und zum anderen holen sie für sich selbst bei den Schmutzkonkurrenten auch noch etwas herein.»

Trotzdem hatte Peters Montagegruppe immer wieder Aufträge, ohne sich an diesen Machenschaften zu beteiligen. Vielfach führten sie spezielle Installationen aus, die einige Anforderungen an ihr Können stellten und nicht so ohne weiteres von jeder beliebigen Firma erledigt werden konnten. Manchmal arbeiteten sie eng mit dem zuständigen technischen Büro im Betrieb zusammen.

Längst hatte man dort herausgebracht, dass Peter seiner gewerkschaftlichen und politischen Tätigkeit wegen über all diese Fragen Bescheid wusste. Es hatte unter den Technikern im Büro viele flotte Typen. Junge Leute, die die Geschehnisse in der politischen Landschaft mit viel Interesse verfolgten. Es konnte vorkommen, dass sie unter sich über etwas diskutierten, worüber sie verschiedener Meinung waren. Dann hiess es: «Warten wir ab, was Peter dazu sagt.» Und er sagte ihnen unverblümt das, was er für richtig hielt. Diese Kontakte trugen natürlich nicht wenig zu einer guten Atmosphäre bei.

Bei Peter zu Hause lief soweit alles rund. Er war politisch, gewerkschaftlich und beruflich so sehr in Anspruch genommen, dass er meistens zwei bis drei Abende in der Woche weg war. Anna fand ihr Vergnügen im Gesangverein. Der Junge entwickelte sich gut, und damit war eigentlich alles in Ordnung. Natürlich gab es hin und wieder Meinungsverschiedenheiten. Anna arbeitete zuerst halbtags, dann den ganzen Tag in einer grösseren Firma, die Früchte verarbeitete. Sie brachte es schnell zur Vorarbeiterin und übernahm damit die Aufsicht und Verantwortung für bis zu fünfzehn Frauen. Manchmal war es nicht gerade ein Vergnügen für sie. Finanziell hatte man so zwar keine Sorgen, aber die Beanspruchung war auch für Anna enorm. Sie waren allerdings beide in ihren besten Jahren, wo man von diesen Belastungen nicht allzuviel spürt.

Entsprechend der konjunkturellen Blüte und der dadurch erreichten Verbesserung der Gesamtarbeitsverträge war die Lebensqualität der Werktätigen gestiegen. Die Motorisierung breitete sich aus, und das Auto wurde zum Statussymbol. Auch Peter schaffte sich ein Auto an, wenn er auch nicht sehr eingenommen von diesem Fahrzeug war und einer der letzten unter seinen Kollegen, der sich eines zulegte. Für seine Funktion als Chefmonteur hatte es wenigstens einige praktische Bedeutungen. Zudem war es nur ein kleiner Renault «Heck».

Peter und Anna unternahmen im Renault eine Ferienreise ins Tirol, mit Aufenthalten in Innsbruck und München. Interessante, aber auch zwiespältige Eindrücke hatten sie bei diesem Blick über die Grenzen mitbekommen.

Anders war es dann bei einer Reise per Autocar nach Jugoslawien. Das andere Gesellschaftssystem dort war ihnen eine, wenn auch nur flüchtige Studie wert. Im Lande Titos war man bestrebt, einen Sozialismus mit stark genossenschaftlicher Prägung unter Führung der Kommunistischen Partei aufzubauen.

Im Raume Rijeka genossen sie den Urlaub in vollen Zügen. Sie unternahmen Ausflüge nach der Insel Raab, zu den zwölf Kilometer langen Tropfsteinhöhlen in Pastonja und nach Lippiza, wo seit der Habsburger Regentschaft die berühmten weissen Pferde gezüchtet werden. Zwischendurch faulenzten sie am Badestrand, besuchten die nähere Umgebung und unterhielten sich bei Gelegenheit mit den Einheimischen. Ziemlich viele Menschen dort sprachen Deutsch. Hauptsächlich waren dies alte Leute, die noch die Habsburger Monarchie erlebt hatten und unter der Herrschaft der Österreicher aufgewachsen waren. Die jugoslawische Regierung war bestrebt, allein schon wegen der Erinnerung an den Zweiten Weltkrieg, das Deutsche nicht länger zu fördern; auch um einem Staat, der sechs Volksgruppen vereinigt, eine einheitliche Sprache und damit eine grössere Selbständigkeit zu geben.

Mit einem politischen Funktionär, der als geflohener Gefangener während des Krieges einige Monate in der Schweiz interniert gewesen war, sprachen sie über die Probleme und Schwierigkeiten, die bei dem Versuch auftreten, eine andere Gesellschaftsform zu schaffen. Der Funktionär klärte Peter und Anna auf: «Manche arbeiten ehrlich mit bei den vielfältigen Aufgaben, die sich uns stellen. Das Ganze kann nur gelingen, wenn der Solidaritätsgedanke wirklich präsent ist und funktioniert. Wenn man sich dem gemeinsamen Ziel verpflichtet fühlt. Es gibt grossartige Beispiele von Männern und Frauen, die schon zur Zeit des Partisanenkampfes ihr Teil beigetragen haben. Die jungen Menschen werden in der Schule in diesem Sinn erzogen, im Sinne einer gemeinschaftlichen Aufgabe. Aber bei alledem gibt es Egoisten und Versager, die ausscheren und verbotene Nebengeschäfte betreiben. Manchmal geht es lange bis man darauf kommt. Dann aber ist die Strafe hart. Das gibt zweifellos Enttäuschungen. Wir wissen auch ganz genau, dass wir eine schwere Aufgabe übernommen haben. Aber es ist für mich und viele, viele andere so etwas wie eine Religion. Wir glauben dass das, was wir tun, richtig ist. Kannst du das verstehen? Du, der du doch aus einer kapitalistischen Demokratie stammst?» Peter schwieg betroffen, und es ging ihm lange nicht aus dem Kopf.

In einer Schlosserei, die er besuchte, liess er sich vom Meister erklären, dass dies ein Privatbetrieb wäre: «Ich, der Meister, habe drei Gesellen. Gerade soviele, wie noch zulässig sind. Alle Betriebe, wo mehr Leute beschäftigt sind, müssen in eine Genossenschaft umgewandelt werden.»

In einer Lehrwerkstätte für Metallberufe bekam Peter einen kleinen Eindruck vom jugoslawischen Berufsbildungssystem. Die Vorbereitung auf das selbständige Arbeiten war in etwa dieselbe, wie sie in einer Lehre in der Schweiz stattfand. Hier aber wurden im letzten Lehrjahr selbständige Arbeitsgruppen gebildet, die in eigener Verantwortung ein anspruchsvolles Werkstück in gemeinsamer Zusammenarbeit anfertigten. Jeder war verpflichtet seine Meinung über das beste Vorgehen einzubringen. Die beste Lösung wurde nach allgemeiner Übereinkunft akzeptiert und die Arbeit entsprechend ausgeführt. Der Intelligentere hatte die Verpflichtung dem Schwächeren zu helfen, und zwar so lange, bis auch dieser vollständig begriffen hatte. Alles geschah in Ruhe und Kameradschaft und war so ziemlich das Gegenteil von unserem «Wer weiss es?»-Stil. Nur auf diese Weise, hiess es, könnte der Schwächere gefördert werden und nur so entstünde ein Verantwortungs- und Gemeinschaftsgefühl.

Peter war sehr beeindruckt, wusste er doch nur zu gut, um die Schwächen der Berufsbildung in seiner Heimat. Man könnte auch bei den Kommunisten etwas lernen, wenn man nicht immer grundsätzlich alles ablehnen würde, was von ihnen kommt.

Auf den Exkursionen gaben die Führer immer wieder Hinweise auf den Widerstand gegen die Nazi. In der Tropfsteinhöhle von Postonia hatten die Deutschen im Krieg riesige Munitionsvorräte gelagert, die eines Tages von Partisanen, die durch versteckte Spalteneingänge in die Höhle gelangt waren, in die Luft gesprengt wurden. Viele Denkmäler erinnerten an den Widerstand. In einer ehemaligen Kirche waren die Glocken abgenommen und in einem Durchgang zur Schau gestellt worden, weil die Pfarrherren mit den Deutschen geliebäugelt hatten. In einer anderen Kirche, deren Geistliche insgeheim die Partisanen unterstützt hatten, fanden normale Gottesdienste statt.

Peter und Anna waren von diesen Berichten stark beeindruckt. Es gab andere in der Reisegruppe, die davon überhaupt nicht berührt waren. Für sie gab es nur die Devise: Interessiert mich nicht, solange es mir nur gut geht.

Jugoslawien, mit seinem Bemühen um eine bessere, gerechte Zukunft, seinen grossartigen Volkstänzen und seiner eigenwilligen Musik würde für Peter und Anna unvergesslich bleiben.

In Basel nahm Peter seine gewohnte Arbeit wieder auf. Mit der deutschen Büroangestellten in seiner Firma hatte er bald darauf eine kleine Auseinandersetzung. Unter den Arbeitern, speziell den gelernten Berufsleuten, war man der Meinung, dass die Stadt sich in erster Linie als Universitäts- und Handelsstadt verstand. Die sonstige Arbeit, die dort geleistet wurde, war nur so beiläufig dabei und nicht besonders erwähnenswert. Diese Auffassung hatte Peter auf gewerkschaftlicher und politischer Ebene oft gehört und zuweilen selber bestätigt gefunden. Wenn etwa am Radio über den Alltag gesprochen wurde, kam als Arbeitsplatz nur das Büro zur Sprache. Eine Werkstatt oder gar Fabrik existierte im Wortschatz der Sprecher gar nicht. Peter war das zuerst nicht einmal aufgefallen. Aber nachdem andere ihn darauf aufmerksam gemacht hatten, hatte er begonnen genauer hinzuhören und da fiel es ihm dann auf.

Peter gab seine Offerten bisher fix und fertig zum Maschinenschreiben im Büro ab. Der Chef brauchte nur noch zu unterschreiben, bevor sie hinausgingen. Als aber die Sekretärin wechselte und eine Deutsche ihre Arbeit übernahm, glaubte sie, dabei unbedingt mitmischen zu müssen. Peter wehrte ab: «Nein. So wird es geschrieben und nicht anders.»

Die Sekretärin hatte keine Ahnung von der Materie und von den notwendigen Fachausdrücken. Doch weil sie es einfach nicht verputzen konnte, dass sie die Offerten nicht nach Gutdünken verändern konnte, musste Peter ihr in aller Deutlichkeit klarmachen, dass er nicht erst bei ihr schreiben oder rechnen lernen müsse. Erst dann klappte es.

Unbegreiflich, dass Büroarbeit mehr gelten sollte als gelernte Handwerkerarbeit. Dabei waren die Anforderungen für einen Metallberuf wesentlich höher. Die Lehrzeit dauerte länger, und zur Routine der Handarbeit mussten die technischen Kenntnisse erlernt werden. Auch Anforderungen im technischen Zeichnen und einige Ansprüche beim Rechnen kamen noch hinzu. Peter musste diese Überheblichkeit noch bei anderen Gelegenheiten erfahren, doch er nahm dabei nie mehr ein Blatt vor den Mund.

Mit den Akademikern hatte er ähnliche Erfahrungen gemacht. Wenn sich einer korrekt benahm, dann gut: Alle Achtung! Wenn er sich aber aufspielte und mit Fremd- und Modewörtern prahlte, wurde Peter skeptisch. Die bisher grösste Tragödie der Menschheit mit ca. 55 Millionen Toten hatte ihren Ausgang schliesslich von einem Land berühmter Universitäten genommen. Fast alle waren stramm gestanden. Und wenn man noch so schöne Sprüche macht von der Kultur des Abendlandes, darf und soll man nie vergessen, wozu gebildete Menschen imstande waren.

In Gewerkschaft und Partei gab es viel zu tun. Es standen Wahlen bevor. Von verschiedenen Seiten wollte man Peter auf die Kandidatenliste der Sozialdemokraten und Gewerkschafter bringen. Er aber winkte ab. Er war bei den letzten Wahlen schon auf der Liste gewesen und hatte bei den Wahlvorbereitungen einige unangenehme Erfahrungen gemacht.

Damals waren hinter den Kulissen grossangelegte Intrigen und Absprachen passiert. Bei der Kandidatenaufstellung hatten die, die einen sogenannt angesehenen Beruf hatten und womöglich noch einen Doktor vor dem Namen führten, die besseren Chancen. Auf dem Wahlzettel wurden die Kandidaten dem Alphabet nach aufgeführt. Daher war Peter der Zweitletzte auf der Liste. Wurden nun vorne manche Namen mehrfach genannt, mussten andere dafür gestrichen werden, und mit dem Streichen begann man gewöhnlich von hinten. Berücksichtigte man zudem, dass ein Arbeiter aus einem Privatbetrieb wegen der Absenzen und der finanziellen Entschädigung Schwierigkeiten ausgesetzt war, sah eine Kandidatur nicht sonderlich verlockend aus.

Peter hatte sich damals nicht beklagen können, denn in den Resultaten figurierte sein Name ziemlich genau in der Mitte der Kandidatenliste. Diesmal aber präsidierte er nur die Wahlversammlung in der Gewerkschaft. Es fiel ihm schwer, in dieser Funktion Kandidaten anpreisen zu sollen, die das ganze Jahr nie an einer Versammlung erschienen waren und nun plötzlich entdeckten, das sie im Grossen Rat der Stadt eine gute Figur machen würden. Er konnte es sich nicht verkneifen, dem einen oder anderen zu sagen: «Merkwürdig, dich habe ich ja schon ewig lange nicht mehr gesehen...»

Zu den Wahlen startete man aufwendige Aktionen in den Quartieren. Man verteilte wohl auch Flugblätter und Extra-Zeitungen, aber ausserdem ging man gruppenweise in den Arbeiterzentren in die Häuser, stieg die Treppen hoch und animierte die Leute zum Stimmen. Man musste gut Bescheid wissen, wenn man überzeugen und Einwände widerlegen wollte. Damals wie heute wirkte sich die Stimmabstinenz negativ für die Kandidaten der Werktätigen aus. Trotz aller Anstrengungen erreichte man nie mehr dieselbe Begeisterung wie ehemals für die rote Mehrheit. Eine Revolution mit dem Stimmzettel war nicht mehr zu bewerkstelligen.

Viele, die der Wahl fernblieben, waren enttäuscht, dass es nicht gelungen war, mit Gesamtarbeitsverträgen und einer besseren Vertretung bei den Behörden eine menschliche Gesellschaftsordnung durchzusetzen. Anderen tat der erreichte Wohlstand nicht gut. Sie hielten das Erkämpfte für selbstverständlich und mochten nicht einsehen, dass es auch weiterhin notwendig ist, sich für eine bessere Gesellschaft einzusetzen.

Am entscheidenden Hebelarm aber sitzen noch immer die Finanzgewaltigen, die Banken und die Kapitäne der Multis und niemand anderes. Es lässt sich sogar nachweisen, dass sich gesellschaftliche Macht auf immer weniger Menschen konzentriert. Aber darf das ein Grund sein für totale Resignation?

Noch immer fehlte ein gewerkschaftlicher Schulterschluss auf internationaler Ebene. Gelegentliche Kontakte zwischen Spitzenfunktionären konnten darüber nicht hinwegtäuschen. Wie kann es angesichts dieser Verhältnisse zu glaubhaften Veränderungen in der Machtverteilung kommen? Wie kann der internationale Kapitalismus, der sich so gerne einen anderen Namen gibt, in die Schranken verwiesen werden? Befürworten die führenden Leute auf gewerkschaftlicher und politischer Ebene überhaupt Schritte in dieser Richtung? Diese Fragen tauchten immer wieder auf. Wurden sie in bestimmten Zeitungen oder auf Versammlungen gestellt, erhielt man meist nur nichtssagende Auskünfte oder Versprechen zur Antwort. Im schlimmsten Fall wurde diese dringende Frage als Folge einer überspannten Ideologie gebrandmarkt.

Tatsache ist aber, dass die Waffenproduktion und der Waffenhandel sich mehr und mehr ausbreiten. Dass die Spannungen zwischen den Blöcken nicht abgebaut werden. Man muss kein Hellseher sein, um zu wissen, wohin das treibt. Diesen Tendenzen muss etwas entgegengesetzt werden. Peter war der Meinung, dass spätestens an diesem Punkt die Ausreden aufzuhören hätten und man wissen müsste, ob man sich dieser katastrophalen Entwicklung entgegenstellen will oder nicht.

Zu seiner Freude hatte Peter die Gelegenheit, etwas unerwartet Positives in der Schweiz kennenzulernen. Früher hörte man oft vom Ethos der Arbeit sprechen. Einen Hauch davon hatte Peter in seiner Schlosserlehre verspürt und auch hernach bei vielem, was er in die Hand nahm und von Anfang bis Ende kreativ vollenden konnte. Solche Arbeit hatte ihm innere Befriedigung, Selbstbewusstsein, Sicherheit und Stolz auf das Geleistete gegeben. Er hatte darin zu sich selbst finden können. Im grossen und ganzen aber war das Wort vom Ethos der Arbeit zur Phrase geworden. Die fortschreitende Technisierung und die Scheinkonjunktur mit ihrer Wegwerfgesellschaft hatten so weit geführt, dass man nicht mehr von Arbeit sprach, sondern von einem Job. Das bedeutete, dass egal ist, was man arbeitet. Hauptsache man verdiente damit

Geld. So war die persönliche Beziehung zur Arbeit verlorengegangen, und der Job wurde zur lustlos getanen Zwangsarbeit. Ein negativer Einfluss auf die menschliche Gesellschaft war die Folge, denn damit hatte das Leben an Inhalt verloren.

Ausnahmen gibt es noch im Gewerbe, in den freien Berufen und in der Erziehung. Die Massenproduktion mit ihrer Spezialisierung an Fliessbändern und Automaten lässt bei dem betroffenen Arbeitnehmer das Gefühl aufkommen, dass er nur ein winziges Rädchen in der Produktion ist. Bald wird dieses Gefühl zur Gewissheit, was logischerweise zur Folge hat, dass er jedes Interesse an seiner Arbeit verliert, weil er keine Beziehung mehr zum Endprodukt hat. Die Menschen sind ihrer Arbeit entfremdet.

Nun hatte Peter Gelegenheit, auf Einladung einer Schaffhauser Firma für Elektroapparate, die ein Jubiläum feierte, an einer Werksbesichtigung teilzunehmen. Es waren noch viele Interessierte mehr zu diesem Anschauungsunterricht nach Schaffhausen gereist. Die Einladung war an alle Unternehmen der Elektrobranche ergangen. Aus Peters Stadt waren jedoch nur wenige gekommen. Viele Unternehmer liessen sich durch einen technischen Angestellten oder, wie in Peters Fall, durch einen Chefmonteur vertreten.

Stockwerkweise wurde die Produktion von Fachleuten aus der jeweiligen Abteilung eingehend vorgeführt und erläutert. Fliessbänder und moderne Produktionsapparate waren in Betrieb. Was den Besuchern auffiel, war die gelöste Atmosphäre unter den Arbeitern und Arbeiterinnen. Peter und andere mutete diese Atmosphäre merkwürdig an. Das hatten sie nicht erwartet. Die Informationen, die man ihnen gab, waren sehr umfangreich, aber durchwegs interessant, sowohl technisch als auch in bezug auf die damit zusammenhängenden Probleme im Arbeitsprozess.

Schliesslich langte die Besuchergruppe im obersten Stockwerk an, wo es für Peter eine angenehme Überraschung gab. Hier war nur für die Lehrlinge eine grosse Werkstatt und ein Lehrsaal für die Theorie reserviert. Elektromechaniker, Apparateschlosser und Monteure wurden dort ausgebildet. Ein älterer Mann im Überkleid übernahm die Führung. Er erklärte, dass die Lehrlinge im letzten Lehrjahr gruppenweise Aufträge für den Bau von Maschinen oder Apparateteilen zugewiesen bekämen. Die Durchführung dieser Arbeiten müssten sie sich im Kollektiv selber erarbeiten. Mit einigen gezielten Fragen, die er den Lehrlingen stellte, erfuhr Peter, dass sie von dieser Form gemeinschaftlicher Arbeit sehr befriedigt waren und gerne in den Gruppen arbeiteten. Ganz ähnlich, wie Peter es in Jugoslawien kennengelernt hatte: Förderung der Schwächeren und Hilfe, Vertrauen und Kameradschaft seitens der Besseren.

Nach einem späten Mittagessen erklärte der Direktor und Firmeninhaber, dass man schon vor Jahren den negativen Erscheinungen der Automation und dem damit verbundenen Stress grosse Aufmerksamkeit geschenkt hätte. Man hatte herausgefunden, dass die weit fortgeschrittene Arbeitsteilung nicht nur zu körperlichen, sondern auch zu seelischen Schäden führte, wie man an den vielen krankheitsbedingten Ausfällen, die auffällig hoch waren, gemerkt hatte. Daraufhin war man dazu übergegangen, das Fliessband merklich langsamer laufen zu lassen. Ein Psychologe und ein Mediziner gingen der Sache auf den Grund. Des weiteren wurden die einzelnen Arbeitsplätze periodisch unter den Arbeiterinnen und Arbeitern getauscht. Gespräche während der Arbeit wurden als selbstverständlich gestattet, und für das WC-Bedürfnis wurde eine Ersatzkraft bereitgestellt. Auch wurden alle brauchbaren Verbesserungsvorschläge der Arbeitnehmer, die ihren eigenen Arbeitsplatz schliesslich selber am besten kennen und um seine Probleme und Möglichkeiten Bescheid wissen, geprüft und in die Tat umgesetzt. Diese Massnahmen hatten eine spürbare Erleichterung für die Beschäftigten zur Folge und gaben ihnen ein neues Wertgefühl: Man ist auch jemand!

Seitdem hatte sich die Zahl der Ausfälle wesentlich verringert. Ein viel besseres Arbeitsklima war entstanden und eine positivere Einstellung zur Arbeit, weil mit dem Einsatz an wechselnden Arbeitsplätzen das Endprodukt wieder sichtbar geworden war. Die Arbeitnehmer fühlten sich als Partner. Zusammen mit dem guten Willen des Arbeitgebers wurde hier der Beweis erbracht, dass eine Entfremdung von der Arbeit nicht notwendig sein muss. Ähnliche Vorschläge und Praktiken waren in Schweden eingeführt worden.

Aber man darf sich nicht täuschen. Die neue Generation der Mikroprozessoren wird dieses Problem noch einmal verschärfen. Der Egoismus und die Profitsucht der Mächtigen kennen keine Grenzen, diese neue Technik zu ihren Gunsten auszunutzen. Damit wird es noch einfacher, ganze Industriezweige in sogenannte Billiglohnländer zu verlegen. Was das bedeutet, sollte allen Arbeitenden klar sein.

In der Gewerkschaftsgruppe der Elektromonteure tat sich einiges. Einer hatte, dem Trend zum Auto entsprechend, den Vorschlag gemacht, man sollte einen autotechnischen Kurs durchführen, wo man lernen könnte, kleinere Störungen selbst zu beheben. Peter war übertragen worden, zu erforschen, wo und wie ein solcher Kurs möglich wäre.

Ein Mechaniker aus einer grossen Garage am Rande der Stadt erklärte sich bereit, an drei Abenden die häufigsten Störungen und ihre Behebung aufzuzeigen. Vergaser, Zündung, Licht und Motor wurden unter die Lupe genommen, Störungen absichtlich veranlasst und ihre Reparatur demonstriert. Die Unterschiede der diversen Automodelle wurden untersucht. Ratschläge wurden gegeben für eine schonende und benzinsparende Fahrweise. Insgesamt war es eine Lektion, die vielen Autofahrern gut täte.

In den Ferien gingen Anna und Peter mit einer Reisegesellschaft in den sonnigen Süden. Per Bahn fuhren sie nach Venedig und von dort mit dem Schiff nach Patras in Griechenland und weiter nach Messina, Palermo, Neapel und Rom. Unterwegs gab es kürzere und längere Aufenthalte und Ausflüge.

In Palermo erklärte der italienische Student, der ihr Führer war, auf Peters Frage, ob es noch immer eine starke Mafia gäbe: «Ja, Sie fragen sicher wegen der grossen Zahl von Mafiamitgliedern, die neuerdings in den Gefängnissen sitzen. Davon ist aber die Organisation als solche kaum betroffen, weil sie dafür viel zu mächtig ist. Einflussreiche, angesehene Finanzleute stecken dahinter, und die eigentlichen Tonangeber sind gar nicht in Haft. Überall haben sie ihre Finger drin. Es geschieht hier überhaupt nichts ohne Abgaben an diese Gesellschaft. Sie hat internationale Verbindungen, hauptsächlich nach den USA. Das weiss hier im Süden jedermann, aber ich möchte mich nicht weiter darüber äussern.»

Die grosse Armut, die in Neapel zu sehen war, machte auf die Reiseteilnehmer einen traurigen Eindruck. Daran konnten auch die berühmten Sänger und ihre von Schallplatten bekannten Lieder nichts ändern. Die Reise war, von solchen Ungereimtheiten abgesehen, voll Sonne, südlicher Romantik und Palmen-Atmosphäre.

Peter war nun schon viele Jahre auf allen Ebenen in voller Aktion. Einmal nahm er an einer gesamtschweizerischen Verhandlung über den Rahmenvertrag teil. Es ging darum, Positionen, die in den kantonalen und regionalen Verträgen längst verbessert worden waren, im Rahmenvertrag auf Landesebene nachzuvollziehen. Merkwürdigerweise sträubten sich einige Vertreter der Unternehmer dagegen, obwohl in ihren Gebieten diese Verbesserungen bereits vertraglich geregelt waren. In einer Vorbesprechung hatte der Zentralsekretär schon auf diese Haltung aufmerksam gemacht und darauf hingewiesen, dass man hier keinesfalls zurückkrebsen dürfe.

Kurze Zeit gab es ein gehässiges Hin und Her bei den Verhandlungen. Der Zentralsekretär packte schon seine Sachen zusammen, als der Sekretär der Unternehmer seine Freunde doch noch davon überzeugte, dass die Entwicklung sowieso schon soweit sei, dass es nur noch darum ginge, sie nachträglich zu bestätigen.

Etwas später gab es Verhandlungen über einen fälligen Teuerungsausgleich im Regionalvertrag. Auch da harzte es zuerst. Von Unternehmerseite wurde geltend gemacht, dass es immer schwieriger werde, die Tarifpreise zu halten, und einer behauptete sogar, wenn der Teuerungsausgleich akzeptiert würde, müsste er noch drauflegen. Erst nach Peters Hinweis, dass man doch nicht die Arbeitnehmer dafür bestrafen könne, wenn die Unternehmer sich nicht an ihre Tarifpreise hielten, klappte es mit vielem Wenn und Aber zu guter Letzt doch noch.

Bei diesen und anderen Verhandlungen erwies es sich, dass die Gewerkschaften die Möglichkeit haben müssten, die Spannen der Unternehmergewinne genau nachweisen zu können. In einer Aussprache im Gruppenvorstand kam man zu dem Schluss, das Beste wäre es, in eigener Regie einen Parallelbetrieb als Genossenschaft zu führen. Dafür gab es in der Stadt, wie auch in der Schweiz, genügend Beispiele. Es existierte eine Genossenschaft der Maler und Gipser. Im Welschland gab es an zwei Orten kleinere Elektrikergenossenschaften und in Zürich war eine Metallbaugenossenschaft. Peter verschaffte sich Informationen über diese Betriebe.

Die Auskünfte waren nicht in allen Fällen ermutigend. Dasselbe liess sich jedoch auch von einigen privaten Firmen sagen. Das grösste Problem aber war die Finanzierung, denn Vermögen war in der Gewerkschaft keines vorhanden.

Nach einigen Diskussionen über die anstehenden Probleme entschloss sich Peter, der Finanzierung wegen, einen Brief an die Genossenschaftsbank zu schreiben. Er erhielt eine Einladung zur Besprechung mit dem Vizedirektor. Peter ging mit Hans, einem Kollegen dorthin. Der Portier war über ihr Kommen unterrichtet und wies den beiden einen Empfangsraum im ersten Stock. Peter hatte eine Reihe Notizen mitgenommen, um auf das Gespräch gut vorbereitet zu sein. Nach einer Weile kam der Vizedirektor zu ihnen. Die Begrüssung war freundlich, aber formell.

Man kam sofort zur Sache, und es zeigte sich, dass der Herr über selbstverwaltete Betriebe gut Bescheid wusste. Peter legte die Gründe dar, warum sie einen solchen Betrieb gründen wollten, und wies auf schon bestehende derartige Betriebe hin. Auch die personelle Planung und den Umfang der zu erwartenden Aufträge legte er dar, während Hans hin und wieder etwas ergänzte. Der Herr mit der Fliegenkrawatte hörte aufmerksam zu, jedoch nicht, ohne immer wieder auf seine Armbanduhr zu schauen.

Als Peter mit seinen Darlegungen am Ende war, gab es eine kleine Pause. «Das ist alles an sich ja sehr interessant», sagte der Herr. «Immerhin, es ist ein etwas kühner Entschluss, den Sie da mit Ihren Kollegen gefasst haben. Sehen Sie, Betriebsgenossenschaften sind nicht so einfach zu betreiben wie Konsumgenossenschaften. Es gibt viele Gründe dafür. Aber Sie haben ja selbst davon gehört bei den Auskünften, die Sie eingeholt haben. Man hat eben gerade in dieser Stadt keine guten Erfahrungen gemacht mit selbstverwalteten Betrieben. Es ist nicht dasselbe, ob einer allein mit seinem Geld die Verantwortung übernimmt, oder ob mehrere Kollegen sie sich teilen. Und dazu mit einem Bankkredit. Auch die Führung ist problematischer gegenüber einem Privatbetrieb. Und in der Öffentlichkeit besteht eine bestimmte Skepsis, die sich negativ auf die Aufträge auswirkt. Man darf sich nicht täuschen. Es ist nicht so einfach.»

Das hatten Peter und seine Kollegen schon vorher gewusst. Hans und Peter waren stutzig geworden. Geradeheraus sagte Peter zu dem Herrn vis-à-vis: «Das heisst also auf gut deutsch, dass Sie, gelinde gesagt, uns abraten, so etwas zu unternehmen?»

Der Vizedirektor suchte nach Ausreden: «Es ist natürlich ganz Ihre Sache, aber wir von der Bank würden meinen, wenn Sie irgendeinen anderen Weg finden, um Informationen über die Spanne der Gewinne der Unternehmer zu erhalten, wäre es besser.»

Peter und Hans waren enttäuscht. Verärgert reichten sie dem Herrn die Hand zum Abschied. Auch die anderen Kollegen waren nicht eben erbaut von dieser entscheidenden Besprechung. Aber Peter wollte noch einen anderen Versuch unternehmen, bevor das Projekt begraben würde.

Ein Kollege vom Sektionsvorstand, zugleich Präsident der Schlossergruppe und Genossenschaftsrat der grossen Konsumgenossenschaft vermittelte ihm ein Gespräch mit einem SP-Nationalrat.

In einer Beiz traf man sich. Der Genosse hatte nicht viel Zeit. Er war zu dieser Zeit Mitglied in vier Kommissionen und daher ständig auf Trab. Peter machte sich schon keine Illusionen mehr über ihr Vorhaben.

So kam es dann auch. Der Nationalrat winkte ab und teilte Peter aus dem reichen Schatz seiner Erfahrungen mit: «Daran habe ich auch einmal geglaubt. Aber dafür braucht es ein Engagement, und da mangelt es eben.» Bitter dachte Peter im Stillen, dass dieser Genosse mit seinem Direktorposten, seinem Nationalratsmandat und seinen Kommissionen sich eifrig engagierte, aber nicht umsonst.

Damit war dieser Versuch begraben. Eine Enttäuschung mehr war zu registrieren.

Wieder einmal gingen Peter und Anna mit dem Renault «Heck» auf die Reise. Über Lindau, München, Linz fuhren sie nach Wien, in die Walzerstadt. In einem Vorort, schon fast im Wienerwald, machten sie in einem alten Hotel halt.

Am anderen Tag machten sie eine Stadtrundfahrt und besichtigten Schönbrunn und die Hofburg. Sie stellten fest, dass, wenn man mit den alten Leuten in dieser Stadt redete, alles nur schöne, verklärte Vergangenheit war. Man erfuhr nichts über das rote Wien. Man hörte nichts vom begeisterten Empfang Hitlers auf dem grossen Platz vor der Hofburg, der damals in der Wochenschau im Kino zu sehen gewesen war. Die Wiener strahlten eine durch nichts zu erschütternde Gemütlichkeit aus. Ihre lustige Sprache tat ein Übriges.

Der Hotelier aus dem Vorort aber war ein Fall für sich. Das Hotel war in einem stark vernachlässigten Zustand. Einige Rentner aus der Stadt wohnten hier als Pensionäre, obwohl sie keine private Pension, sondern nur die staatliche Altersrente bezogen. Das bestätigte, was Peter früher schon gehört hatte, dass es um die Sozialversicherung in Österreich gut bestellt sein musste. Denn sonst hätten sie es sich bestimmt nicht leisten können, im Hotel zu leben. Der Hotelier erzählte Peter und Anna, dass er schon lange eine Frau zum Heiraten suchen würde. Und schon machten die beiden sich mit ihm im Renault zur Brautschau auf.

In den Gesprächen, die diesem seltsamen Vorhaben vorausgegangen waren, hatten sie erfahren, dass Österreich im letzten Krieg sehr viele Männer der jüngeren und mittleren Generation verloren hatte. Männer waren nun also Mangelware. Die verbliebenen, zumindest dieser Hotelier, nutzten die Situation weidlich aus, wie sich schnell zeigte.

Der Besuch des Hoteliers galt einer Frau in mittleren Jahren. Sie hatte sich aus eigener Kraft in einem Aussenquartier ein Lokal aufgebaut. Vieles an der Einrichtung war selbstgebastelt. Bereitwillig spendierte sie den drei Besuchern Wein. Der Brautwerber, der Hotelier, machte eine Unzahl träfer Anspielungen und betastete sie ausführlich, was sie sich eine Zeitlang gefallen liess. Endlich fragte sie ihn gerade heraus, ob er nur eine Frau suche, damit sie ihm als Dienstmädchen aushelfe. Ungerührt antwortete er: «Das natürlich auch.» Daraufhin sagte sie: «Nach so einem muss ich nicht erst lange suchen. Das wollen alle anderen auch. Da verzichte ich dankend.» Sie knöpfte ihre Bluse wieder zu, entschuldigte sich bei Peter und Anna und räumte die Gläser weg.

Zum Abschluss der Reise machten Peter und seine Frau einen Abstecher ins Burgenland mit seinen weissen, blitzsauberen Häusern. Der Neusiedlersee, Grenze zu Ungarn, war ein Naturwunder. Zuweilen verschwindet er im Boden, nur um wenig später wieder an der Oberfläche zu erscheinen. Mit seiner geringen Tiefe gilt er als Naturreservat für alle Arten von seltenen Vögeln.

Das schöne Denkmal für Johann Strauss im Wiener Stadtpark blieb Anna und Peter in lieber Erinnerung. Sie hatten sich unzählige Male zu seinem schönen Walzer «Wiener Blut» gedreht.

Nach diesen erholsamen Tagen kam daheim wieder der Alltag. Im Auftrag der paritätischen Berufskommission machte Peter am Samstag morgen Besuche bei der Nachhilfeklasse in der Gewerbeschule. Hier zeigte sich drastisch, wie notwendig eine wirklich gute Realschulbildung für die technischen Berufe wäre.

Die Kurse, die die Gruppe Elektriker im SMUV für die Lehrlinge, die vor der Prüfung standen, veranstaltete, waren ebenfalls wieder angelaufen.

Und Werbungsaktionen wurden erneut gestartet. Meist hatten sie keinen grossen Erfolg. Der erkämpfte Wohlstand schien einschläfernd zu wirken.

Peters Freizeit schrumpfte zusammen. Doch er fühlte sich verpflichtet, für den kulturellen und sozialen Fortschritt einstehen zu müssen. Die Enttäuschungen, die er bei seinem Engagement erlebte, liessen ihn allmählich zweifeln. Es gab so viele Ungerechtigkeiten. Die kleinen wurden geschluckt, und beim nächsten Erfolg dachte man nicht mehr daran. Bei den grossen ist es anders. Es gibt Sachen, die sich mit den Zielen der Arbeiterbewegung nicht vereinbaren lassen. Das zerrt an einem. Kleine Fehler macht jedermann, das ist klar, aber um die geht es nicht. Wenn man sich einer Partei anschliesst, erhält man ein Programm, für das man sich einsetzen sollte. Wenn einer sich nicht engagieren will, steckt meistens etwas Faules dahinter; dass er auf dem Buckel der Parteibasis Karriere machen will zum Beispiel. Im Verhalten des Betreffenden gibt es viele Anzeichen dafür. Zu kritischen oder angriffigen Themen hüllt er sich in Stillschweigen oder äussert sich in Wenn und Aber und Einerseits-Andererseits. Ist ihm der Aufstieg gelungen und sitzt er einmal im Amt, gleicht er sich sofort dem Trend der derzeitigen Machthaber an und entschuldigt sich dafür mit der Kollegialbehörde. Es gibt deutliche Zeichen dafür, dass ihm das Programm seiner Partei und der Wille seiner Wähler nichts mehr sagt. Bei einer Wiederwahl kann er sich ohnehin auf die Stimmen der Machthaber verlassen, denn im Sowohl-als-auch-Geschwätz ist er ja auf ihrer Seite. Natürlich sind solche Streber die Ausnahme, aber ihr Verhalten kann für die eigene Sache schlimme Folgen haben, und das zu erfahren und immer wieder zu beobachten, ist etwas, das sehr schmerzt. Peter hatte es mehrere Male erlebt. Im kleinen wie im grossen Stil. Hin und wieder redete er mit anderen senkrechten Kollegen darüber. In krassen Fällen wurde in einer Versammlung vor allen

Anwesenden darüber gesprochen, und dann gab es Konflikte, die zwar vielleicht dem Ansehen in der Öffentlichkeit Schaden zufügten, aber der Klarheit zuliebe ausdiskutiert werden mussten.

Auf gewerkschaftlicher Ebene gab es ähnliches. Hier spielte aber weniger die Karriere eine Rolle als vielmehr Auseinandersetzungen über Ziele und Taktik. Ziele und Taktik gewerkschaftlicher Arbeit sollten ständig überprüft werden. Die Vergangenheit lehrt, dass in der Wirtschaft Phasen der Hochkunjunktur in gewissen Zeitabständen mit Krisen und Arbeitslosigkeit abwechseln. Der Leidtragende ist immer der Arbeitnehmer.

Die kapitalistische Marktwirtschaft ist unfähig, eine menschliche Gesellschaft in Frieden zu schaffen, denn auch für die zwei Weltkriege trägt sie die Verantwortung. Und Krieg wollen wir nicht mehr, auch dann nicht, wenn man noch so viel Geld macht damit. Und die Ausrede mit den Arbeitsplätzen zieht schon lange nicht mehr.

Man kennt die immer grösser werdenden Macht- und Finanzkonzentrationen. Die Mitbestimmung in den Betrieben kann nur zu einem bestimmenden Faktor werden, wenn die Aktienmehrheit in den Händen der Arbeitnehmer ist. Wenn man das alles weiss, sollte man nicht die Vertreter der Arbeitgeber zu langen Reden einladen, in denen vom Friedensabkommen wie von einer Religion gesprochen wird. Der Gipfel des Erträglichen aber ist ein Gewerkschaftsfunktionär, der auf einem gesellschaftlichen Anlass vor einem Unternehmerboss buchstäblich in Achtungstellung geht.

Natürlich, Gesamtarbeitsverträge sind gut, wenn sie den erwirtschafteten Gewinnen entsprechend etwas einbringen. Sie dürfen aber nicht zu einem untertänigen Liebesverhältnis führen. Es ist noch immer der Arbeitnehmer, der mit Hand und Kopf den Profit erwirtschaftet.

In der Gewerkschaft lief vor einiger Zeit ein von der Bildungszentrale vermittelter Dokumentarfilm über die Leinwand. Er war im Auftrag amerikanischer Gewerkschaften gedreht worden und sollte ihre Probleme darstellen. Interessant daran war unter anderem, dass man bei Verhandlungen viel ungezwungener miteinander umging und sich ohne Förmlichkeiten, ohne Kragen und Krawatte traf. Dazu war auch bemerkenswert, dass man von der Gewerkschaft her nicht eine unbedingte Friedenspflicht in den

Vordergrund stellte, sondern bei sturem Verhalten der Unternehmer bereit war, schnell die Verhandlung zu verlassen und die Fabriksirene zum Zeichen des Ausstandes heulen zu lassen.

So gäbe es vieles, das das Nachdenken lohnte. Aber vor lauter Wohlstand nehmen sich viele die Zeit dazu nicht. Die noch immer hängigen Probleme aber werden so nicht angegangen und folglich auch nicht gelöst.

Freitags ging Peter wegen der kürzeren Mittagspause und dem früheren Feierabend in die «Post» zum Mittagessen. Das alte gemütliche Restaurant bot gutes, von früher her gewohntes Essen zu normalen Preisen an. Die stattliche Wirtin stand selbst mit aufgekrempelten Ärmeln in der Küche.

Am gleichen Tisch wie Peter sass jeweils ein jüngerer Mann im Überkleid. Sie unterhielten sich oft miteinander, wobei sich herausstellte, dass Andreas, von Beruf Automechaniker, mit einem Wohnmobil fünf Jahre in so ziemlich allen Staaten der USA gewesen war. Peter interessierte sich für die Erfahrungen, die er dort gemacht hatte, und so erzählte Andreas: «Ich war einer der vielen, die dort ihr Glück finden zu können glaubten. Tatsächlich gab es angenehme Erlebnisse und Freundschaften, hauptsächlich mit Leuten, die auch noch als Einwanderer galten und Illusionen hatten wie ich. Aber jetzt bin ich wieder hier, und es ist besser so.»

Andreas erzählte an den Freitagen noch einiges mehr aus dieser Zeit und zeigte Peter Photos aus den USA. Überall wo er hingekommen war, war er der einzige Automechaniker weit und breit gewesen. Reparaturen bestanden dort nur im Auswechseln von Ersatzteilen. Nichts wurde repariert. In der Regel hätten die Mechaniker gar nicht gewusst, wie sie eine Reparatur anfangen sollten. Kaum einer verstand etwas von der Technik am Auto, von Motor, Zündung oder Vergaser. Das lag daran, dass es überhaupt keine Berufsbildung gab und noch immer nicht gibt. So wurde zum Beispiel ein Vergaser, der eine Störung hatte, einfach ausgewechselt, auch an einem neuen Wagen. Alles lief auf diese Tour, was natürlich viel mehr kostete, als wenn man den Vergaser etwa nur besser eingestellt oder gereinigt hätte. Andreas hätte mit seiner Ausbildung grosse Chancen gehabt als Werkstattchef, aber diese bequeme Arbeitsweise, die so gar nichts mit Können oder Wirtschaftlichkeit zu tun hatte, war ihm zuwider.

Eines Freitags kreuzte Andreas zum letzten Mal in der «Post» auf. Seine zukünftige Frau begleitete ihn. Sie wollten die Garage der Schwiegereltern im Aargau übernehmen. Peter wünschte ihnen alles Gute.

Im Mai 1964 ging Peter gemeinsam mit den Vorstandskollegen der SMUV-Elektrikergruppe nach Lausanne an die Expo, wie damals die schweizerische Landesausstellung hiess. Die Ausstellung war eine grandiose Sache, wenn man sich die Mühe machte, sich mit dem Gezeigten auseinanderzusetzen. Sie war ein Riesenerfolg, weil sie nicht nur den Patriotismus und die Wehrbereitschaft ansprach, sondern die Probleme von Gegenwart und Zukunft aufzeigte. Es kamen nicht nur die Banken und die reichen Industrien zur Darstellung, sondern auch der Arbeiter und der Bauer in ihrer Bedeutung für die Nation. Gleichwertig mit der deutschsprachigen Schweiz hatten die Suisse romande, das Ticino und die romanischen Minderheiten ihren Platz, ebenso die Vielfalt der Kantone im Bundesstaat. Alles zusammen wirkte als ein grosses Vorbild, wie man den Frieden in der Welt wahren könnte.

Für einmal gab es auch keine drohenden Kriegswolken am Horizont, wie es 1914 und 1939 der Fall gewesen war.

Die Kollegen vom SMUV genossen die Ausstellung in vollen Zügen. Das Durcheinander in Deutsch und Welsch, in Italienisch und Romanisch brachte viele interessante, aber auch lustige Momente. Sie fühlten sich wohl in dieser Atmosphäre. Die Umgebung mit dem Lac Leman und die wunderbare Rundsicht hatte sie verzaubert. 3000 Gemeindefahnen wiesen jeden Schweizer Besucher auf die Anwesenheit auch seiner engeren Heimat hin, und so standen zu jeder Tageszeit die Menschen davor und suchten ihre Gemeinde aus dem Wappenwald heraus.

Die moderne Architektur der Ausstellung, die viele im ersten Moment als schockierend empfanden, gewann mit der Einsicht für das, was hier gezeigt und angesprochen wurde, immer mehr Verständnis. Sie fügte sich harmonisch in den Reiz der Landschaft, die hohen Berge, die Fläche des Sees, die Rebberge und den weiten, weiten herrlichen Horizont ein.

In diesen Jahren war Hochkonjunktur, die Wirtschaft stand in voller Blüte, und allzuviele erlagen einer gefährlich bequemen Lethargie und mitmenschlicher Gleichgültigkeit. Die Ausstellung führte darum auch die mit der fortschreitenden Technisierung und Forschung auftretenden Probleme der Automation und für die Freizeitgestaltung vor Augen. Es erforderte eine hohe Konzentration und Ausdauer, die Vielfalt in den Hallen in den knapp zwei Tagen, die ihnen zur Verfügung standen, einigermassen zu verdauen.

Wem es zuviel wurde, der konnte sich dem mobilen Monorail anvertrauen oder die Müdigkeit in einer der vielen Beizen bei einem Glas Fendant vergessen. «Diese Expo müsste alle fünf Jahre wiederholt werden! Damit würde das Selbstbewusstsein der Schaffenden und die Achtung vor dem Anderssprachigen gefördert, und derzeit bestehende Überheblichkeiten könnten abgebaut werden. Wäre das nicht wunderbar?» Peter hatte es am ersten Abend nach einem geselligen Beisammensein mit den Welschen in die Runde gerufen. Einer der Romandes hatte jedes Wort getreulich übersetzt. Lebhafter Beifall und herzhaftes Händeschütteln ringsum tat die allgemeine Zustimmung kund.

Nach den vielen Erfahrungen und Belastungen, die er in der Gewerkschaft gehabt hatte, überlegte sich Peter, ob er nicht als Mitglied des Sektionsvorstandes zurücktreten sollte. Jahrelang war er nun schon mit vollem Einsatz dabei, und irgendwann einmal wurde man müde und dachte darüber nach, für was man sich eigentlich eingesetzt hat und was daraus geworden ist. Auch das Alter machte sich bemerkbar. Die Bilanz, die Peter zog, war zwiespältig. Vieles war in gemeinsamer Anstrengung erreicht worden.

Die Grundlagen der Gesellschaft hatten sich nicht entscheidend verändert. Die Machtstrukturen hatten sich zum Teil noch mehr konzentriert und gefestigt. Die soziale Sicherheit war verbessert worden. Aber würde sie einem wirtschaftlichen Kriseneinbruch standhalten, oder würde die Wegwerfgesellschaft und der Materialismus die errungene Solidarität ersetzen? Würde ein neuer Krieg verhindert werden können? Oder hatten sie es nicht einmal so weit gebracht?

Peter entschloss sich zum Rücktritt. Sein Schritt löste Kopfschütteln aus und entgeisterte Fragen nach den Gründen dafür. Trotzdem, es musste sein. Nur eine Sache, die man in der Gruppe Elektriker in Angriff genommen hatte, wollte er noch erledigen.

Peter holte von der deutschen, der französischen und der österreichischen Botschaft in Bern Informationen ein über die staatlichen Altersversicherungen in diesen Ländern. Auch russische und tschechoslowakische Berichte zu diesem Thema besorgte er.

In den Gruppenversammlungen diskutierten sie darüber und zogen Vergleiche. Gemäss Artikel vier der Bundesverfassung, in dem es heisst: «Alle Schweizer sind vor dem Gesetz gleich. Es gibt keine Untertanenverhältnisse, keine Vorrechte des Orts, der Geburt, der Familien oder Personen.» sollte ihrer Meinung nach die Eintreibung von x-Millionen Franken hinterzogener Steuern zur Finanzierung einer gesicherten Altersversorgung beitragen. Damit würde endlich auch in diesem Bereich die vielgerühmte Demokratie spielen.

Eine staatlich geregelte und gewährleistete Altersversorgung war sehr notwendig, denn Pensionskassen oder andere betriebliche Versicherungen gab es nur in manchen grossen Betrieben. Nur wenige davon konnten als vorbildlich angesehen werden. Altersversicherungen waren vor allem ein gutes Geschäft der privaten Gesellschaften. Der weitaus grösste Teil der Werktätigen arbeitete in mittleren oder kleinen Betrieben, die keine eigene Pensionskasse unterhielten.

Nach eingehenden Diskussionen in der Gruppe wurde ein entsprechender Antrag für die Sektionsdelegiertenversammlung zu Handen des anstehenden Kongresses formuliert. Auf der Delegiertenversammlung begründete Peter den Antrag ausführlich, woraufhin er nach kurzer Diskussion einstimmig angenommen wurde.

Nun musste der Antrag nur noch vor dem Kongress in Luzern vertreten werden. Da Peter nicht mehr im Sektionsvorstand war, aber nur diese Kollegen für den Kongress abgeordnet wurden, hätte einer von ihnen diese Aufgabe übernehmen müssen. Der dafür Bestimmte lehnte jedoch im letzten Augenblick ab, so dass Peter selbst nach Luzern reisen musste.

Auf dem Kongress wurde zuerst ein Antrag aus Genève gestellt, der in eine ähnliche Richtung ging, aber gleichzeitig das Gesundheitswesen miteinbezog. Im Forum der Zentralsekretäre waren Bedenken in den Gesichtern zu sehen. Danach stellte Peter seinen Antrag. Die vorgeschriebene Zeit von zehn Minuten für eine Antragsbegründung war, wie schon beim vorhergehenden Antrag, viel zu kurz. Peter war gezwungen, das Thema derart knapp zu fassen, dass er wichtige Fakten nicht mehr ansprechen konnte, was natürlich für das Verständnis des Ganzen enorm ungünstig war. Aber schliesslich hatten seine Delegationskollegen jeder ein Exemplar seines Manuskriptes in der Hand, so dass sie, falls es nötig werden sollte, seine Begründung noch ergänzen könnten. Diesen Dienst sollte man von ihnen erwarten können, da die Sektionsdelegiertenversammlung den Antrag einstimmig, also auch mit ihren Stimmen, angenommen hatte.

Niemand meldete sich auf Peters Darlegungen hin zu Wort. War es denn so schwierig, zu den beiden Anträgen Stellung zu nehmen?

Erst nach minutenlanger Pause antwortete ein Zentralsekretär auf französisch auf die Anträge. Peter hörte über Kopfhörer mit. Der Zentralsekretär lehnte den Genfer Antrag als zu weitgehend ab. Einige der darin enthaltenen Punkte erachtete er als würdig, zur Prüfung entgegengenommen zu werden. Peters Sektionsantrag gestand er zu, dass er eine notwendige Ergänzung zur AHV wäre. Gleichzeitig schränkte er ein, dass man bei seiner Verwirklichung auf grosse Widerstände seitens der privaten Versicherungsgesellschaften und der Unternehmer stossen würde. Der Antrag als solcher sollte aber zur Prüfung entgegengenommen werden.

Auffallend war die Interesselosigkeit vieler Kollegen, die bei grossen Firmen beschäftigt waren, die eigene Pensionskassen eingerichtet hatten. Sie fühlten sich offenbar so gut abgesichert wie Staatsangestellte. Auch bei anderen wichtigen Traktanden waren manche, sogar betagte Kollegen in den Wandelgängen spazierengegangen. Waren diese alle denn nur zur Befehlsausgabe und zur Anhörung des umfangreichen Referats über das Friedensabkommen hierher gekommen?

Nach Ende des Kongresses ging man auf den Pilatus, gewissermassen zum gesamthelvetischen Abschluss. Ein noch junger Kollege fragte Peter im Restaurant nach den Grundlagen seines Antrages und woher er die Informationen über die Sozialversicherungen anderer Länder bezogen hätte. Er stimmte Peter darin zu, dass es an der Zeit wäre, in dieser Richtung etwas zu unternehmen, denn die Konjunktur könnte sich nach allen bisherigen Erfahrungen auch wieder verschlechtern, und dann wären solche Forderungen nicht mehr durchzubringen. Der Junge entschuldigte sich bei Peter: «Ich muss jetzt meine Leute suchen in dieser Masse.» Er drückte ihm beide Hände: «Alles Gute, und trotzdem weiterhin guten Erfolg. Dein Antrag: eine sehr gute Sache!»

Peter machte sich über die versprochene Prüfung des Antrags keine Illusionen und hörte tatsächlich auch Jahre danach nie mehr etwas davon. Anderntags hatte die grösste bürgerliche Zeitung der Region geschrieben: «Es war nicht zu erwarten, dass der Antrag zur 2. Säule verpflichtend sein könnte für die Leitung des SMUV.» Somit war die Erwartung der Mächtigen einmal mehr erfüllt.

Nach einem Meinungsaustausch mit allen Angestellten schloss Peters Chef, wie einige andere Firmen auch, eine Personalversicherung ab. Einerseits war das ein positiver Schritt, andererseits wurde damit neuer Widerstand geschaffen gegen den Ausbau der 2. Säule. Dem entgegenzuwirken war gerade die Absicht von Peter und seinen Kollegen gewesen.

Nach weiteren Jahren der Gewerkschafts- und Parteiarbeit gab es wieder einmal einen zünftigen Kurzschluss im Chemiebetrieb. Peter hatte den Auftrag erhalten, in mehreren Lokalen und Abteilungen für bestimmte Arbeitsabläufe Sonderzähler im jeweiligen Schaltraum einzubauen. Da der Unterbruch nur kurz sein durfte, war es eine sehr heikle Arbeit, die genaueste Vorbereitung erforderte. Doch beim Ausmessen passierte es halt dennoch. Peter achtete einen Moment nicht darauf, dass der Punkt, wo er das Ende des Metermasses ansetzte, nur etwa sieben Millimeter vom Eisengestell entfernt war. Der Meter war zwar aus Holz, hatte aber eine winzige Blecheinfassung an beiden Enden. Genau diese Einfassung bildete jetzt die Brücke zwischen der stromführenden Kupferschiene und dem Eisengestell. Der Knall und der Flammenbogen waren enorm. Kurzschluss gegen Erde!

Peter und sein Monteur waren total geblendet. Einen Moment lang sahen sie überhaupt nichts mehr. An die hundert Frauen konnten wegen dem Stromausfall nicht arbeiten. Erst mit Hilfe des alarmierten Elektromeisters aus dem Betrieb gelang es Peter, den Schaden zu beheben.

Zwischendurch machten Peter und Anna in diesen Jahren immer einmal wieder Ferien im Tessin, im Wallis oder in einem der SMUV-Ferienheime. Interessante Begegnungen und Bekanntschaften waren stets mit dabei. Auch in Blonay am Lac

Leman und in Zernez beim Nationalpark waren sie zu Gast. Nur ganz selten wurden ihre Erwartungen einmal nicht erfüllt. Jurawanderungen und Skitouren ergänzten ihre Freizeiterlebnisse.

In Basel erlebte Peter, als er von einer Versammlung heimkehrte, einen ungewöhnlichen, aber bezeichnenden Zwischenfall. Im Bahnhofsbuffet setzten er und ein Kollege sich auf einen Schlummertrunk an einen Tisch. Ihnen gegenüber sass ein Gast, mit dem sie ins Gespräch kamen.

Zufällig kamen sie auf Vietnam zu sprechen. Es stellte sich heraus, dass der Mann aus den USA herübergekommen war, um als ehemaliger Schweizer eine Ferientour durch seine frühere Heimat zu machen. Er zeigte ihnen seinen Ausweis, der ihn als New Yorker Polizisten zu erkennen gab.

Peters Kollege berichtete von den neuesten Meldungen über die amerikanischen Luftangriffe in Vietnam, bei denen Entlaubungsgifte über die Wälder versprüht wurden. Der Kollege bezeichnete diese Angriffe als Gaunerei, womit er sie beim Namen nannte. Der amerikanische Polizist bekam daraufhin einen regelrechten Wutanfall: «Das ist ganz in Ordnung, wenn diesem Kommunistengesindel dort das Leben sauer gemacht wird! Ihr könnt froh sein, dass die das machen, die wissen schon warum!»

Peter und sein Kollege waren ganz anderer Meinung. Was hatten die Amerikaner dort überhaupt zu suchen? Überall in Europa gab es riesige Kundgebungen gegen diesen Krieg. Aber der Polizist wetterte: «Was wisst ihr denn schon, was da los ist? Das ist denn doch der Gipfel, wenn man hier alles besser wissen will. Ihr habt gar nichts zu kritisieren, das wäre ja noch schöner!» Und er hämmerte auf den Tisch und prahlte mit seinem verletzten Stolz als amerikanischer Polizist, der es nicht nötig hatte, sich so etwas bieten zu lassen.

Das war nun wirklich die Höhe. Auch andere Gäste waren bass erstaunt ob diesen Sprüchen. Peter hängte es aus. Er rief den Kellner zum Zahlen, und sie verschwanden, den Wüterich allein zurücklassend.

Die Schmutzkonkurrenz unter den Elektrikerfirmen, die für den Chemiebetrieb im Einsatz waren, blühte wieder auf. Zwar hatte Peter mit seinen Monteuren ständig interessante, meist aussergewöhnliche Aufträge, die einfach nach den aufgewendeten Stunden und dem benötigten Material verrechnet wurden. Aber um eventuell auftretende Lücken auszufüllen, mussten auch Offerten für Neu- und Umbauten eingereicht werden. Es war nun sogar vorgekommen, dass Firmen neben übermässig hohen Rabatten die Lieferung von Tdc.-Kabeln zum Selbstkostenpreis angeboten hatten, wie der Angestellte, der mit den Chefmonteuren der Firmen die Projekte an Ort und Stelle besprach, nebenbei zu Peter bemerkt hatte. Natürlich verfolgte er dabei die Erwartung, dass auch Peters Offerte dementsprechend ausfallen sollte. Peter aber reagierte wütend.

Obwohl man ansonsten miteinander per Du war, gab es einen hässigen, lautstarken Disput. Der Angestellte spielte sich auf und wies darauf hin, dass man in einer solchen Chemischen nicht auf jede Fremdfirma angewiesen wäre.

Zuerst sagte Peter gar nichts. In ihm stieg die Wut. Er erinnerte sich an Diskussionen in der Presse und im Radio über die fortwährenden Verteuerungen der Medikamente. Die Pharmaindustrie gab jeweils den Anstoss, und die Apotheken spielten mit. Die Krankenkassen mussten laufend die Mitgliederbeiträge erhöhen. Und in der Öffentlichkeit wurde damit plagiert, dass die Umsätze und die Gewinne von Jahr zu Jahr gestiegen waren. All das kam Peter in den Sinn, und nun sagte er es dem anderen ins Gesicht, laut und immer lauter, jedes Wort betonend.

Der andere war verstummt. Er war wie vor den Kopf geschlagen, hatte er doch als selbstverständlich angenommen, dass Peter sich wie die anderen auch diesem üblen Spiel anpassen würde.

Peter war sich klar darüber, dass ihre Auseinandersetzung Folgen haben würde. So war es auch. Alles war sofort dem zuständigen Direktor gemeldet worden. Als Peter heimkam, sagte ihm Anna, dass er unbedingt seinen Chef anrufen sollte. Dieser sagte ihm dann, was vorgefallen war. Bis die Sache abgeklärt sei, dürfte Peter das Areal vorerst nicht mehr betreten. So kam er zu zwei unfreiwilligen Ferientagen.

Der Chef wurde zu einer Besprechung mit dem Direktor vorgeladen. Vorher rief er Peter zu Hause an. Er bedauerte den Vorfall, hatte aber andererseits einiges Verständnis für Peters Reaktion. Peter seinerseits entschuldigte sich für seine voreiligen Äusserungen, sagte aber, dass er, wenn der Herr auf seiner Sperrung beharren würde, die Angelegenheit vor die paritätische Berufskommission bringen würde, der er nach wie vor angehörte. Notfalls sogar in die Zeitung. «Aber nur im schlimmsten Fall», meinte der Chef.

Anderntags, in der Frühe, meldete sich der Chef wieder am Telephon. Es hiess, Peter sollte weitermachen im Chemiebetrieb. Die Sache wäre erledigt. Und die Tdc.-Kabel könnte er zu normalen Preisen offerieren, das wäre ein Missverständnis gewesen.

Weiter wurde nicht mehr darüber geredet. Peters Monteure, die auf Umwegen alles erfahren hatten, machten grosse Augen, als er wieder vor ihnen stand. Sie hatten nicht geglaubt, dass er wiederkommen würde.

Ein halbes Jahr darauf, im Spätsommer, flog Peter mit Anna für zwei Wochen nach Rumänien.

In Bukarest, einer wunderschönen Stadt mit breiten Strassen und Alleen, waren bei ihrer Ankunft gerade Zigeunerinnen dabei, Rosensetzlinge in die Grünanlagen zu pflanzen. Sie würden nur bis zum Zahltag an der Arbeit bleiben und dann verschwinden. Nachher kämen wieder andere, erklärte der Touristenführer.

In Mamaya am Schwarzen Meer, wo sie einige Tage Station machten, gab es grosse neue Hotelanlagen mit unendlich weiten Badestränden, doch es badete fast niemand, weil das Wasser schon zu kalt war. Die Hotelzimmer waren einfach aber gut eingerichtet. Es gab ein reichhaltiges Essen mit sehr gutem Wein und viel Schaffleisch in allen Variationen.

Auf einer Carfahrt fiel Peter auf, dass die Masten für Strom- und Telephonleitungen links und rechts der Strasse einige Meter weit abseits im Feld standen. Darauf aufmerksam gemacht, sagte der Reiseführer: «Ja, das ist so wegen dem Fünfjahresplan. Darin ist vorgesehen, dass die Strasse noch verbreitert werden soll. Dann sind die Masten gerade am rechten Ort.»

Mit der Arbeit nahm man es anscheinend sehr gemütlich, wie Peter vielerorts feststellen konnte. Das Warenangebot in den Läden war merklich kleiner in den Auswahlmöglichkeiten. Luxus wurde nur in geringen Mengen angeboten. «Die Grundversorgung und eine umfassende Bildung haben Vorrang», erklärte der Reiseführer. «Wir haben immer noch eine Menge nachzuholen. Aber im Gesundheitswesen und bei den Sozialversicherungen brauchen wir vom Westen nichts zu lernen. Eher schon umgekehrt. Wir sind ein sozialistischer Staat und wollen unsere Gesellschaft dementsprechend aufbauen.» In der Reisegesellschaft gab es nur wenige, die diese Einstellung verstehen konnten. Für die meisten war der Konsum das Wichtigste.

Zurück in Bukarest beobachteten Anna und Peter zwei Zigeunerinnen in einem Souvenirladen. Gekleidet wie die Fürstinnen kamen sie daher, mit vergoldeten Schuhen, langen Röcken in bunten Farben, ihre langen, tiefschwarzen Haare kunstvoll mit glänzenden Reifen geschmückt. Stolz war in ihren Gesichtern zu lesen. Selbstbewusst war ihre Haltung und ihr Gang. Verglichen mit ihnen musste eine der eingebildeten zivilisierten Modedamen aus der sogenannten besten Gesellschaft verblassen.

Zum Abschluss der Reise besuchten Peter und Anna noch das luxuriöse Schloss des früheren Königs Carol am Schwarzen Meer. Dort gab es ein grossartiges Nachtessen, das von Folkloredarbietungen begleitet wurde. Ein Zigeunerorchester mit etwa dreissig Violinen spielte mitreissende wilde Melodien, in die feinfühlige Solos der melancholisch klingenden Hirtenflöten eingestreut waren. Aus allen Landesteilen wurden in einem rasanten, verwegenen Tempo und mit ungeheurer Präzision dargebotene Volkstänze vorgeführt, die begeisterten und nicht enden wollenden Beifall erhielten.

Nur ungern traten Anna und Peter nach diesen mitreissenden Erlebnissen die Heimreise an.

Wieder zu Hause nahm Peter bald schon wieder an einer Gruppenversammlung der Gewerkschaft teil. Den Traktanden zufolge sollte über einen zurückgestellten Passus im neuen Vertrag beschlossen werden. Der Sekretär jedoch erklärte, dass er diesen Punkt mit der Unternehmerseite bereits telephonisch erledigt hätte, damit endlich der neue Vertrag vorgelegt werden könnte.

Ringsum erstaunte Gesichter. Peter wies den Sekretär zurecht: «Wie kommst du dazu, eigenmächtig zu handeln? Das ist Sache der Gruppenversammlung, darüber zu beschliessen.» – «Dummer Quatsch!» entgegnete der Sekretär. «Es ging doch nur um eine Bagatelle. Aber für deinen Vorwurf nehme ich dich vor den Zentralvorstand.»

Es war dabei nicht das erste Mal, dass dieser Sekretär eigenmächtig gehandelt hatte. Seit längerer Zeit gab es deswegen und anderer Dinge wegen Spannungen. Immer häufiger kam der Vorwurf auf, er wäre an entscheidenden Sitzungen auf gewerkschaftlicher und politischer Ebene nicht anwesend. Darauf angesprochen, versuchte er sich herauszureden: «Ich kann halt nicht überall sein.» Merkwürdig nur, dass niemand im Sektionsvorstand etwas dagegen unternehmen zu wollen schien.

Bei Peter schrillten die Alarmglocken, als er von einem badischen Grenzgänger, der wegen eines Unfalls krankgeschrieben war, vernahm, dass er den Sekretär schon mehrmals auch nachmittags in der Gegend vom Sex-Center und im Spielbankmilieu gesehen hätte. Peter verlangte im Rathaus eine Unterredung darüber mit dem sozialdemokratischen Regierungsrat, damit der wenigstens in der Partei dagegen vorgehen könnte. Aber wahrscheinlich war es zu diesem Zeitpunkt bereits zu spät.

Kaum drei Wochen später wurde es offenkundig. Eine Sensationszeitung schrieb in dicken Lettern auf ihr Titelblatt: «Sekretär plündert Gewerkschaftskasse. Schadensumme über hunderttausend Franken. Er war immer weg. Im Spielsalon oder im Sex-Shop. Und niemand merkte etwas.»

Peter sah die Schlagzeile am Kiosk. Er und viele andere Kollegen schämten sich fast für ihre Gewerkschaft. Das Geld stammte aus der paritätischen Kasse, in die die Unorganisierten ihren Beitrag bezahlen mussten. Jetzt gab es Kollegen, die es eigentlich besser wissen müssten, die frech behaupteten: «Es war ja nicht unser Geld.» Doch dieser Spruch war darum doch nicht wahr und im Grunde nur eine faule Ausrede, die davon ablenken sollte, dass der Betreffende nicht selber etwas dagegen unternommen hatte.

Eine solche Enttäuschung bremste die Aktivitäten natürlich fast automatisch. Peter wendete sich mehr der politischen Bühne zu. Er vertiefte sich nebenbei wieder mehr in das Studium der Weltgeschichte, wo es ja laufend neue Erkenntnisse gab. Von der Schweizer Geschichte wusste Peter längst, dass nicht alles stimmte, was er in der Schule gelernt hatte. Vieles war längst nicht so ruhmvoll und heldenhaft. Vieles wurde auch verheimlicht, was nach Peters Meinung nur ein Fehler sein konnte. Denn Vergangenes zeigt auch Fehlentwicklungen auf und lässt Zusammenhänge erkennen. Geschichte zu ergründen, ist unabdingbar für das Verstehen der Gegenwart und die Gestaltung der Zukunft.

Die Jahre vergingen. Peter näherte sich dem Rentenalter. Abgesehen von einigen Bresten war seine Gesundheit noch ganz gut in Ordnung. Vieles hatten er und Anna in all den Jahren geleistet. Reich wird man von einer wirklichen Arbeit nicht. Es gibt nur seltene Ausnahmen. Etwa, dass einer eine Erfindung macht, mit der er, wenn er Glück hat, zu Geld kommt. Oder ein Spieler, der mit viel Glück hie und da etwas herausholt. Aber sonst gilt die allgemeine Weisheit, dass immer noch Ausbeutung, Spekulation und Korruption die Wegbereiter zum Mammon sind.

Neuerdings spielt immer mehr auch die politische Karriere eine Rolle dabei. Man kann in mehreren Jahren als Regierungsrat oder hoher Staatsbeamter zum Millionär werden. Diese Leute verstehen es, den Teuerungsausgleich mit denselben Prozenten, wie sie für die unteren Lohnklassen gelten, für sich in Anspruch zu nehmen, obwohl darin gewiss nicht der Sinn dieses Ausgleichs liegt. Ein willkommenes Werkzeug, um im Geschäft zu bleiben, ist das Prinzip der Kollegialbehörde. Unter den Kollegen und Genossen gibt das völlig zu Recht böses Blut. Es kann jedoch kein Mittel sein, deswegen den Wahlen und Abstimmungen fernzubleiben, oder die Versammlungen zu schwänzen. Damit ändert man diese Zustände nicht. Von der Basis aus muss ein Denkprozess in Gang gesetzt werden mit dem Ziel, solchen Karrieristen die bewährten Wege zu verbauen. Dann muss entsprechend vorgegangen werden. Aber man muss nun schon auch endlich den Mut dazu aufbringen.

Es kam der Tag, an dem Peter in den sogenannten Ruhestand trat. Schon am frühen Morgen läutete in seinem improvisierten Büro im Chemiebetrieb das Telephon. Am laufenden Band trafen Glückwünsche aus allen Richtungen ein. Der Chef der betrieblichen Elektrikerwerkstatt erschien in Begleitung seines engsten Mitarbeiters mit einem grossen Geschenkkorb. Er überreichte Peter eine Glückwunschkarte mit den Unterschriften seiner sämtlichen Angestellten. Sogar die Angestellten des technischen Büros hatten alle unterschrieben.

Peter war überrascht. Offenbar hatte er sich mit seiner Arbeit und mit seiner oft sehr direkten Sprache mehr Sympathien erworben, als er geglaubt hatte. Nach einem herzlichen Abschied von seinen Monteuren ging er noch im Geschäft vorbei, um auch dort die letzten Formalitäten zu erledigen. Hier hatte er so manche Offerte gestartet und über Abrechnungen und Projekten gebrütet. Der Chef hatte ihn vollkommen eigenständig arbeiten lassen. Das war für Peter weit mehr wert gewesen als noch so viel Lohn. Diese Arbeit hatte ihm Selbstvertrauen und Zufriedenheit gegeben, das musste er seinem Chef noch sagen.

Dann drückte man sich da zum letzten Mal die Hände, sah sich in die Augen, und aus war's mit der Aktivdienstzeit im Beruf. Wie würde es weitergehen? Vorerst einmal ausruhen!

Peter stellte fest, dass nirgends ein umfassender Bericht über den Aktivdienst 1939/45 aus der Sicht der vielen ganz gewöhnlichen Soldaten zu finden war. Hier könnte er mit seinen Notizen aus dieser Zeit eine Lücke ausfüllen. Er müsste seine Aufzeichnungen nachsehen, ergänzen und dokumentarisch belegen. Für Zeitungen hatte Peter schon alle möglichen Artikel geschrieben. Aber ein Buch? Ob sich wohl überhaupt jemand dafür interessieren würde?

In den nächsten Tagen dachte er darüber nach, wie so etwas anzugehen wäre. Mit der Sprache, der Darstellung und dem Ablauf der Ereignisse würde er ohne grössere Probleme zurechtkommen. Aber die Namen der auftretenden Personen? Das war eine heikle Frage, denn Peter wollte und konnte nur die Wahrheit schreiben. Schundromane, Prinzessinnengeschichten und Hollywoodgeflüster gab es zur Genüge. Damit wurde das grosse Geschäft gemacht.

Er begann zu schreiben, manchmal weniger, manchmal mehr. Er nahm es gemütlich und arbeitete nicht nach einem festen Stundenplan. Er hatte ja Zeit. Wenn die Erinnerung bildhaft auftauchte, musste sie im Schuss aufs Papier. Die Notizen waren nur Wegzeichen, alles andere stellte sich von selbst wieder ein. Einige Daten musste er noch genauer ausmachen. Liebe Menschen und Begegnungen kamen ihm wieder haargenau ins Bewusstsein. Auch die damals eher unangenehmen Gesichter tauchten wieder auf, und die ganze Tragödie wurde von neuem lebendig. Wochenlang war Peter in gelöster Stimmung mit seinen Notizen beschäftigt. Er kam gut vorwärts.

Unterdessen hatte man endlich auch in Gewerbekreisen bemerkt, dass es für eine vernünftige Berufsbildung noch einiges zu tun gab. Die schlechten Prüfungsergebnisse der Lehrlinge hatten nachdenklich gemacht. Seit vielen Jahren schon war die betriebliche Ausbildung von den Gewerkschaften und der paritätischen Berufsbildungskommission aufmerksam beobachtet worden. Peter hatte sich mehrmals für eine verbesserte Ausbildung eingesetzt, und seine Gewerkschaftsgruppe war ebenfalls in dieser Richtung aktiv gewesen. Die Kritik in der Öffentlichkeit, bei Eltern und Gewerkschaften, am bestehenden Ausbildungssystem und die Einsicht der Meisterverbände hatte nun zu dem Entschluss geführt, Grundschul- und Ergänzungskurse für Lehrlinge auf eidgenössischer Ebene einzurichten. Für das Elektroinstallationsgewerbe sollten solche Kurse auf Grund eines Reglementes, das sich auf das Bundesgesetz über die Berufsbildung stützte, eingeführt werden. Im ersten und zweiten Lehrjahr dauerten die Kurse vier Wochen, im dritten drei und im vierten zwei Wochen. Auch in anderen Berufen war eine ähnliche Entwicklung im Gang. Peter sah diese Entwicklung als grossen Fortschritt an.

Zu seinem Erstaunen wurde Peter angefragt, ob er als einer der zwei Kursleiter mitmachen würde. Er wusste zuerst nicht so recht, was er darauf sagen sollte. Peter reizte gerade diese Aufgabe sehr, und die Anfrage war sicher in Kenntnis seiner Person und auf Grund seines Engagements in Berufsbildungsfragen erfolgt. Andererseits war Peter im Rentenalter und fragte sich, ob er nun noch eine Aufgabe übernehmen sollte, die ihn unter Umständen nicht wenig belasten könnte.

Zugleich vertrat er die Überzeugung, dass man nicht nur kritisieren dürfe, sondern auch seine Hand reichen müsste zu Lösungsmöglichkeiten. So sagte er denn, nachdem er es sich gut überlegt hatte, ja zu dem Angebot.

Peter erhielt eine Einladung zu einer Sitzung der neuernannten Kurskommission. Die sieben Mitglieder der Kommission setzten sich zusammen aus Meistern, Chefmonteuren und Gewerbeschullehrern. Ausserdem waren die beiden zukünftigen Kursleiter eingeladen: Auf Vorschlag des Meisterverbandes Walter, ein Chefmonteur im mittleren Alter, und eben Peter, als ehemaliges langjähriges Mitglied der paritätischen Berufskommission, vom SMUV vorgeschlagen.

Nach einer genauen Orientierung über Aufgaben und Ziele der Kurse, über Material und Einrichtungen und die Entlohnung der Kursleiter, war man sich einig. Bevor die Sitzung aufgehoben wurde, meldete Peter sich noch einmal zu Wort: «Eines noch. Im Umgang mit den Lehrlingen sollte man sich klar sein, ob man sie mit Du oder mit Sie ansprechen soll. Ich frage deshalb, weil ich annehme, dass mit der Verbesserung der Berufsbildung auch eine Aufwertung der Lehrlinge beabsichtigt ist. Es ist bislang so, dass man merkwürdigerweise zum Lehrling im Betrieb Du sagt, während man zur Lehrtochter auf dem Büro oder im Laden Sie sagt. Das wird von vielen Lehrlingen scharf kritisiert, und meiner Meinung nach zu Recht. Ich bin deshalb der Auffassung, wir sollten im Kurs das Sie verwenden. Wir geben damit den Jungen ein Stück Selbstbewusstsein und fördern zugleich die gegenseitige Achtung.» Nach kurzem Zögern meinte einer: «Warum eigentlich nicht», und es wurde so beschlossen. Eine Woche darauf begann der erste Kurs.

Die ersten Lehrlinge trafen mit ihren Werkzeugkisten und dem vorgeschriebenen Material im Kurslokal ein. Der Appell ergab, dass alle gemeldeten Jünglinge anwesend waren. Die beiden Kurslehrer stellten sich vor. Mehr oder weniger neugierig hörten sich die Jungen ihre Erklärungen an: «Wir wollen eine Vertrauensbasis schaffen. Fragen sind erwünscht. Wir sind dafür da, euch zu helfen, diesen interessanten Beruf gut und ganz zu erlernen. Was wir euch erklären und vordemonstrieren, wird nicht immer schon beim ersten Mal klappen. Dann machen wir es ein zweites Mal, wenn es zeitlich möglich ist. Fehler sind da, um daraus zu lernen. Auch wir machen Fehler. Gäbe es einen Menschen ohne Fehler, dann müsste man ihn in einem Zirkus präsentieren. Wichtig sind euer Interesse und euer Wille. Darauf sind wir angewiesen. Wir hoffen und glauben, dass wir mit euch in diesen vier Wochen das gesteckte Ziel erreichen. Hat noch jemand Fragen? Das scheint nicht der Fall zu sein. Dann können wir ja gleich beginnen.» Zuerst wurde das mitgebrachte Werkzeug und Material kontrolliert. In den zwölf Kabinen den Wänden entlang waren je zwei Arbeitsplätze. Die seitlich in den Raum vorstehenden Holzwände und die mit Holz verkleidete Mauer dienten der Montage der Installationen. Gut sichtbar waren bereits an allen Kabinen die Namen der Lehrlinge angebracht. Nachdem das Werkzeug und das Material an den zugewiesenen Arbeitsplätzen versorgt war, mussten als erstes die neuen Werkbänke in der Längsmitte des Lokals zu Gruppen zusammengestellt werden. Danach wurden die Schraubstöcke montiert. Eine grosse Säulenbohrmaschine wurde an ihren Platz geschoben und zwei elektrische Handbohrmaschinen wurden in ihren Ständern auf je eine Werkbankgruppe montiert. Eine Schmirgel- und eine Schleifmaschine ergänzten die Ausrüstung. Alle legten mit Hand an, und im Laufe des folgenden Tages war das Lokal, abgesehen von Kleinigkeiten, die sich während dem Betrieb noch zeigen würden, soweit eingerichtet. Auf einem Podest waren Regale angebracht, und dort war auch das Büro für die Kursleiter eingerichtet worden. Es konnte also losgehen.

Alle, Lehrlinge und Kursleiter, waren gespannt. Da aber alle guten Willens waren, konnte gar nichts schief gehen.

Das Lehrprogramm für sämtliche Kurse der vier Lehrjahre versprach eine umfassende, breit angelegte Ausbildung, die aber in den Betrieben noch durch gezielten Einsatz des Lehrlings vertieft und ergänzt werden musste. Der Lehrmeister leistete für jeden seiner Lehrlinge einen finanziellen Beitrag, Bund und Kantone finanzierten die Kurse mit. Die Kurse, auf die vier Lehrjahre verteilt, umfassten Materialkenntnisse in allen Variationen: Anleitung im Gebrauch der Werkzeuge und Maschinen; Unterputz- und Aufputzinstallationen; Erklärung und Anwendung der Prüf- und Messinstrumente; Unfallverhütung; Nothelferkurs; Gefahren des elektrischen Stroms; Installationen für Motoren samt Steuerungen; Werkvorschriften; Arbeiten nach Schemas; Widerstandsmessungen; Lichtprobleme und Fluoreszenzlampen; Lebenskunde und eventuell einen Ausflug.

Als man mit der praktischen Arbeit begann, gab es für die beiden Kursleiter eine Überraschung, die sie zum Nachdenken zwang. Bei manchen Jünglingen war ihnen aufgefallen, wie unsicher und ungewohnt sie die einfachsten Werkzeuge in die Hand nahmen. Sie fragten sich, wie das früher gewesen war. Früher wurde zu Hause noch vieles selbst repariert oder angefertigt, wie zum Beispiel Spielsachen. Das Velo wurde nicht wegen jedem Hafenkäs zum Velomacher gebracht. Dadurch hatte man schon früh Routine im Umgang mit einfachen Werkzeugen. Heute wird immer nur Neues gekauft, schon der Mode wegen. Aber nicht etwa nur Kleider, auch dauerhafte Einrichtungsgegenstände werden, der Reklame und dem Massenverhalten folgend, in immer kürzeren Zeitabständen neu gekauft. Folgen der Konsum- und der Wegwerfgesellschaft.

Als sie nach einigen Tagen neben Bergmann- und Kunststoffrohren die Lehrlinge auch Stahlpanzerrohre verlegen liessen, machte Peter eine bezeichnende Beobachtung. Jeder einzelne brauchte etwa achtzig Zentimeter Stahlrohr. Auf einer Werkbank lagen einige drei Meter lange Rohre. Unter der Bank, von weitem sichtbar, lagen Resten in jeder beliebigen Länge. Mehr als die Hälfte der Lehrlinge nahmen die neuen Rohre und sägten ihr Stück davon ab. Die anderen nahmen von den Resten. Auf Peters Einwand, warum sie denn von den neuen Rohren genommen hätten, wo es doch Reste hatte, hiess es: «Ja, ich weiss eigentlich auch nicht, warum.»

In jedem Kurs gab es Lehrlinge, die statt dem neunten Schuljahr eine Metallvorlehre oder etwas ähnliches gemacht hatten. Sie waren im Umgang mit Werkzeug und Material den anderen um einiges voraus. Von wenigen Ausnahmen abgesehen aber war die Aufmerksamkeit und das Interesse recht gut. Es kam darauf an, was gerade lief. Genaues Arbeiten wollte erlernt sein und klappte nicht zum vornherein. Man musste vor allem erklären, warum etwas auf eine bestimmte Art und nicht anders gemacht werden sollte. Waren dann die ersten selbständig gefertigten Installationen an der Wand und brannte das Licht beim Einschalten, merkte man die Befriedigung der Jungen. Wenn ausserdem noch die Anschlüsse an Apparaten und Abzweigdosen entsprechend den strengen Vorschriften angebracht waren, waren sie erleichtert. Im anderen Fall mussten sie es halt ändern. Selten war alles im ersten Anlauf richtig, doch dazu waren ja die Kursleiter da, um es zu korrigieren. Niemand wurde deswegen getadelt. Viele hatten sich die Arbeit zu einfach vorgestellt und waren erstaunt über die vielfältigen Anforderungen, die zu beachten waren.

War der erste Kurs vorbei und kam der Elternabend, waren die allermeisten stolz darauf, ihren Angehörigen die ersten selbstvollbrachten Wunder vorzuführen. Nur selten kam es vor, dass die Eltern von dem Gezeigten nicht beeindruckt waren.

Auf sehr grosses Interesse stiess jedesmal der Nothelferkurs, weil er eine Abwechslung und etwas Neues darstellte und notwendig mit Töffli- oder Autofahren zusammenhing.

Beim Arbeiten am Schraubstock, wenn es genau auf einen Zehntelmillimeter ankam, wurde oft gefragt: «Warum muss das sein? Als Elektromonteur muss man doch nicht so genau arbeiten wie ein Schlosser oder Mechaniker.» Die Kurslehrer gaben zur Antwort: «Ja, aber ihr müsst mit Maschinen und vor allen Dingen mit Schaltuhren, Schaltapparaten und Messinstrumenten umgehen, und ihr müsst sie auch einstellen können. Die nötige Sorgfalt dazu hat man aber nur, wenn man schon selbst einmal genau gearbeitet hat, denn alle diese Dinger sind Präzisionsarbeit und daher sehr empfindlich gegen unsachgemässe Behandlung.»

Mit dem Fortschreiten des Programmes wurden in den sich jährlich folgenden Kursen die Installationen immer umfangreicher. Es gab anspruchsvollere Steuerungen und entsprechend kompliz
iertere Schemas und Skizzen. Die Arbeiten erforderten mehr Aufmerksamkeit. Einige Lehrlinge hatten grössere Schwierigkeiten, die meist in einer schlechteren schulischen Vorbildung begründet lagen. Neu war, dass aus Projekt- und Planungsfirmen auch Elektrozeichnerlehrlinge in die Kurse kamen. Auch Lehrtöchter waren darunter. Waren die Kurslehrer anfangs skeptisch deshalb, so zeigte sich schnell, dass alles bestens klappte. Zwar nahmen die Lehrtöchter anfänglich die Werkzeuge zu behutsam in die Hand, aber das gab sich mit jedem Tag herzhafter.

Wenn die Arbeiten an den Installationen vor dem Einziehen und Anschliessen der Drähte und Kabel zu routinehaft wirkten, brachten Walter und Peter kurz ein völlig anderes Thema zur Sprache. So erzählte Walter einmal den spannenden Moment eines grossen Kurzschlusses, die Ursachen dafür, die Gefahr dabei mit dem ausgelösten Schock und schilderte die Folgen des Kurzschlusses. Oder Peter berichtete von seiner früheren Tätigkeit im Lokomotivbau und erklärte anhand von einem Prinzipschema, das er an die Wandtafel zeichnete, die Wirkungsweise der Maschinen. Immer war unter den Lehrlingen gespannte Aufmerksamkeit, und der Zweck der kleinen Abwechslung war erreicht.

Kaum jemand trug übrigens noch ein richtiges Überkleid. Entweder kam man überhaupt ohne oder man hatte allenfalls einen möglichst kurzen Magazinermantel an, der nicht einmal die Knie deckte. War der Handwerker im Überkleid dermassen im Ansehen gesunken, dass man sich schämte, einer von denen zu sein? Oder war es einfach nur Mode?

Leider war nach Peters Meinung beides dabei im Spiel. Zweckmässig war diese Kleiderordnung auf keinen Fall, denn die normalen Kleider litten bei der Arbeit, und die kosteten doch immerhin Geld, was aber wohl keine Rolle mehr zu spielen schien. Einzelne Firmen begünstigten das noch, indem sie ihren Lehrlingen solche Mäntelchen gleich noch mit Firmenetikette als Reklame gaben.

Vieles war nach den ersten Kursen geändert und verbessert worden. Erfahrungen sind bekanntlich mehr wert als Wissen.

Die Lehrlinge aus Handwerkerfamilien, was sich jeweils am Elternabend herausstellte, waren die, die weitaus die wenigsten Probleme hatten. Auch die Schulbildung spielte eine grosse Rolle. Die Gymnasiasten, die das Technikum im Auge hatten, waren entweder sehr gut oder sehr schlecht. Einige betrachteten die Lehre nur als notwendiges Übel. Man hatte den Eindruck, es wäre unter ihrer Würde, manuelle Fähigkeiten an Werkzeugen, an Maschinen oder an Ponier und Schraubstock zu erlernen. Die Abiturienten stammten meist aus Akademikerfamilien. Aber manche bewährten sich gut, und oft schien es sogar, als ob sie sich im Werkstattbetrieb wohler fühlten als anderswo.

Schon im Kurs des zweiten Lehrjahres mussten Walter und Peter feststellen, dass viele das im ersten Kurs Gelernte in ihrem Betrieb entweder überhaupt nicht oder nur sehr mangelhaft hatten anwenden können. In vielen Fällen mussten die einfachsten Dinge neu erklärt und gezeigt werden. Anscheinend gab es nur einige wenige Betriebe, in denen die Lehrlinge nach Möglichkeit so eingesetzt wurden, dass die Arbeit, die sie dort verrichteten, tatsächlich eine Ergänzung zum Kurs bot. Es lag auf der Hand, dass diese Möglichkeit eher in grossen Firmen gegeben war. Hier gilt es, nach anderen Wegen zu suchen, damit wirklich jeder eine gute Lehre erhält. Es könnten zum Beispiel die Lehrlinge reihum durch die Betriebe gehen. Nach dem, was man so hört, wird ein Lehrling vielfach nur als Ersatz für einen teuren Hilfsmonteur eingesetzt. Die Ausrede: «Das lernst du ja im Kurs», kann man nicht gelten lassen. Denn wenn der Kurs der alleinige Träger der Ausbildung ist, dann sind vier Jahre Lehrzeit zuviel. Dann ist auch die Meisterlehre aus und vorbei.

Mit Absicht zeigten Walter und Peter Dinge, die nicht so selbstverständlich waren. Es ging ja nicht nur darum, an oder mit einer Maschine arbeiten zu können. Man sollte auch einen Bohrer schleifen und die Maschinen kennen und behandeln können. Zur Not musste man improvisieren können, falls einmal eine Baustelle oder ein Montageplatz weitab von Werkstatt und Magazin liegen sollte. Nicht zuletzt würden diese Fertigkeiten zu mehr Selbstsicherheit und Selbstbewusstsein beitragen. Beides ist notwendig, um überhaupt Mensch zu sein. Menschen, die ihre Begabungen nicht entwickeln können, sind unsicher, viel anfälliger für negative Einflüsse und auch leichter zu manipulieren. Es gibt Tonangeber und Mächtige in unserer Gesellschaft, die zur Durchsetzung ihrer Ziele solche Menschen brauchen. Zur Berufsbildung gehört es, dazu beizutragen, dass unsere Lehrlinge nicht zu dieser Masse gehören. Deshalb tut eine Berufsbildung auf breiter Basis not, damit eine Umstellung im Beruf oder ausserhalb leichter zu bewerkstelligen ist. Nicht Angelernte und nicht Spezialisten erfüllen diese Bedingungen. Die Entwicklung zeigt deutlich, dass die Wirtschaft, ob Industrie, Gewerbe oder Büro, einem immer schnelleren technischen Wandel unterworfen ist. Nur eine gute Allgemeinbildung und eine breit angelegte Berufsbildung bieten noch Chancen, sich zu behaupten. Auch das Wissen um die Dinge, die sich im öffentlichen Leben abspielen, ist von Wichtigkeit für die Zukunft der jungen Generation. Die drei bis vier Stunden Lebenskunde, die pro Kurs gewährt wurden, waren dafür viel zu wenig.

Peter benutzte sie jeweils zu einem intensiven Gespräch. Er wies auf Pflichten und Rechte der Lehrlinge hin. Über Gewerbeverband, Gewerkschaft und Gesamtarbeitsvertrag informierte er sie. Es kam zur Sprache, dass es in der Gewerkschaft eine Lehrlingsgruppe gibt, und die Demokratie , wie sie eigentlich funktionieren sollte, wurde unter die Lupe genommen. Einer, der im Gegensatz zu den meisten anderen einigermassen informiert war, brachte dazu die Bundesverfassung mit und stellte als einen der wichtigsten Abschnitte Artikel vier daraus vor: «Alle Schweizer sind vor dem Gesetz gleich.» Allein schon darüber gab es eine sehr rege und aufschlussreiche Diskussion. Auch die Parlamente in Gemeinde, Kanton und Bund wurden näher beleuchtet. Schnell entwickelte sich jeweils ein Frage- und Antwortspiel, dem sie manchmal die Form einer Versammlung gaben.

Im Kurs des ersten Lehrjahres hatten die Jungen noch allerhand Hemmungen, sich zu äussern. Im zweiten Lehrjahr wurde es schon wesentlich anders. Man merkte die fortgeschrittene Reife und die Erfahrungen, die sie bereits gemacht hatten. Peter gab Beispiele aus der Konsumgesellschaft, wies auf den mit dem unmässigen Konsum verbundenen Materialverschleiss und seine Folgen hin. Ebenso kamen Energieprobleme und Umweltschutz zur Sprache. Auch über die Gefährlichkeit von Drogen redete man, aber die Jungen waren mehrheitlich der Ansicht, für sie stelle das Rauchen und der Alkohol das grössere Problem dar.

Die Aufforderung, ohne Hemmungen seine Meinung zu sagen, sich aber dabei auf das gerade zur Debatte stehende Problem zu beschränken und sich möglichst kurz zu fassen, hatte das nötige Vertrauen geschaffen. Die Mahnungen, dass stets nur einer reden und jeder die Meinung des anderen achten sollte, wurden weitgehend befolgt. Vieles wurde mit Darstellungen an der Wandtafel anschaulich unterstützt. Als Peter einmal seiner Freude darüber Ausdruck gab, dass alles so gut klappte, meinte Andreas kritisch: «Es ist ja auch das erste Mal, dass man uns wirklich ernst nimmt. Dass wir über wichtige Dinge informiert werden, und vor allem, dass wir auch unsere Meinung sagen können. Könnten wir nicht noch ein paar Stunden mehr dafür einsetzen?» Es gab uneingeschränkten Beifall. Sein Wunsch allerdings konnte nicht erfüllt werden. Es gab schon so wegen des Lebenskundeunterrichts kritische Stimmen aus der Kurskommission. Peter machte sich jedoch nicht viel daraus, weil er diese wenigen Stunden immer mehr als notwendige Pflicht ansah.

Mit der Zeit las Peter auch hie und da aus seinem Manuskript «Notizen eines simplen Soldaten 39/45» einen kurzen Abschnitt vor. Mit gespannter Aufmerksamkeit folgten die Lehrlinge seiner Erzählung, und die anschliessenden Fragen zeigten, wie wenig sie in der Schule über diese eben erst vergangene Tragödie unterrichtet worden waren. Nur einzelne Gymnasiasten und Realschüler hatten ein wenig darüber erfahren. Aber man darf nicht schweigen, wenn durch diesen Krieg ca. 55 Millionen Menschen getötet wurden. Die Arbeit für den Frieden gehört, ob man es wahrhaben will oder nicht, auch zur Menschenbildung.

Hin und wieder stellte Peter Fragen zu den diskutierten Problemen, um zu sehen, was davon ins Bewusstsein eingedrungen war. Für die erste richtige Antwort hängte er demjenigen, der sie gegeben hatte, eine aus Kupferdraht selbst verfertigte Kette um den Hals, was vom Jubeln der übrigen begleitet wurde.

Einmal brachte Peter die gar nicht so selbstverständliche Frage auf: Was ist das, Elektrizität? Die Jungen horchten auf. Einer sagte: «Interessant, ja, aber wie ist das denn eigentlich?» Sie kamen überein, sich drei Tage Zeit zu lassen und dann die verschiedenen Meinungen und Ansichten in einem kurzen Spruch zusammenzufassen. So entstand die folgende Synthese:

Was ist das, Elektrizität?

Ist es ein Mysterium?

Jedenfalls eine sehr interessante Sache.
Man muss sie sich vorstellen können.
Man kann sie nicht mit den Händen fassen.
Ihre Synthese ist Spannung, wie das Leben.
Gegensätzliche Pole ziehen sich an, wie im Leben.
Sie ist faszinierend und voller Wunder, wie das Leben.

Peter machte daraus ein grosses Plakat und hängte es vor dem Elternabend an eine freie Wand. «Nicht übel», sagten die Lehrlinge, «wie haben wir das gemacht!» Am Elternabend standen einige Väter sinnend davor, und einer hob den Zeigefinger, nickte mit dem Kopf und meinte: «Nicht schlecht, wo haben die das wohl abgeschrieben?»

Die Elternabende waren gut besucht und, verglichen mit ähnlichen Anlässen, immer ein grosser Erfolg. Es war eine Seltenheit, dass einmal von jemandem die Eltern nicht kamen. Häufiger kam es vor, dass der Meister oder sonst jemand aus dem Lehrbetrieb nicht dabei war. Auch die an Stelle der Eltern eingesetzten Vormünder waren selten oder nie zu sehen. Sehr oft strahlten die Augen der Angehörigen vor Stolz auf die Leistungen ihrer Söhne, und sie fanden auch für die Kursleiter anerkennende Worte. Aber es konnte auch das Gegenteil der Fall sein. Das reichte dann bis zur unverhohlenen Geringschätzung durch einen sich wichtig gebenden Akademiker, der es zum Direktor einer multinationalen Firma gebracht hatte. Aber solche Leute waren die Ausnahme.

Immer wieder reklamierten Lehrlinge, dass sie wochenlang in einem riesigen Fabrik- oder Büroneubau hätten Lampen montieren oder sämtliche Tdc.-Kabel einziehen müssen. Gerne wurde den Lehrlingen auch das Setzen der Unterputzkästchen überlassen. Ging es darum, die Anschlüsse im Schaltraum oder an den Maschinen und Apparaten zu machen, dann hiess es, sie würden dazu zu lange brauchen, oder, dass sie das ja sowieso im Kurs lernen würden. Peter und Walter verwiesen dann jedesmal auf den Lehrvertrag, der für jedes Lehrjahr die Ausbildungsziele vorschreibt: «Ihr müsst in der Firma deswegen reklamieren, und wenn es nichts nützt, muss sich halt der Vater darum kümmern.»

Drei Lehrlinge, die jeder auf seine Art typisch waren für die verschiedenen Jungen in den Kursen, sollen im Folgenden näher vorgestellt werden.

Andreas war ein Junge wie jeder andere auch. Gross und kräftig von Gestalt. Lässig, aber in bester Qualität gekleidet wie er war, konnte man leicht erraten, dass er nicht aus einer armen Familie stammte. Sein Vater war Direktor einer grossen Firma. Was an Andreas auffiel, war die starke Kritik, die er an der Ausbildung im Betrieb, an der menschlichen Gesellschaft überhaupt und an der ihm darin zugewiesenen Rolle übte. Seine Familie, hauptsächlich aber sein Vater, war für ihn der Inbegriff einer verlogenen, egoistischen Clique.

«Mit Vater kann ich über keines der gesellschaftlichen Probleme reden und schon gar nicht diskutieren. Wenn er nicht gerade am Abend an einer Konferenz ist, dann ist er auf Reisen. Ausbildungsfragen, Dritte Welt, Umweltverschmutzung, Wegwerfgesellschaft, Rüstung und Waffenexporte sind für ihn Phantastereien und blöde Sprüche. Wenn ich schon einmal beim Essen irgend etwas in dieser Richtung sage, dann haben wir Krach. Seine Gedanken sind nur beim Profit und bei der Karriere. ‹Was verstehst denn du schon davon› , ist immer sein letztes Wort, und dann liest er wieder weiter in seinen Börsennachrichten. Mama aber versteht mich sehr gut und ist auch weitgehend meiner Meinung. Sie leidet schwer unter unseren Auseinandersetzungen. Wenn er sich schon einmal zu etwas äussert, tönt das etwa so: ‹Der Baltisberger, der blöde Aff, ist wieder einmal auf einer Inspektionsreise in den USA. Grosse Spesen, Erstklass-Hotel usw. Irgendwie hat der mich wieder beim Generaldirektor ausgestochen. Verdammte Schweinerei, das.› Als ich ihm sagte, dass ich Techniker oder Ingenieur werden wolle, rümpfte er die Nase und meinte: ‹Jurist ist doch weit besser, da kannst du ins Geschäft einsteigen.› Und als er dann noch zur Kenntnis nehmen musste, dass ich zuerst eine Elektrikerlehre machen müsse, passte ihm das gar nicht in den Kram. Handwerker, nein, so etwas! Er hielt gar nichts von denen im Überkleid. Ja, so ist das. Aber nun bin ich hier, und wenn ich dran denke, was wir hier alles machen, Sachen, die man anschauen kann, in die Hände nehmen kann.» Andreas hob seine Hände: «Mit diesen Händen angefertigt, dieses Winkelmass genau auf den Zehntel gefeilt. Ist das nicht grandios? Oder diese Schützensteuerung als Funktion?»

Andreas hatte seinen Kropf geleert. Ohne Scheu hatte er vor allen sein grösstes Problem dargelegt, wissend und hoffend, dass er in diesem Kreis auf Verständnis stossen würde.

Andreas' Rede hatte bei Walter und Peter und einigen der Jungen Betroffenheit ausgelöst. Aus verschiedenen Gründen konnte Peter jedoch leider nicht auf dieses brennende Problem eingehen, und so meinte er nur mit leiser Stimme: «Ich verstehe Sie sehr gut, Andreas.»

Am Elternabend waren die beiden Kurslehrer gespannt, ob der Herr Direktor auch auftauchen würde. Er kam. Gross, selbstsicher, eine massige Gestalt mit Brille, so rückte er an. Uninteressiert liess er sich von Andreas alles erklären. Peter beobachtete die Szene im Vorbeigehen. Er wäre am liebsten nicht hinübergegangen, aber Andreas rief ihn, weil seine Mama etwas fragen wollte. Zögernd und lau gab der Herr Peter die Hand. Peter fragte ihn, welchen Eindruck er von Andreas' Arbeit hätte. Unschlüssig zuckte der Direktor die Schultern: «Ja, ich verstehe nicht viel davon. Aber es ist ja nichts Weltbewegendes. Er muss es halt durchstehen, wenn er auf das Technikum will.» Die Mama sah zu Boden. Dann hob sie plötzlich den Blick, schaute zuerst auf Andreas, dann auf Peter, und sagte mit einem festen Ton in der Stimme: «Andreas hat jedenfalls seine helle Freude an diesen Arbeiten und am Kurs überhaupt, und das ist für mich die Hauptsache.» Dem Herrn Direktor machte das wenig Eindruck. Andreas machte sich verlegen an den Werkstücken an der Wand zu schaffen. Er nahm einen Befestigungsbügel vom Nagel und hielt ihn seinem Vater unter die Nase: «Siehst du, Papa, wir haben nicht nur Installationen mit funktionierenden Schaltungen gemacht, sondern auch Werkstücke am Schraubstock wie diesen Befestigungsbügel. Ist das denn nichts?» – «Ja, schon», meinte der gedehnt, «aber ich glaubte halt, aus dir müsste etwas Besseres werden.» Das hätte er nicht sagen dürfen. Sekundenlang war es ganz still. Dann entschuldigte sich Peter, er müsste noch in die anderen Kabinen. Er hatte eine grosse Wut. Bevor er weiterging, legte er seine Hand auf Andreas' Schulter und schaute ihm trotz alledem aufmunternd in die Augen.

Wenig später, beim Aufbruch der ganzen Gesellschaft, suchten Andreas und seine Mama im Gewühl der sich Verabschiedenden die beiden Kursleiter und dankten ihnen mit warmen Worten für ihre Bemühungen. Der bessere Herr war schon draussen.

In einem neuen Kurs fiel Peter einer besonders auf. Es war Karel, der Tschechenjunge. Seine Hand, die den Schraubenzieher hielt, zitterte förmlich beim Befestigen eines Schalters. Er war unschlüssig, wo er mit der Montage der Installationen beginnen sollte und schaute immer wieder, wie es die anderen machten. Bei den vorausgegangenen Instruktionen war Karel nicht negativ aufgefallen. Zwar hatte er nie wie die anderen Lehrlinge Fragen gestellt. Wahrscheinlich hatte er es nicht gewagt, weil sein Deutsch sehr mangelhaft war und nur schwer verständlich. Allem Anschein nach war er jetzt in einer schwierigen Situation.

Peter trat zu ihm: «Wie geht es, Karel? Haben Sie Probleme?» Karel schaute auf. «Nicht gut», sagte er. «Dieser Bogen hier am Rohr, nicht gut.» Peter setzte sich zu ihm auf die Werkzeugkiste: «Dann machen wir ihn halt noch einmal. Manchmal geht etwas nicht auf den ersten Anhieb. Das ist nicht so schlimm. Für das sind wir ja da.» Peter holte ein Stück Rohr und demonstrierte mit der Biegezange langsam, wie es gemacht wurde. Karel hatte genau aufgepasst. Nun machte er es nach. Zuerst war er etwas nervös, doch Peter ermahnte ihn: «Nicht aufregen, nicht krampfhaft, ganz ruhig und langsam.» Jetzt hatte es Karel erfasst. Der Bogen war ganz gut geworden. Ein Lächeln ging über sein Gesicht. Peter gab Karel noch weitere Ratschläge und fragte dann: «Sie kommen aus Prag, nicht wahr?» – «Ja», erwiderte Karel etwas kleinlaut. Peter wollte ihn aufmuntern: «Aber Prag ist doch eine schöne Stadt! Ich war einmal dort, aber nur kurz. So gewissermassen auf Blitzbesuch. Auf dem Hradschin waren wir, wo man eine prächtige Aussicht hat. Dann die Hofburg, die grosse, wunderschöne Bibliothek, die Moldau, ja, und dann natürlich die Stammbeiz von Schwejk in der Nähe des Wenzelplatzes.»

Karel horchte auf. In seinen Augen stand ein Leuchten: «Nein, Sie waren dort? So etwas!» Peter fuhr fort: «Ja, und es kam mir damals und auch jetzt wieder das Tongedicht ‹Die Moldau› von Smetana in den Sinn.» Und Peter summte leise das darin immer wiederkehrende Motiv. Karel staunte: «Ja, ja, so geht es, genau so!» Nun wiederholte er seinerseits das Motiv, begleitet von impulsiven Handbewegungen. Der Bann war gebrochen.

Karel fasste völliges Vertrauen zu Peter. Es gab fortan kein Zittern mehr mit dem Schraubenzieher. Peter schaute des öfteren in seiner Kabine vorbei, und allmählich gewann Karel sein Selbstvertrauen zurück. Gegen Ende des Kurses wurden, wie bei allen Lehrlingen, auch Karels Installationen auf Qualität und Funktion überprüft. Karel strahlte, als Peter und sein Kollege ihr Urteil abgaben: «Alles in Ordnung. Nur einige Unebenheiten, wie sie immer wieder vorkommen.» Noch einmal summte er das Motiv aus der ‹Moldau› . Karel war glücklich.

Von Roberto, dem spanischen Lehrling, konnte man nicht sagen, dass er aufgefallen wäre. Eher das Gegenteil traf zu. In der Rückschau erinnerten sich die beiden Kursleiter an ihn als eher kleinen Jungen, der im Verhältnis zu den anderen sehr schweigsam gewesen war, so dass es manchmal schien, als wäre er mit seinen Gedanken ganz woanders. Wurde etwas vordemonstriert, war er ebenso aufmerksam wie die anderen. Seine Leistungen waren zwar nicht gerade hervorragend, aber immer noch im Rahmen. Wie bei den meisten Lehrlingen aus Gastarbeiterfamilien war auch sein Arbeitsbuch voller orthographischer Fehler. Er sprach ein leidlich gutes Deutsch mit spürbar fremdem Akzent. Mit den theoretischen Erklärungen der Schaltschemas und ihrer Wirkungsweise hatte er seine liebe Not. Aber auch das war eigentlich nichts besonders Auffälliges, denn es ging noch anderen ebenso, und wenn man berücksichtigte, dass er eine fremde Muttersprache und eine schlechte Schulbildung hatte, so konnte es gar nicht anders sein. Einzig, dass er sich nicht an den Diskussionen und Spässen seiner Kollegen beteiligte, hätte zu denken geben können.

Am Ende des vierwöchigen Grundkurses fand der Elternabend statt. Roberto kam mit seiner Mutter. Dass der Vater nicht dabei war, nun, auch das war nichts Besonderes. Peter sprach die Frau an, doch sie verstand fast gar kein Deutsch. Roberto übersetzte, und sie nickte zustimmend, obwohl ihr die Installationen und die Apparate sicher «spanisch» vorkommen mussten. Peters Versicherung, dass Roberto sich gut benommen hätte und seinen Weg schon machen würde, nahm sie mit dankbarem Lächeln zur Kenntnis. Und doch glaubte Peter in ihren schwarzen Augen die Spur eines Zweifels zu entdecken.

Wochen danach, als die Lehrlinge längst wieder in ihren Firmen beschäftigt waren, tauchte unvermittelt der Chefmonteur des Betriebs, in dem Roberto in der Lehre war, im Kurslokal auf. Sichtlich erbost erklärte er, dass Roberto ohne jeden Grund nun schon einige Tage seiner Arbeit ferngeblieben wäre. Seinen Eltern zufolge wäre er aber immer zur gewohnten Zeit aus dem Hause gegangen und wieder heimgekehrt. Ein Schlingel und ein Lausbub wäre er und ein Laferi dazu. Und überhaupt hätte man nichts als Ärger mit diesen Lehrlingen und mit den Ausländern sowieso. Der Chefmonteur wollte nun wissen, welche Erfahrungen man mit Roberto im Grundkurs gemacht hätte. Doch da gab es nichts Nachteiliges über ihn zu sagen, ausser dass er sprachbedingt und in bezug auf die Schulbildung wie die meisten Ausländer gewisse Schwierigkeiten hatte. «Aber da kann er ja nichts dafür», setzte Peter mit Nachdruck hinzu. Der Chefmonteur entfernte sich daraufhin mit der Versicherung: «Ich habe ihm nun jedenfalls die Leviten gelesen, und seine Eltern werden schon dafür sorgen, dass er morgen wieder antritt.»

Damit schien alles wieder in Ordnung zu sein. Aber es vergingen kaum drei Wochen und Roberto schwänzte nicht nur seinen Arbeitsplatz, sondern auch die Gewerbeschule. Wieder gab es Krach mit dem Chefmonteur, der ins Kurslokal gekommen war und lamentierte.

«Irgendwie muss es für Robertos Verhalten einen tieferen Grund geben», meinte Peter zu seinem Kollegen. «Ich kann einfach nicht glauben, dass dieser Junge nur aus Liederlichkeit so etwas macht.» Sie beschlossen, Roberto selbst danach zu fragen.

Roberto erschien tatsächlich zu der Besprechung. Er wurde betont herzlich begrüsst, und man setzte sich mit einem schnell gebrauten Kaffee ins Büro. Etwas verlegen rührte er in seiner Tasse, während ihm Peter vorsichtig, jedes Wort abwägend, mitteilte, dass er sich Sorgen um ihn machen würde.

«Möchtest du lieber einen anderen Beruf lernen vielleicht?» fragte Peters Kollege. «Nein, das glaube ich nicht», sagte Roberto nachdenklich, «es hat mir einfach ausgehängt.» – «Ja, aber es muss doch einen Grund geben. Ist die Arbeit auf der Baustelle dir zu langweilig, oder ist der Monteur zu streng, mit dem du arbeitest?» Mit gesenkten Augen erwiderte Roberto: «Nein, ich glaube nicht. Ich hatte einfach jede Lust verloren, ich weiss auch nicht, warum.»

«Stimmt zu Hause etwas nicht ganz? Wie stehst du denn zu deiner Mutter und deinem Vater? Oder hast du noch Geschwister, mit denen du dich vielleicht nicht verstehst? Und wie ist es mit der Sprache? Redet ihr zu Hause spanisch oder auch deutsch? Sieh, wir fragen ja nur, damit wir dir helfen können.» Peter hatte es leise, nicht drängend gesagt. Er warb um Robertos Vertrauen.

«Meine Eltern reden nur spanisch mit mir zu Hause. Sie können nur sehr wenig Deutsch. Geschwister habe ich keine. Mit meiner Mutter verstehe ich mich sehr gut, nur mit meinem Vater klappt es nicht so gut. Er kümmert sich weniger um mich, und manchmal haben wir auch Streit, aber das ist ja nicht so schlimm», meinte Roberto. «Aber ich bin ja erst mit neun Jahren in die Schweiz gekommen. Die Schule und jetzt die Gewerbeschule ist für mich viel schwieriger, und ich habe immer das Gefühl, ganz mächtig hintennach zu hinken. Dafür haben die Lehrer und auch mein Vater gar kein Verständnis. Mutter hilft mir, wo sie kann, aber sie versteht das Deutsche ja selbst nicht.»

Offensichtlich hatte Roberto sich damit etwas von der Seele gesprochen. Peters Kollege sagte: «Ja, das ist natürlich schon ein Problem, aber wir haben ja in jedem Kurs ausländische Lehrlinge mit ähnlichen Problemen. Und mit dem Fernbleiben von Arbeit und Schule wird die Geschichte halt auch nicht besser.» Minutenlang war es still. Verlegen schlürfte Roberto von seinem Kaffee.

Peter liess noch einmal den Verlauf des Kurses an sich vorüberziehen. Wie war das doch am letzten Tag beim Abbrechen der Installationen in den Kabinen gewesen?

Auf Drängen der Lehrlinge hatten sie das Abspielen von mitgebrachten Radios und Kassettenrecordern erlaubt. Nur zu laut hatte es nicht sein sollen. Im Gewirr von Schlagerliedern, Jazzmusik und Beat war in der Nähe Robertos ein bekanntes südamerikanisches Volkslied, gesungen von den Paraguayos, erklungen. Roberto hatte gespannt hingehorcht. Er war zum Apparat getreten und hatte die Lautstärke ein wenig höher gestellt. Versunken war er dagestanden und hatte sich ganz auf das Lied und die Klänge der Gitarren konzentriert.

Ja, so war es gewesen. Er hatte jedes Wort hören, jeden Ton in sich aufnehmen wollen. Es war seine Musik und seine Sprache, wenn es auch ein lateinamerikanisches Lied war.

Peter fragte nach: «Was hast du denn in dieser Zeit gemacht, als du nicht im Geschäft oder in der Schule warst?» – «Ich habe in den Langen Erlen den Tieren zugeschaut, auf der Matte mit anderen Fussball gespielt und bin der Wiese entlang gestreift», kam es stockend von Robertos Lippen. «So etwas! Und einfach alles andere vergessen», sagte Peters Kollege. Kleinlaut gab Roberto zu: «Ja, das war natürlich falsch.»

Peter grübelte: «Wie soll es denn nun weitergehen, Roberto?» Resigniert antwortete der: «Ich weiss es auch nicht.»

Unvermittelt fragte Peter: «Bist du, seit du in der Schweiz bist, eigentlich auch mal wieder in Spanien gewesen?» Schnell kam die Antwort: «Jedes Jahr war ich dort. Als ich noch in die Schule ging, habe ich die ganzen Ferien, Sommer und Herbst, dort verbracht. Entweder bei den Grosseltern oder beim Onkel. Jetzt habe ich ja nur noch vier Wochen Ferien im Jahr.» Peter war das Aufleuchten in Robertos Augen nicht entgangen: «Ja, es sieht so aus, als ob du lieber in Spanien wärest als hier in der Schweiz.» Roberto nickte, lebhaft zustimmend: «Ja, das ist schon so. Es ist ja auch alles soviel anders als hier.» – «Schöner als hier?» fragte Peter ihn eindringlich. «Ja, ich glaube schon», sagte Roberto, und seine Augen strahlten. Peter war sich sicher, den Grund für Robertos Verhalten gefunden zu haben.

«Aber wenn das so ist», sagte Peters Kollege, «dann würde ich zuerst die Lehre als Elektromonteur fertig machen, denn das ist ja trotz allem im Moment das Wichtigste. Danach kannst du ja so schnell wie möglich nach Spanien gehen.» Auch Peter redete Roberto in diesem Sinne zu. Etwas zögernd meinte Roberto: «Das sind zwar noch fast drei Jahre, aber es wird schon so das Beste sein.»

Dann brach Roberto auf. Seine Kursleiter begleiteten ihn zum Ausgang und wünschten ihm alles Gute. Peter sagte, er würde sich freuen, ihn im nächsten Jahr im zweiten Kurs wiederzusehen. Noch ein kräftiger Händedruck, und Roberto war verschwunden.

Vier Wochen später erfuhr Peter und sein Kollege, dass Roberto endgültig nach Spanien gegangen wäre und nicht mehr zurückkommen würde. Im Kurslokal war man überrascht von dieser Nachricht. Nachdenklich sagte Peter: «Man kann ja auch nicht jede Blume in fremdes Erdreich versetzen.» – «In diesem Fall sagt man dem aber Humanität», entgegnete sein Kollege. «Humanität ist gut!» meinte Peter. «Die Ausländer wurden einzig und allein aus Eigennutz und Profitsucht geholt. Wenn man wirklich helfen wollte, müsste man jenen Kräften unter die Arme greifen, die die gesellschaftlichen Verhältnisse in den betreffenden Ländern verändern wollen. Aber das ist etwas ganz anderes.»

Fast vier Jahre war Peter jetzt mit der Ausbildung dieser Lehrlinge beschäftigt. Insgesamt waren es gegen sechshundert gewesen in dieser Zeit. Peter hatte seine Freude an dieser Arbeit gehabt. Sie war der Höhepunkt seines Lebens gewesen, denn es war ein wunderbares Gefühl, junge Menschen mit dem Rüstzeug für ihr Leben versehen, ihnen Hoffnung und Selbstvertrauen schenken zu dürfen.

«Aber es ist doch so: Diese Welt ist nicht zum Paradies geworden, trotz allem vermeintlichen Wohlstand. Sie kann zu jeder Zeit, vielleicht morgen schon, zum Trümmerhaufen werden. Und noch so gescheite Köpfe mit grauen Haaren tragen daran die Hauptschuld.» Das hatte kein Wissenschaftler gesagt, sondern einer dieser schwer enttäuschten Jungen mit höherer Schulbildung. Und Peter gab ihm recht. «Es ist ja eure Zukunft. Und deshalb müssen wir alles tun, um eine neue Katastrophe zu verhindern», hatte Peter hinzugefügt.

In diesen Jahren war Peter mit Anna in den Schulferien viel auf Reisen gegangen. Andere Landschaften, andere Gesichter. Einmal hatte Peter die Idee, nach Moskau zu fahren.

Seit Jahren hörte und las man von den Russen nur Negatives. Peter war skeptisch gegenüber der gesteuerten Hetze, aber auch er war kritischer geworden. Der Ungarnaufstand von 1956 war ein schlechtes Zeichen, und der eben erst erfolgte Einmarsch in die Tschechoslowakei hatte ihm gleichfalls zu denken gegeben. All das war natürlich willkommenes Propagandafutter für die kapitalistische Welt. Damit liessen sich eigene Fehler und Gemeinheiten vertuschen. Was die USA im Verbund mit den Militärdiktaturen in Mittel- und Südamerika für Gaunereien anstellen, vernimmt man höchstens durch internationale Hilfsorganisationen. In der bürgerlichen Presse sind diese Ereignisse kleingedruckt.

Nun wollte Peter selbst einmal einen Augenschein nehmen in der Metropole der kommunistischen Sünden. Anna war im Moment anderswo engagiert, so dass er sich alleine auf die Reise begab.

Der Flug in einer russischen Maschine bei schönstem Wetter hoch über Österreich und dem Balkan war eine grossartige Sache. In Moskau bezog die Reisegesellschaft in einem restaurierten Hotel aus der Zarenzeit, das an der Hauptstrasse zum Kreml lag, Quartier.

Beim Mittagessen sass eine ältere Frau, eine Schriftstellerin mit USA-Erfahrung, an Peters Tisch. «Der erste Eindruck ist vorerst gut», meinte sie zu Peter, «soweit man das sagen kann, nachdem man nur durch ein paar Strassen gefahren ist und eben erst zu Mittag gegessen hat.»

Nach dem Essen ging es auf eine Stadtrundfahrt. Eine russische Studentin erklärte in gutem Deutsch Geschichte und Wachstum der 7,7 Millionenstadt. Auf einer anschliessenden Fahrt mit der berühmten Metro wurde der Betrieb und die Wartung der Bahn erklärt. Man staunte über die Umsteigebahnhöfe und die Wartehallen aus Marmor und die vielen Plastiken und Denkmäler. Es wurden die Billetpreise genannt, die im Vergleich mit denen in Mitteleuropa auch für russische Einkommensverhältnisse lächerlich gering waren. Auch die Preise für Mietwohnungen waren, verglichen mit Schweizer Verhältnissen, ungemein billig, während sich der Komfort der Wohnungen ungefähr im selben Rahmen bewegte. Die Wohnungen selbst aber waren wesentlich kleiner. Eines der grossen Probleme der Moskauer Behörden, hiess es, wäre der anhaltende Trend, vom Land in die Stadt zu ziehen.

Peter und einige andere Reiseteilnehmer stellten daraufhin Vergleiche an. Stellte man die Löhne den angegebenen Preisen und den grosszügigen, beitragsfreien Sozialleistungen für Gesundheit und Altersvorsorge gegenüber, so kam man zu einem für die Sowjetunion weit günstigeren Resultat, als man es im Westen allgemein wahrhaben will. Die andere Seite war, dass alle Luxusartikel sehr teuer und das Angebot mager war. Aber gehört Luxus unbedingt zum Leben? Die Frage ist berechtigt, wenn man weiss, dass in den USA in jeder Grossstadt neben den Luxusvillen und den Wolkenkratzern ein riesiges Elendsviertel zu finden ist. Hier, in Moskau, galt ein Auto, wenn es nicht unbedingt nötig war, als Luxus und war dementsprechend teuer. Doch man versuchte laufend, das Angebot zu verbessern, wenn es auch hiess, man hätte noch andere, dringendere Sorgen und befände sich noch immer beim Ausbau einer besseren Gesellschaftsordnung. So sah halt manches anders aus, als man einem im Westen weismachen wollte.

Der geradezu unheimliche Taktschritt bei der Wachablösung auf dem Kreml hingegen machte auf Peter einen sehr schlechten Eindruck. Eine der Frauen aus der Reisegesellschaft bemerkte sogar noch: «Ei, das ist aber rassig!» Peter hasste diesen Takt-schritt wie Gift und konnte ihn nicht mit den bisher guten Erfah-rungen in Einklang bringen. Dafür waren seine eigenen Erleb-nisse mit diesem Blödsinn ihm noch zu stark in Erinnerung.

Anderntags wollte die Gesellschaft eine Exkursion zu einem berühmten Kloster ausserhalb Moskaus machen. Peter winkte ab. Er hatte entdeckt, dass im gleichen Hotel den Abend zuvor eine Arbeiterdelegation angekommen war, die nun im kleinen Saal nebenan beim Frühstück sass. Peter verhandelte mit der Chefin am Buffet: «Ich bin ein Schweizer Tourist und möchte gerne auf Deutsch oder Französisch dem Delegationsleiter einige Fragen stellen. Wäre das wohl möglich?»

Die Frau zweifelte: «Ob das wohl überhaupt geht?» Aber Peter liess nicht locker. Daraufhin schlug sie mit einem Messer an ein Glas und gab, als alle aufschauten, auf russisch Peters Begehren weiter. Die Mitglieder der Delegation sahen einander an und tuschelten miteinander. Offenbar war das eine ungewöhnliche Idee. Schliesslich stand einer von ihnen, der graue Haare hatte, auf und sagte, sich an Peter wendend: «Ich war einmal in deut-scher Gefangenschaft», er kreuzte die Arme übereinander, «anderthalb Jahre, nicht weit von der Grenze zur Schweiz. Viel-leicht kann ich Antwort geben.» Und er winkte Peter an seinen Tisch. Der Russe hatte sehr langsam und etwas zögernd mit typi-schem Akzent gesprochen.

Peter erklärte seinem aufmerksamen Gegenüber, welche Fra-gen er gerne beantwortet wissen wollte, wobei er sich bemühte, ebenfalls langsam und deutlich zu sprechen. Der Mann machte sich Notizen und nickte zustimmend sobald er verstanden hatte. Anschliessend übersetzte er Peters Fragen den anderen auf rus-sisch: «Ich bin selbst auch Gewerkschafter in der Schweiz. Weil es bei uns immer heisst, die Sowjetunion sei eine Diktatur, möchte ich gerne wissen, wie bei euch eine Gewerkschaftsver-sammlung abläuft. Werden Anträge gestellt, Diskussionen geführt und über Beschlüsse abgestimmt? Hat die Gewerkschaft ein Mitspracherecht im Betrieb? Und: bei uns sagt und schreibt man immer wieder, die Sowjetunion stelle die grösste Kriegsge-fahr dar. Sie würde fortwährend rüsten und hätte die grössten Armeen. Stimmt das, und wenn ja, warum?» Er war aufgestan-den, um seine Notizen zu übersetzen. Gespannt hörten alle zu. Hie und da ging eine Augenbraue in die Höhe. Einige schüttelten den Kopf. Einer verwarf die Arme und deutete auf seine Stirn. Dann wurde aufgeregt durcheinander geredet. Offenbar ging es darum, sich über die Antworten einig zu werden. Nach einigen Minuten war es so weit.

Wladimir, wie der Übersetzer hiess, las noch einmal auf russisch die Endfassung der Antworten vor. Alle Anwesenden hoben die Hand als Zustimmung. Wladimir holte tief Atem. «Und jetzt Achtung», sagte er zu Peter, «zu den Gewerkschaftsversammlungen. – Gerade dass wir hier sind, ist ein Versammlungsbeschluss, und zwar wollen wir beim zuständigen Minister Einsprache erheben, weil man an unserem breiten Fluss im Stadtbereich zur bestehenden Textilfabrik noch eine Färberei einrichten will. Wegen dem Abwasser der Färberei könnten wir dann dort ganz sicher nicht mehr fischen. Der Standort soll weiter flussabwärts verlegt werden. Zugleich gehen wir noch an die Kultur- und Wirtschaftsausstellung. Unsere Versammlungen sind nicht anders als die Euren. Mitsprache im Betrieb ist nicht nur möglich, sie ist sogar Pflicht, natürlich im positiven Sinn. Einschränkungen gibt es, wenn der Fünfjahresplan Vorrang hat. Dass das Gesellschaftssystem als solches eine Diktatur ist, glauben wir nicht. Aber es setzt eine viel grössere Solidarität und deshalb eine straffere Führung voraus. Der Kapitalismus im Westen kann sich nur mit dem ungehinderten Egoismus behaupten. Aber nun das andere mit der grossen Rüstung. Ich setze voraus, dass du im Bilde bist über die Ereignisse zwischen 1939 und 1945. Wie man heute allgemein weiss, hat Stalin damals mit den Nazi einen Nichtangriffspakt abgeschlossen. Er wurde im Westen, aber auch bei uns deswegen kritisiert. Aber jetzt weiss man schon längst, dass tatsächlich unsere Armeen mit ihrer damaligen Ausrüstung den Deutschen keinen wirksamen Widerstand hätten leisten können. Der Angriff kam ja dann trotzdem, und wir mussten uns unter grossen Verlusten zurückziehen. Dann aber kam Stalingrad und damit die Wende. Gerade ihr in der Schweiz habt doch auch davon profitiert. Ich glaube, das wenigstens darf man doch sagen. Das alles aber haben wir nicht vergessen. Wie sollten wir unsere mehr als zwanzig Millionen Toten einfach so hinnehmen können? Auf gar keinen Fall wollen wir das noch einmal erleben! Nie mehr, hörst du, nie mehr! Der Westen aber gibt uns keine Garantie dafür. Deshalb, und nur deshalb, müssen wir bereit sein.

Ein garantierter Friede wäre viel besser, weil wir das Geld, das Material und die Zeit dann für etwas Besseres einsetzen könnten.

So, das wäre ungefähr die Antwort auf deine Fragen. Ich habe mich kurz fassen müssen, weil jetzt bald der Autobus kommt, der uns zur Ausstellung bringt. Aber wir danken dir für deine offenen Fragen und deine Anteilnahme.» Eilig haspelte er das Ganze noch einmal für die wissbegierige Gesellschaft in Russisch herunter und gab Peter einen herzhaften Händedruck zum Abschied. Alle, auch das Personal am Buffet, hatten aufmerksam zugehört. Die Gewerkschafter bestiegen den Bus und winkten Peter ein letztes Mal freundlich zu.

Peter machte auf eigene Faust einen Stadtbummel. Er machte viele Photos unterwegs. Manchmal musste er sich orientieren und fragen, um den Weg zu finden. Aber immer erhielt er höchst freundlich Auskunft. Die deutsche Sprache war nicht so beliebt, und nur wenige verstanden einige Wörter Deutsch. Französisch kam weit besser an. Die Russen waren alle gut gekleidet, wenn auch sicher weniger modisch ausgefallen und schon gar nicht luxuriös.

In den nächsten Tagen fanden wieder Besichtigungen statt, und an einem Abend besuchte man das Bolschoi-Theater. Das russische Ballett war zwar weltberühmt, aber es herrschte eine völlig andere Atmosphäre als bei ähnlichen Veranstaltungen in der Schweiz. Vor allem gab es keine Nobelallüren etwelcher Tonangeber. Interessant war auch eine Visite im Warenhaus GUM, denn dort war das Warenangebot viel umfangreicher als sonst in den Läden. Sie gingen auch in die normalen Lebensmittelgeschäfte. Peter zählte in einer Bäckerei neun Sorten Brot. Dazu kam noch das Feingebäck. Nie sah er, dass die Menschen irgendwo um etwas Schlange standen. Gedränge jedoch gab es oft, wie auch in Schweizer Läden gegen Feierabend.

Wenn schon alles kritisiert wird an dem bösen Kommunismus, sollte man auch das Positive sehen. Die Auswahl an Produkten in Moskau ist sicher kleiner als in Westeuropa. Dem Essen im Hotel nach zu urteilen, kann die Qualität der Waren aber nur gut sein.

Zu guter Letzt unternahmen sie am Tag vor der Heimreise einen Bummel durch die grossartige nationale Völkerschau, von der es hiess, sie sollte ständig erneuert und, wenn möglich, von jedem Einwohner Russlands besucht werden. Man traf auf eine

Menge Schulklassen, auf Menschen und Trachtengruppen aus den fernsten Landesgegenden. Peter erfuhr, dass es in diesem riesigen Land an die dreissig verschiedene Volksgruppen mit zum Teil eigenen Kulturen gibt. Alle Sprachen sind gleichberechtigt, und zum Teil wurden für Minderheiten erst die Grundlagen für Alphabet und Schrift erarbeitet. Landwirtschaft und Technik waren bis auf den neuesten Stand dargestellt. Im Haus der Weltraumforschung machte Peter einige Aufnahmen von den ausgestellten Sonden und Raumfahrzeugen. Man konnte die Apparate sogar betasten. Weder hier noch in der Stadt gab es ein Verbot zu photographieren.

Am anderen Morgen ging der Flug zurück ins kapitalistische Paradies.

Ein anderes Mal hatte Peters Junior ein Inserat entdeckt, das eine günstige Gelegenheit für eine Nord-Ostseefahrt bot. Eine englische Reisegesellschaft suchte zur Ergänzung noch Passagiere. Auf einem russischen Schiff mit russischer Besatzung sollte es bis hinauf nach Leningrad gehen. Unterwegs würden verschiedene Hauptstädte angelaufen werden.

Der Norden, einmal etwas ganz anderes. Peter dachte an die Erzählungen von Selma Lagerlöf und an die «Finlandia» von Sibelius.

Peter, Anna, ihr Sohn und dessen Frau und eine ihrer Töchter machten sich mit der Bahn über Lothringen und Luxemburg auf nach Amsterdam. Dort bestiegen sie erwartungsvoll das Schiff, die «Tolstoi», und bezogen nach einer freundlichen Begrüssung durch den englischen Reiseführer ihre Kabinen. Das Schiff war erst vor kurzem modernisiert worden und ohne übertriebenen Luxus für einen gemütlichen Aufenthalt eingerichtet. Man hatte volle Zirkulationsfreiheit auf dem Schiff und wurde sehr aufmerksam von der russischen Mannschaft betreut.

Von Amsterdam aus ging es durch den Kaiser-Wilhelm-Kanal direkt hinauf nach Stockholm. Hier gab es eine Stadtrundfahrt, auf der eine noch sehr junge, strohblonde, sympathische Schwedin alles Wissenswerte von dieser nordischen Grossstadt in makellosem Schriftdeutsch erklärte. Die Häuser und Paläste in Stockholm waren alle aus den typischen Backsteinen erbaut.

Anderntags ging es weiter der Küste entlang. Bei einbrechender Nacht standen viele Passagiere an Deck und liessen sich von den vom Mondschein erhellten Schären ins Träumen versetzen. Diese kleinen und grösseren, der Küste vorgelagerten Inseln vermittelten so recht den Nimbus des Nordens.

Die Betreuung auf dem Schiff in Sachen Sicherheit war vorbildlich. Ständig war ein Matrose auf Tour, um die weggeworfenen glimmenden Zigarettenstummel von den vielfach mit Laufteppichen ausgelegten Böden aufzulesen. Auch eine Notfallübung wurde durchgeführt. In jeder Kabine hingen Rettungsanzüge und eine Bedienungsanleitung in den gängigsten Sprachen. Es war so ganz anders als damals auf dem italienischen Schiff im Mittelmeer. Dort hatte es nichts von alledem gegeben.

Leningrad kam in Sicht, die ehemalige Hauptstadt Russlands mit all ihren Palästen, früher Petersburg genannt. Weit vorgelagert im Meer die alten Festungen. Langsam glitt die «Tolstoi» in den Hafen und ging vor Anker. Im Hafen waren eine Vielzahl von Schiffen mit den verschiedensten Flaggen. Die Reisegesellschaft machte einen kleinen Bummel durch die Stätten der Zarenvergangenheit. Neben den Palästen besichtigten sie einen riesigen, verschwenderisch angelegten Park, in dem die Adligen und Prinzessinnen früher gelustwandelt waren, während das gemeine Volk nicht einmal das Nötigste zum Leben hatte.

Zeuge einer anderen Zeit war der demonstrativ quer in die Neva hineingestellte Panzerkreuzer, auf dem die Revolutionäre im Oktober 1917 die damalige Kerenski-Regierung im Palast erreichten und sie zur Kapitulation zwangen. Damit war das Signal zur Revolution gegeben.

Jemand erklärte die damaligen Ereignisse, aber Peter hörte nicht hin. Zu deutlich und genau kannte er diesen Geschichtsabschnitt und hatte er die Bedeutung der damaligen Revolution erfasst. Vor der Stalin-Aera mit ihren diktatorischen Auswüchsen hatte es von Westen her gegen das revolutionäre Russland Interventionen gegeben. Vier Armeen hatten das neue Russland von allen Seiten her angegriffen. Es waren gekaufte Söldnertruppen aus westlichen Ländern, ausgerüstet von Banken und Grosskapitalisten und geführt von zaristischen Generälen. Diese Bedrohung hatte wesentlich zur diktatorischen Härte Stalins beigetragen. Natürlich wird diese traurige Aktion im Westen höchst selten erwähnt, aber sie war halt doch Tatsache.

Während des Zweiten Weltkrieges hatte Leningrad im härtesten Winter und unter riesigen Opfern doch nicht vor den Deutschen kapituliert. Man hatte Widerstand geleistet bis zum Abzug der Armeen Hitlers.

Heute ging ein Hauch von Weltoffenheit von dieser Stadt aus. Gerade so, wie auch bei anderen grossen Hafenstädten in Europa.

Schon war das Schiff wieder auf Kurs nach Westen. Peter stand oft oben an Deck und schaute fasziniert den Flugkünsten der Möwen zu. Einmal tauchte bei einsinkender Nacht auf den steil abfallenden Felsen einer Landzunge ein einsamer Leuchtturm auf, gespenstisch und romantisch zugleich im schwachen Mondlicht, von den Wellen umbrandet.

Helsinki, Finnlands Metropole, war der nächste Hafen. In der Stadt herrschte pulsierendes Leben. Man besichtigte den Reichstag und das Nationalmuseum. Peter fiel schon in den ersten Strassen, nachdem sie an Land gegangen waren, zweimal eine Gruppe junger Burschen und Mädchen auf, die sich mit der Flasche in der Hand ungeniert dem Alkohol hingaben. Es schien, dass die Behauptung, der Alkohol sei eines der grössten gesundheitlichen Probleme in den nordischen Ländern, ihre Berechtigung hatte. Das gleiche wurde hin und wieder von der Sowjetunion behauptet.

Auf der Weiterfahrt wurde der Schiffsverkehr lebhafter, und es gab viel zu sehen auf Deck. Fischkutter, Patrouillienboote, Luxusdampfer und einmal sogar ein Walfänger kreuzten die Route der «Tolstoi». Manchmal störte ein Kriegsschiff die friedliche Atmosphäre. Es war kühl geworden, und die Unentwegten, die im Bad auf Deck geschwommen waren, waren nicht mehr zu sehen. Man lag in den Liegestühlen oder promenierte durch das Schiff.

Als nächstes legte man in Kopenhagen, Dänemarks Hauptstadt, in dem recht grossen Handelshafen an, in dem Schiffe aus aller Welt vor Anker lagen.

Auf einem Landgang fiel die für Schweizer ungewohnte, gelöste Atmosphäre auf. Überall war Markt. In einem öffentlichen Park wurde in beträchtlicher Lautstärke eine Operette unter freiem Himmel aufgeführt. Das Königsschloss und die Porzellänmanufaktur wurden besichtigt.

Und schon war man wieder auf der Fahrt von der Ostsee zurück in die Nordsee, vorbei an den friesischen Inseln direkt nach Southend an der Ostküste Englands und von dort aus weiter nach Amsterdam. Still sassen die Reisenden in den bequemen Liegestühlen und dachten an die Eindrücke und Erlebnisse der Reise zurück.

Der Abschied von den lieben Russenmädchen, die Peters Familie beim Essen so gut betreut hatten, war sehr herzlich. Anna hatte besonders eine ins Herz geschlossen, Kathia, deren Charme es nicht nur ihr angetan hatte. Sie wollten partout kein Trinkgeld annehmen. «Trinkgeld wirkt sich als Schmiergeld aus und ist eine typisch kapitalistische Erscheinung», hatte schon bei Peters Moskaureise der russische Student gesagt, der sein Reiseführer gewesen war.

Amsterdam war wieder voll junger Menschen, die in Massen überall herumstanden und -sassen. In ihren Gesichtern war keine Spur von Lebenslust und auch keine Hoffnung. In vielen stand die Resignation. Warum? – Weshalb? Sollte die wunderbare Kultur des Abendlandes nicht mehr funktionieren?

Mit dem Zug ging es recht schnell nach Hause, vorbei an Hochhäusern, heruntergekommenen alten Häservierteln und rauchenden Industrieanlagen. Verschwunden waren das Meer und der weite, ach so weite Horizont!

Peter hatte inzwischen seine Tätigkeit in den Kursen endgültig aufgegeben. Seine Altersbresten mehrten sich, und zudem müssen ja so oder so jüngere Kräfte nachrücken.

Manchmal fährt Peter nun mit Anna in seinem kleinen Peugeot ins obere Baselbiet, wo sich einige seiner Jugendträume abgespielt haben. Oder sie fahren ins Waldenburgertal, bei der Haltestelle vorbei. Er ertappt sich manchmal dabei, dass er im Vorbeifahren an gewissen Punkten die Hand zum Gruss erhebt. Anna weiss natürlich um seine Erinnerungen, aber sie wundert sich jedesmal darüber.

Es kommt auch vor, dass ehemalige Lehrlinge, die Peter einmal betreut hat, ihn überraschend begrüssen: «Ich denke immer wieder an Sie zurück!» Einer zwängte sich im vollbesetzten Tram durch die stehenden Leute, um Peter zu begrüssen: «Es war das erste grosse positive Erlebnis, damals vor Jahren bei Ihnen im Kurs.» Er drückte Peter die Hand. Ganz umsonst war Peters Einsatz für die Lehrlinge also nicht gewesen.

Und jetzt schlendern Anna und Peter wieder einmal durch die Weiherlandschaft oben bei Rotenfluh und schauen den erst kürzlich geschlüpften Entlein zu, wie sie sich, von der Mutter beaufsichtigt, im Wasser tummeln. An der Schilfböschung schwirren die Libellen in tollem Senkrechtstart und Sturzflügen herum. Noch vor wenigen Jahren sassen tagsüber zwei Fischreiher zuoberst auf je einer Tanne auf dem angrenzenden Bergrücken. Peter hatte sie oft mit dem Feldstecher beobachtet. Jetzt sind sie weg. Hat man sie der Fische wegen vertrieben?

Manchmal kommen Peter und Anna ins Grübeln über den Sinn des Lebens. Sie erinnern sich auch an viele schöne Begegnungen und Erlebnisse.

Jetzt gerade kreisen zwei Habichte hoch am blauen Himmel. Genau wie einst, als Peter noch ein kleiner Junge war. Ohne Flügelschlag, nur den Aufwind ausnutzend.

Peters Heimatdorf hat sich, wie vieles in dieser Welt, in all den Jahren merklich verändert. Im Unterdorf sind das Gemeindezentrum und die Schulen laufend ausgebaut worden. Auch ein Einkaufszentrum kam dazu. Die Vorrangstellung des Oberdorfs, vor vielen Jahren mit seinen Beizen noch dominierend, hat sich verringert. Manchmal läuft es eben anders, als man meint.

Die weiten Felder sind zum Teil mit Einfamilienhäusern überbaut. Wohlhabende haben mit ihrem schwer verdienten Geld entsprechende Villen hingestellt. Und Hochhäuser für die ganz Gewöhnlichen gibt es auch noch.

Aber das eigentliche Unterdorf ist mit seinen weit zurückstehenden alten Häusern und seinen Brunnen noch wie einst. Hier werden all die Erinnerungen wieder wach.

Sie vermischen sich oft mit der schmerzlichen Einsicht, dass die Welt trotz allem Bemühen nicht besser geworden ist. Die Zukunft für die jungen Leute sieht düster aus. Der Rüstungswettlauf kann ja schliesslich nicht zum Frieden führen.

Im Bubendorf-Bad steht, als deutlicher Wink an die richtige Adresse, an einer Wand des Restaurants ganz gross der Spruch: «Es gebt lieber weniger Besseri, aber derfür mehr Gueti!»

Peter und Anna aber nähern sich immer mehr wieder der Erde zu, von der sie gekommen sind. Hin und wieder wandeln sie im Vergangenen.

Paul Tschudin
Notizen eines simplen Soldaten 1939/45
ISBN 3-85990-035-8

Notizen auch für heute: .... Rund dreissig Jahre nach dem
Zweiten Weltkrieg, als pensionierter Mann, hat Paul Tschudin seine Erinnerungen und Notizen aus der Zeit des Aktivdienstes zu einem Buch zusammengestellt. Doch handelt es
sich dabei nicht etwa einfach um Diensterlebnisse und Anek-
doten, die vor allem für Leute interessant wären, die diese
Zeit selbst miterlebt haben - Tschudin hat auch der jüngeren
Generation etwas zu sagen, die nach dem Krieg geboren wurde.
Die 'Notizen eines simplen Soldaten' sind ein kritisches und
lebensnahes Dokument über die Ereignisse und Probleme in der
Schweiz während des Zweiten Weltkrieges, doch gleichzeitig
sind die Erlebnisse, Erfahrungen und Gespräche, die Paul
Tschudin aufgeschrieben hat, viel mehr als nur Dokumente eines geschichtlich eng begrenzten Zeitraums; es sind Gesprä-
che und Erlebnisse, die uns ein besseres Verständnis der Entwicklung der Arbeiterbewegung in der Schweiz ermöglichen,
Erfahrungen, aus denen wir lernen können.

Walter Kern
Zwischenhalt
ISBN 3-85990-021-8

Martin Traber, ein Schweizer Tourist dieser Tage, Wohlstands-
bürger einer 'heilen Welt', wird auf seiner Rückreise von den
Anden zur Hafenstadt aus unerfindlichen Gründen in einem jäm-
merlichen Kaff festgehalten. Der Zug bleibt dort um die Mit-
tagsstunde stehen; alle Passagiere werden aufgefordert, aus-
zusteigen - erst am folgenden Morgen wird die Fahrt wieder
fortgesetzt. Dieser Zwischenhalt veranlasst ihn, seine Erlebnisse der jüngsten Vergangenheit zu überdenken und zu einer
kritischen Solidarität mit der Dritten Welt zu finden.

Aus Konrad Sulzers Tagebuch
ISBN 3-85990-019-6

In diesem autobiographischen Roman schildert Jakob Bührer seine eigene Jugend bis zur Zeit des Ersten Weltkrieges. Die gesellschaftlichen Widersprüche, die er dabei aufdeckt, sind zum Teil bis heute nicht gelöst worden.

Kilian
ISBN 3-85990-037-4

In sehr geraffter Form wird der Lebensweg Kilians geschildert - vom Hüterbuben zum 'Anarchisten', vom 'Anarchisten' zum Kleinbürger, vom Kleinbürger zum Finanzgewaltigen. Es ist der Weg eines Suchenden und zugleich innerlich Zerrissenen, der letztlich im Nichts endet.

Man kann nicht ...
ISBN 3-85990-068-4

Vor dem wirtschaftlichen und politischen Hintergrund der späten zwanziger und frühen dreissiger Jahre wird die Geschichte des Arbeiters Tosio erzählt, der zum Unternehmer aufsteigt, scheitert und schliesslich wiederum zum Kampf für den Sozialismus zurückfindet.

Sturm über Stifflis
ISBN 3-85990-030-7

'Sturm über Stifflis' gehört zu den bedeutendsten schweizerischen Zeitspiegeln der wirtschaftlichen und politischen Entwicklungen der dreissiger Jahre. Einzelne Szenen waren so unmittelbar aus der damaligen Wirklichkeit abgeleitet, dass sie bei Erscheinen des Romans zu heftigen publizistischen Auseinandersetzungen führten.

Das letzte Wort
ISBN 3-85990-044-7

Der Sohn eines bedeutenden Uhrenindustriellen und Politikers kehrt inmitten der Wirtschaftskrise der dreissiger Jahre in sein Heimattal zurück, das er als 'enfant terrible' einst verlassen hat. Hier wird er mit dem Schicksal seiner Verwandten und Bekannten, aber auch mit den Aufzeichnungen seines verstorbenen Bruders konfrontiert. Dabei lernt er die Zusammenhänge begreifen, die zum Aufstieg des väterlichen Unternehmens, aber auch zu dessen Niedergang geführt haben.

Im Roten Feld

Band 1: Der Aufbruch
ISBN 3-85990-051-X

Band 2: Unterwegs
ISBN 3-85990-059-5

Band 3: Die Ankunft
ISBN 3-85990-065-X

Band 4:
in Vorbereitung

Mit der jetzt erstmals vollständig erscheinenden Romanreihe 'Im Roten Feld' (4 Bände) stellte sich Jakob Bührer die Aufgabe, die geschichtliche Entwicklung am Beispiel der Schweiz in der Epoche der amerikanischen Unabhängigkeitserklärung und der Französischen Revolution aufzuzeigen. Dabei rückt Bührer nicht die 'grossen' historischen Persönlichkeiten in den Vordergrund, sondern gewissermassen das 'Volk'.
Die Dinge spielen sich im Kopf und Herzen von Peter, einem aus den untersten Schichten aufsteigenden Leibeigenen ab; ein Mensch, der mit seinem gesunden Empfinden und hellen Verstand gewissermassen zur 'Stimme' des Volkes mit allen seinen Fehlern und Unzulänglichkeiten wird.

H.U. Müller
Der Ausgerissene
ISBN 3-85990-066-8

Der Bericht des Ausgerissenen - ausgerissen und herausgerissen aus einer Pseudo-Geborgenheit, aus seinem angestammten sozialen Umfeld, seiner Klischeewelt, und stehen gelassen auf der Suche nach sich selbst - ist die Aufarbeitung eines Traumas, des mehrmonatigen Aufenthalts in einer psychiatrischen Klinik.
H.U. Müller versucht sich schreibend damit auseinanderzusetzen, auf die desolaten Zu- und Missstände in solchen Kliniken hinzuweisen - dabei ist keine Reportage über seinen Aufenthalt entstanden, es sind vielmehr Begebenheiten, Angstträume, Visionen, wie er sie Jahre danach nochmals erlebt, durchlebt.

H.U. Müller
Der Entfesselte
ISBN 3-85990-071-4

'Der Entfesselte' kann als Anschlussbuch an den 'Ausgerissenen' gesehen werden. Im ersten Teil des Buches arbeitet der Autor die Zeit nach der Entlassung aus dem Irrenhaus auf, berichtet von seinem Kampf gegen 'Schuldgefühle', die ihn beinahe in den Tod getrieben hätten. Mittels Schreiben kann er sich befreien, kann den Käfig verlassen. Im zweiten Teil erzählt er, was er nach dem Verlassen des Käfigs in Zürich alles erlebt hat - Themen wie Drogen, Alltagsfaschismen, Chauvinismen, Tod eines Freundes, Stadtzerstörung werden aufgegriffen und eigenwillig verarbeitet. Teil drei schliesslich schildert des Autors Entscheid, einen individuellen Weg - den Schreib-Weg - einzuschlagen, ohne aber einen WIR-Weg aus den Augen zu verlieren.

Olle Hansson
Arzneimittel-Multis und der SMON-Skandal
Die Hintergründe einer Arzneimittelkatastrophe
ISBN 3-85990-046-3

SMON, die schwere Nervenerkrankung, kann durch eine Reihe
von Medikamenten wie ENTERO-VIOFORM, MEXAFORM, INTESTOPAN
u.a. hervorgerufen werden. Diese Durchfallmittel (ihr Nutzen
ist unbewiesen, aber ihre Risiken sind gut dokumentiert)
waren in einer Reihe von Ländern seit einigen Jahren ver-
boten. Indes wurde noch immer eine Vielzahl solcher Präpa-
rate auf der ganzen Welt verkauft - oft rezeptfrei und ohne
korrekte Information über das Risiko von Nebenwirkungen.
Inzwischen wurden diese Medikamente z.T. vom Markt zurückgezogen, aber Tausende von Menschen waren Opfer eines un-
gebremsten Gewinnstrebens geworden - vor allem in Japan,
wo man die Zahl der Opfer auf 20'000 bis 30'000 Personen
schätzt. Die Pharmaindustrie unter Führung des schweizerischen multinationalen Konzerns Ciba-Geigy hat diesen Arz-
neimittelskandal über Jahre hinweg mit Erfolg vertuscht.

Silvio Bertolami
Halbgötter, Giftkriege und Kondensmilch
Schweizer Agro-Firmen in der Dritten Welt
ISBN 3-85990-060-9

In verschiedenen Artikeln und Broschüren versuchen die
Multis, die Nützlichkeit ihrer Tätigkeit in der Dritten
Welt zu belegen. Auswirkungen auf Beschäftigung, Produktion, Konsum, Wachstum und Entwicklung erscheinen stets
im schönsten Licht. Dass dies aber keineswegs den Tat-
sachen entspricht, zeigt dieses Buch, indem es die Auswirkungen der Multis auf den Gang der Entwicklung und
insbesondere auf das Los der am meisten Benachteiligten
in der Dritten Welt deutlich macht.

Richard Gerster
Fallstricke der Verschuldung
Der IWF und die Entwicklungsländer
ISBN 3-85990-058-7

"Dieses Buch kann als seltener Glücksfall bezeichnet werden. Obschon der Gegenstand höchst komplex ist, gelingt es Gerster, in einer einfachen, präzisen Sprache die wichtigsten währungspolitischen Vorgänge der letzten Jahre anschaulich zu machen ... Die sorgfältige Ausstattung mit einem umfangreichen Anhang und dem umfassenden Namen- und Sachregister machen das Werk zu einem nützlichen Arbeitsinstrument für jedermann und jede Frau, die sich mit Entwicklungspolitik beschäftigen." (friedenszeitung)

Silvio Bertolami
Für wen die Saat aufgeht
Pflanzenzucht im Dienste der Konzerne
ISBN 3-85990-055-2

"Hochleistungs-Saatgut" - dieses Zauberwort bedeutet nebst kurzfristig höheren Erträgen auch Verlust der Sortenvielfalt, Abhängigkeit von Saatzuchtanstalten und chemischer Industrie, sowie Hunger und Vertreibung in die Grossstädte für die Landbevölkerung in der Dritten Welt.

Richard Gerster
Patentierte Profite
ISBN 3-85990-047-1

Ein Buch zur Rolle schweizerischer Patente in der Dritten Welt. "Das klassische Patentwesen schwächt das Wirtschaftswachstum der Entwicklungsländer und verhärtet ihre Eingliederung in eine Weltwirtschaftsordnung mit ungleichen Partnern." (R. Gerster)